ハヤカワ文庫 NF
〈NF438〉

# 大日本帝国の興亡〔新版〕

## 〔5〕平和への道

ジョン・トーランド
毎日新聞社訳

JN210364

早川書房
7627

日本語版翻訳権独占
早 川 書 房
©2015 Hayakawa Publishing, Inc.

THE RISING SUN

*The Decline and Fall of the Japanese Empire 1936-1945*

by

John Toland

Copyright © 1970 by
John Toland
All rights reserved.

Translated by
The Mainichi Newspapers
Published 2015 in Japan by
HAYAKAWA PUBLISHING, INC.
This book is published in Japan by
arrangement with
BRANDT & HOCHMAN LITERARY AGENTS, INC.
through TUTTLE-MORI AGENCY, INC., TOKYO.

目次

英語版原書、単行本版の地図をもとに作成（作成：金井久幸〔TwoThree〕）。

ソ　連
モンゴル
満州国
ハバロフスク
ウラジオストク
新京（長春）
奉天
北京
旅順
大連
朝鮮
日本海
黄海
東京
呉
横須賀
佐世保
中　国
重慶
南京
上海
沖縄
硫黄島
小笠原諸島
インパール
桂林
広東
香港
台湾
ビルマ
ハノイ
仏領インドシナ
海南島
ラングーン
タイ
ルソン
フィリピン
サイパン
テニアン
グアム
マニラ
パラワン
レイテ
ヤップ
シンゴラ
コタバル
パラオ
マレー半島
メダン
ハルマヘラ
スマトラ
シンガポール
ボルネオ
ビアク
ホーランディア
ビス
セレベス
ニューギニア
パレンバン
バタビア
スラバヤ
バンドン
ジャワ
ポート・モレスビー
ポート・ダーウィン
インド洋
オーストラリア

# 大日本帝国の興亡〔新版〕

〔5〕平和への道

# 二十九部　沖縄の鉄の暴風

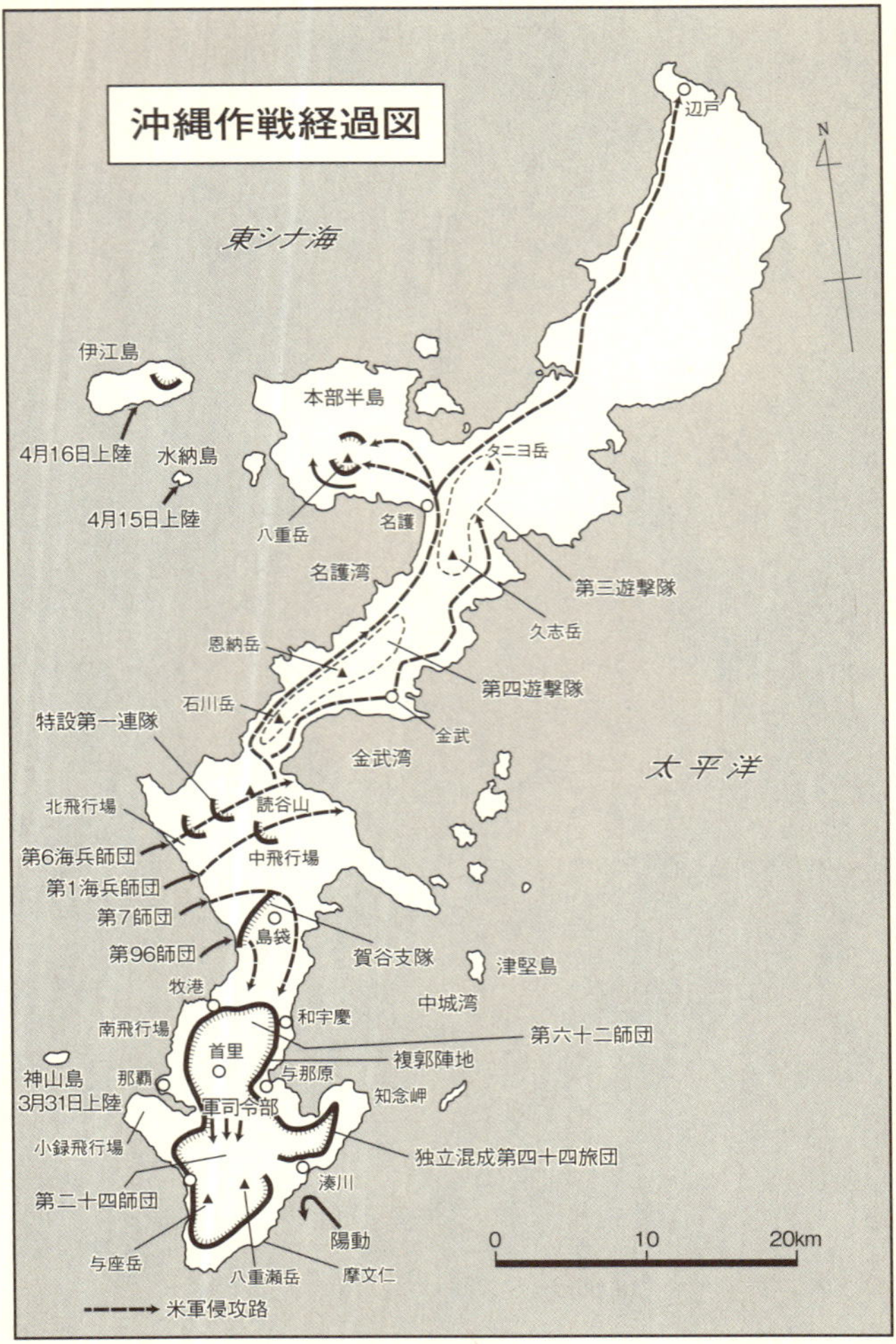
沖縄作戦経過図
東シナ海
太平洋
辺戸
N
伊江島
4月16日上陸
水納島
4月15日上陸
本部半島
八重岳
名護
名護湾
タニヨ岳
第三遊撃隊
久志岳
恩納岳
第四遊撃隊
石川岳
金武
金武湾
特設第一連隊
読谷山
北飛行場
中飛行場
第6海兵師団
第1海兵師団
第7師団
第96師団
島袋
賀谷支隊
津堅島
中城湾
牧港
和宇慶
南飛行場
首里
第六十二師団
複郭陣地
神山島
3月31日上陸
那覇
与那原
知念岬
軍司令部
小録飛行場
独立混成第四十四旅団
湊川
第二十四師団
陽動
与座岳
八重瀬岳
摩文仁
0
10
20km
米軍侵攻路

## 1　首里攻防の激闘

ルーズベルト大統領が死んだ日（一九四五年四月十二日）、鈴木《すずき》貫太郎《かんたろう》内閣は本土決戦に備えて十五歳から六十歳までの男子と、十七歳から四十歳までの女子で国民義勇戦闘隊をつくることを決めた。新聞は相変わらず沖縄について自信たっぷりの記事を書き続けていた。だが沖縄が陥落すれば義勇戦闘隊の使用が必要となるだろう。「敵はわれわれが対敵計画の細目を作成したときに予期した、まさにそのとおりのことを行なった」と、遠藤《えんどう》という名の退役提督が語った。「われわれが敵に沖縄進攻を許した戦略は、背水の陣をとって戦う戦略と大いに共通点がある。われわれには皮を斬らせて肉を斬り、肉を斬らせて骨を斬るだけの力があるということを十分に自覚していないかぎり、この戦略に頼ることはできない」

しかし牛島満《うしじまみつる》陸軍中将の第三十二軍は、すでにひどい損害を受けていた。二週間の戦闘で、その精鋭のうちのほぼ七千が倒れた。首里防衛線はまだ持ちこたえていたが、アメリカ海兵隊は本部《もとぶ》半島だけを残して島の北半分——ここは二個大隊が守っていた——に上陸していた。

四月十六日、彼らは三日間にわたる激戦ののち本部半島の八重岳《やえだけ》を攻略した。半島の上にそそり立つ八重岳は、高さ三百六十メートルの岩だらけの山である。沖縄北部の戦いはこの八重岳攻略で事実上終わった。

本部半島の西方数キロにある長さ八キロの卵形をした伊江島《いえじま》は、ほぼ中央にそびえ立つ百八十メートルの死火山をのぞけば平坦な島である。ここにこの地域最後の日本軍部隊が守備についていた。この島を占領する任務は、アメリカ陸軍に割り当てられた。同じ日の午前八時、艦砲射撃が終わった後で、陸軍兵士は高い砂丘を越えて、主要目標の飛行場を目ざした。火山に近づくと、トンネル、掩蔽壕《えんぺいごう》、洞穴、クモの巣状の横穴の迷路に遭遇した。何百人もの民間義勇隊の支援のもとに、数で優勢な日本軍守備隊は、これらの陣地から第七十七師団に対してこれまでにない頑強な抵抗を行なった。

従軍記者のアーニー・パイルは、陸軍兵士といっしょに行動するために沖縄本島の海兵隊から一時的に離れた。陸軍に対して特別の親近感を持っていたのである。四月十八日、ある連隊長とともにジープで前線に向かっていた彼は、機関銃の掃射を受けた。弱々しい小男のパイルは溝にとび込んだ。様子を見ようと頭を上げたとき、一弾がこめかみを貫いた。彼は即死し、その近くに埋葬された。(1)

沖縄本島ではその晩、海兵隊員たちがぶらぶらしながら、アーニー・パイルが書いたコラムのなかのお気に入りのくだりを暗唱していた。「あんな大物がこんないまいましい小島でこんなことになるなんて、ひどい話だ」と、一人の伍長が言った。彼らはパイルが残していった携帯用寝具を調べた。その中に個人的な持ち物が、たった一つだけ入っていた。色のついた貝がらを数珠のようにつないだものだった。彼らはそれを包装して、未亡人のもとに送り届けた。

首里防衛線の北では、アメリカ陸軍が総攻撃の準備を進めていた。「ほんとうに手ごわい戦いになるぞ」と、第二十四軍団司令官ジョン・ホッジ少将が言った。「六万五千ないし七万の日本兵《ジャップ》が島の南端部に隠れている。やつらを引っ張り出すには、一メートルごとに爆破していく以外には全く手の打ちようがない」

海軍が支援のために送り込まれた。翌朝五時四十分、戦艦六隻、巡洋艦六隻、駆逐艦八隻が、島を東西に横切ってのびる八キロの複郭陣地に対して艦砲射撃を開始した。二十分後、二十七個大隊の総計三百二十四門の砲声が響き渡り、砲弾は第一線陣地を掘り起こし、四百五十メートル後退させた。六時半、砲声は弱まり、それから十分間、第一線陣地をまばらに砲撃した。太平洋の戦争で、一度にこれほどの砲火が集中されたことはなかった――一万九千発の砲弾が撃ち込まれた。

東の第七、中央の第九十六の両師団からなる攻撃部隊が突進したとき、砲声は再び激しくなった。五十分後、別の第二十七師団が、防衛線の西端の嘉数《かかず》高地を攻撃した。

信じられないことだが、この空前の猛砲撃にもかかわらず、日本軍は比較的無傷のままだった。猛攻を加えた三つの部隊の方は、三つとも撃退されてしまった。損害は大きく、ことに第二十七師団の地区がひどかった。難攻不落の嘉数高地に対する無益な突撃で、戦車二十二両が撃破されたのである。午後遅くまでに、第二十四軍団は、死傷、行方不明合わせて七百二十名を数えた。それから四日の間、両翼の二個師団は、苦闘を重ねたあげく、取るに足りないほどの進出を果たしたにすぎなかった。だが、第九十六師団の兵士たちは、どうにか九百メートルちょっと前進した――ただそれも首里防衛線の中心にぶつかるだけのことだった。ここには中国の万里の長城にも似た、切り立った断崖が立ちはだかっていた。人を寄せつけぬ絶壁をもつこの前田高地は、見かけ倒しでなくほんとうの要塞であった。アメリカ兵たちはすぐに撃退されてしまった。第十軍司令官サイモン・ボリバー・バックナー将軍は、日本の防衛線の背後に上陸作戦を行なってはどうかという提案を拒否した。南部のリーフはあまりにも危険であり、浜は補給に不適であり、橋頭堡《きょうとうほ》を作っても、この地域にいる日本の大軍に封じ込められてしまう可能性がある――というのがその理由だった。

バックナーの論法は、筋道が通っていた――正しくはなかったが。牛島はアメリカ軍のこのような作戦を非常に恐れていた（「これをやられたら、戦闘はたちまちにして終わることになる」と彼は言った）ものの、首里防衛線補強のために、その後衛師団を北に移すことを余儀なくされた。救援部隊は夜間に行動を開始して前線に向かい、四月二十五日夜までにその大部分は大損害をこうむった防衛部隊を救援する態勢をとることができた。彼らの到着は、アメリカ軍の前田高地攻撃再開の矛先を受けて立つのに十分間にあった。この攻撃も失敗した。第九十六師団の一個中隊が、わずか数分のうちに十八人を失うという犠牲を払って頂上まで登った。別の中隊は、高地に登るために人間の鎖を作った。だが先頭に立った肝心の三人が機関銃になぎ倒されてしまった。

その左方――前田の東端では、アメリカ軍がゆるやかな起伏の二つの丘の頂上を占領、日本兵五百人以上を捕捉した。まさにこのとき、アメリカ軍の戦車と火炎放射器搭載装甲車がハイウェイ五号線に姿を現わし、高地のはしを曲がった。十字砲火が日本兵を全滅させた。

敵が強行突破を図り、絶壁の裏側に回ることを恐れた牛島は、第六十二師団に短い指令を送った。「一三〇〇頃以降、戦車を伴う敵部隊は、前田の南および東地区に向かって前進中なり。第六十二師団は、同方面に部隊を派遣し……前田地区において前進中の敵を攻撃、断固これを撃退すべし」牛島は第二十四師団にも、師団の戦闘地境界のことは顧慮せずにこの穴をふさぐ隣接部隊を支援し、「主兵力を今夜、首里北東に置く」よう命令した。前田はどんな代償を払ってでも守り抜かねばならなかった。

四月二十七日朝、アメリカ歩兵部隊と、戦車および火炎放射器搭載装甲車は緊密な協力のもとに、前田の東端の残存日本軍陣地を再び攻撃し、夕暮れ前に二つのなだらかな丘を確保した。絶壁の東の部分全体が敵の手中に落ちたので、牛島は第二十四師団の一連隊に対して、直ちに全高地から敵を排除するよう命令した。中央部攻略の任務は、帝国陸軍のなかで最も若い大尉の一人の志村常雄《しむらつねお》の指揮する大隊に与えられた。その六百人の兵士の大部分は、それまで戦闘の経験がなかった。たとえば、二十歳の外間《ほかま》守善《しゅぜん》は、数週間前まで首里の師範学校に通っていたが、多くの愛国的な沖縄の人々がそうしたように、彼も第一線の任務につくことを志願したのだった。

大隊がこの夜、古都の曲がりくねった道を進軍したとき、兵士たちは大きな教会の前の通りを「縫いぐるみ人形」のように放り出された何百もの死体をよけながら進まなければならなかった。海軍の砲撃が、車に満載された弾薬に命中したのだった。外間は石垣にこびりついている肉片を見た。血が砂利道にはねていた。街をあとにした兵士たちは、泥だらけの道を二列縦隊になって北に向かって行軍を続けた。だが、砲弾が彼らを田畑に散開させた。休憩の間に、兵士たちは罐詰のパイナップルを一切れずつ配給された——死ぬ前の「最後のおいしい味」だった。

彼らは真夜中をかなり過ぎるまで攻撃開始時の線に到達することができなかった。志村大尉が二個中隊による攻撃を開始したのはほぼ午前三時だった。ほとんど同時に、迫撃砲弾が高地越しに飛んできた。志村は迫撃砲の弾幕を用心して抜けるよう命じた。朝の訪れを告げる鈍い最初の光のなかで猛然と急斜面を登り始めたとき、右手のハイウェイ五号線上にまるで獲物を求める虎のように戦車が現われた。同時に、戦車砲が一斉に火を吹き、百人以上が戦死した。生き残った者は、中国風の墓や粗末な掩蔽壕、あるいは岩陰に身を隠した。志村ほか七人は墓の中に逃れ、その日はずっとここに潜んでいた。

戦車はやっと、太陽の最後の光線とともに去った。志村が地上に出てみると、部下の三分の一は戦死していた。だが、連隊は依然としてその夜絶壁を奪取することに固執していた。彼は白い布切れで背中に目じるしをつけ、部下を率いて水のない川床を進んだ。斜面の途中で偽装された穴に出くわした。この洞穴の中には五十人の日本兵がうずくまっていた——嘉数で遅滞戦闘を繰り広げた賀谷《かや》支隊の残存兵だった。わずかの小銃で武装しているだけの彼らは、絶壁から追い払われたのだった。志村が入って行くと、歓喜の叫びと涙でこれを迎えた。賀谷興吉《こうきち》中佐はほっとして志村を抱きしめた。「今後は万事をきみにまかせる」と彼は言った。賀谷は戦闘や敵の位置について知っていることについて話し合おうとはせず、酒を一杯勧めた。志村大尉はこれを受けなかった。

志村は愛想をつかして洞穴をあとにし、部下を率いて高地のふちに到達した。ここに夜明けまで隠れていた。夜が明けると、突然手榴弾を投げた。そして軽機関銃の援護射撃のもとに、金切り声をあげ、きらめく銃剣をふりかざしながら、尾根へと突進した。勢いをかって石灰石が突出していて城のやぐらのような形をした頂上に達した——これにはすでに「針の岩」というニックネームをアメリカ兵がつけていた。ここで彼は絶壁の中央にいた一握りのアメリカ兵を蹴散らし、百八十メートルにわたって、岩陰や小さな洞穴の中で配置についた。彼らのすみやかな成功は、高地での四日間にわたる消耗戦におけるすぐれた気力を示すものであった。彼らに立ち向かったアメリカ軍の戦闘能力は約四十パーセントにまで落ちていて、一部の小隊ではわずか六人しか残っていなかった。

西海岸の戦闘は、絶壁での戦いほど激しいものではなかったが、双方がこうむった損害は絶壁での戦いに匹敵するほど大きなものだった。翌四月三十日、第一海兵師団は、二週間足らずで二千六百六十一人の死傷者を出した第二十七歩兵師団との交替を開始した。だらだら歩く海兵隊の列の前の方から伝言が申し送られて来た――「小犬が戻って来るぜ」海兵隊はまっすぐな姿勢をし、銃をきちんと肩にかけた。だが、陸軍の兵士たちは、列になって行進してくる交替要員たちに目もくれなかった（ある海兵の言葉を借りれば、彼らは「きたなく、意気消沈し、まるでゾンビのように」見えた）。通り過ぎる海兵隊の一人が皮肉を言ったが、仲間に黙らせられた。たぶん彼ら自身もいずれは同じようなありさまになることだろう――もっとも生きていればの話だが……。

陸軍の新鋭部隊も前田高地に向かっていた。梱包爆破薬をもった兵士たちは、ロープやハーケンを使って何度も絶壁を登ったが、洞穴網から突然姿を現わす日本軍にたびたび追い返された。志村は十数回にわたる敵の果敢な攻撃にもかかわらず、「針の岩」近くの自分の陣地を死守した。その守備ぶりが非常に見事だったので、連隊は兵士にみずから攻撃を敢行するよう命令した。この夜、アメリカ兵は日本軍にサタン丘と呼ばれている、右方の最初のなだらかな丘を奪還することになった。彼は第五中隊を送った。兵士たちは午前零時過ぎに丘に到達、目標奪取の合図の照明弾を上げた。だが、岩盤のためにたこつぼを掘ることができなかったので、夜が明けると無防備のところを捕捉され、最後の一人まで皆殺しにされてしまった。

敵兵が島に上陸してから一ヵ月になり、その数は十七万にふくれ上がっていた。沖縄は「リトル・アメリカ」に変えられてしまった。海岸に群がる何万という車両のために道路は広げられ、改良された。補給品臨時集積場が設けられ、高射砲が据えつけられた。すべての陸海軍施設を結ぶ通信網も張りめぐらされた。

アメリカ兵を軽蔑するよう教え込まれてきた日本兵は、その合理的な戦闘のやり方に感銘を受けた。身なりのちゃんとした彼らアメリカ兵は無尽蔵の弾薬・糧食を持っていて、戦争を冒険に変えているように見えた。敵の消灯ラッパさえもが日本兵の興味をかき立てた。

ほぼ一世紀前にペリー提督が琉球王に威儀を正して謁見した首里城の地下三十メートルの洞穴では、牛島の参謀長の長《ちょう》勇《いさむ》陸軍中将が、新たな全面的反撃を主張し大声を張り上げていた。酒を飲み過ぎるし、タバコは吸い過ぎるという達者な男だった。軍人としての経歴には――辻の場合と同様――下剋上《げこくじょう》の行為がちりばめられていた。長は不成功に終わった一九三一年の錦旗《きんき》革命事件に加わった。このあと満州に転属になったが、彼の陰謀好きは、一九三八年の張鼓峰《ちょうこほう》での対ソ戦を長びかせた。気短で、当番兵や副官、部下の下級将校をなぐるのは珍しいことではなかった。いま牛島と議論を戦わせている長は、長いシガレット・ホルダーをまるで武器のように振りかざしていた。

牛島は丁重に聞いていた。しばしば異論を示す彼の態度は、その場に居合わせた者たちを不安にした――もちろん、この一時間で飲みつくした酒のせいでますますその好戦的な態度がひどくなっている長は除いてである。控え目な牛島を支援したのはその作戦参謀八《や》原《はら》博道《ひろみち》大佐だけだった。いかめしい顔をして生真面目な八原は威嚇に屈しなかった。「圧倒的に優勢な敵に対して攻勢に出ることは無謀であり、早期の敗北を招く」だろうし、さらに制高地点を押さえている敵を攻撃しなければならなくなる。とるべき道は現在の作戦を続行することだ。全滅は避けられないが、持久戦によって大本営は貴重このうえない時間を稼ぐことができるだろう。反撃をしても敵に軽い損害を与えるのがせいぜいであり、何千人もの陛下の軍隊が犠牲になってしまうだけである——というのだった。しかし、追い詰められたときには攻撃に出るという、日本人の本能は抑えることができないものだった。第六十二師団長はぱっとたち上がり、激しく長を支持した。防衛戦術を押しつけられ挫折感を味わわされてきた他の師団長や旅団長も同様だった。牛島は懸念を捨てきれなかったが、二日後に攻撃を始めるべく命令を下した。

それは、艦船に対する大量の神風攻撃や爆撃機と協同して、アメリカ軍の戦線に八キロのくさびを打ち込もうという複雑で野心的な計画であった。重砲弾幕で進路を開いたあと、二個連隊は別の一個連隊が前田高地を猛然と下っている間に、ハイウェイ五号線の東に対する攻撃を開始し、そして相当数の戦車の支援のもとにハイウェイに沿って前方の高地に急迫する。第四十四独立混成旅団は、八百メートルだけこれに続いたあと、左折して西海岸に向かう。さらに敵を迷わすため、敵の後方に二つの上陸作戦（一つは西海岸、他は東海岸）を敢行する——というのがその作戦だった。

五月三日の夕暮れ、砲が敵の前線陣地をたたきつぶし始め、神風特攻機はアメリカ艦船を攻撃、駆逐艦〈リトル〉と〈LSM‐195〉を撃沈、他に四隻を撃破した。午前零時過ぎ、特攻機でない爆撃機六十機が第十軍の後方地域を攻撃、これと時を同じくして二つの上陸作戦部隊が海岸沿いに北上した。西海岸の部隊は、誤って海兵中隊の近くに上陸してしまった。「万歳」の声で日本軍の上陸を知った海兵隊は、迫撃砲と機関銃、小銃のすさまじい攻撃を加えた。この猛攻を生き残ったわずかばかりの兵は、追い詰められ、殺された。唯一の捕虜は伝書バトだった。このハトは、いかにも海兵隊らしい侮辱の言葉をつけて放された――「諸君のハトをお返しする。諸君の爆破技師たちをお返しできなくて申しわけない」。東海岸沖合を北に進んだ上陸作戦部隊は、照明弾で付近一帯を照らした海軍の哨戒艇に発見された。舟艇の大部分は撃破され、かろうじて岸にたどり着いた二十人ほどの兵も、皆殺しになった。

夜明け一時間ほど前、日本軍の猛砲撃は耳をつんざくクライマックスに達し、これが半時間続いた。二発の赤い照明弾が上がった。攻撃の合図である。日本軍の歩兵は、大波のように激しく突進した。右翼では、二千人がすぐに、遮蔽物のないところでアメリカ軍の砲兵に捕捉された。捕まらなかった兵は、じわじわと前進を試みたが、むき出しの平担地で整然と一人ずつ狙い撃ちにされてしまった。

中央部での攻撃が成功したのは戦車隊の支援のおかげだった。しかし、正確な敵砲火が中戦車全部を動けなくしてしまったため、軽戦車九台だけが伊東孝一《いとうこういち》大尉の率いる大隊（兵力六百）の後ろにやっと退いたにすぎなかった。伊東部隊は、夜明け前の薄明りのなかでアメリカ軍の戦線を突破したが、自動火器の弾丸を浴びて釘づけになってしまった。九台の戦車は近づこうとしたが、砲弾が一台また一台とこれをとらえた。伊東は戦車の支援なしに攻撃を続行することを決意し、ばらばらになった大隊を率いて第一目標の前田の北東一キロ半、棚原《たなばる》の町に近い山塊を目ざした。

この日の朝、第三十二軍司令部に届いた断片的情報は、目ざましい勝利をおさめたというものだった。首里城跡の地下の洞穴では、勝利を祝う騒ぎが始まった。しかし、これと言えるほどの進出を果たすことができたのは、伊東だけだった。同夜、伊東は、棚原北方の小山を攻撃するよう命じられた。伊東部隊はハイウェイ五号線の両側を進んだが、敵の砲火に阻止された。いまや暗闇にまぎれて追いついた戦車の支援を得ることができたので、伊東はさらに進撃を続けた。激戦が展開され、戦車六両が撃破されたが、伊東とその部下たちはアメリカ軍の戦線を突破して、長く苦しい一キロ半を前進、棚原に到達した。伊東は、町を抜ける道に地雷を敷設し、夜明けまでに山の斜面に円陣防衛線を構築した。このあと無電で、彼とその部下ほぼ四百五十人が目標に到達したと報告した――暗号係が戦死してしまっていたので、この無電には暗号は使われなかった。伊東は現在位置にとどまるよう命じられた。

五月五日正午までに、反撃の失敗は明白となった。作戦責任者である長の目にさえもそれははっきりしていた。いまや彼は沖縄については何の望みも持っていなかった――敗北は確実だった。

伊東は依然として棚原の北に踏みとどまっていたが、あらゆる方向からたえまない圧力をかけられていた。昼間、彼の部隊は火炎放射器や迫撃砲、手榴弾で攻め立てられ、新たに百人の戦死者を出した。翌朝、アメリカ軍の攻撃は続行されたが、犠牲的手段によって撃退された。攻撃を開始したときは六百人いた兵士が、いまや百五十人以下になっていた。伊東は死ぬ覚悟を固めていた。そのとき、紙で包んだ石が彼のたこつぼに投げ込まれた。紙には電文が書かれていた。投げたのは部下の通信兵だった。撤収せよという命令が、たったいま届いたのであった。彼は別れを告げるにあたって、負傷兵たちに手榴弾を配った。それから負傷していない兵士たちを丘のふもとに集めた。真夜中に彼らは南に向かったが、敵の占領地を一キロ半通るのには犠牲を払わねばならなかった。敵中を突破できたのは、伊東と十数人にすぎなかった。

日本軍は総力をあげて攻撃を加えた。だが、ホッジの第二十四軍団に簡単に粉砕されてしまった。この成功と時を同じくして、もっと大きな偉業が達成されていた。五月八日の真昼に、アメリカ軍のすべての大砲と艦砲が三発の祝砲をとどろかせた――ドイツが降伏したのだった。

無益な突撃をして来る日本軍を打ち負かすのも大変だったが、穴の中に入っている日本軍を引っ張り出す仕事は全くひどいものだった。前田高地は血まみれの「お山の大将ごっこ」となり、一方の側が高地を占領したかと思えば、すぐにまた奪還されるという激戦が繰り広げられた。あるアメリカ歩兵大隊――第三百七歩兵連隊第一大隊――は、三十六時間のうちに八人の中隊長が戦死し、八日間でその半数以上を失った。

日本軍の損害はこれよりもずっと過酷なものだった。たとえば、若い志村大尉は、かつては六百人を率いて稜線を守っていたが、いまや残っているのは百五十人にも足りず、しかもその大部分は重傷を負っていた。しかし、それでも彼は撤退命令を拒否していた。部下の大部分が戦死した場所で死にたいと願っていたのである。後退すべきだと連隊は強硬に主張したし、第二十四師団の参謀は暗号で私信を送り、「他にもっとよい死に場所が見つかるだろう」と説いた。志村は部下に撤退命令のことを話したが、自分はゲリラとして残るつもりだった。「いっしょに残りたいと思う者は、残ってよい。われわれはここ、この高地を断固死守する」兵士たちの一部は地下にもぐり、残りは撤退した。前田高地はアメリカ軍の手に落ちた。

前田高地の陥落によって、アメリカ軍は全戦線にわたって徐々に前進した。海兵隊の完全な二個師団（第三水陸両用軍団）がいまや西の側面を制していた——激戦の後、第六師団が首里から一・六キロ以内のところにあり、防衛線全体からみて西のかなめをなしている丘、シュガー・ローフ・ヒル（砂糖のかたまりの丘）を攻略し、ガダルカナルから転戦して来た第一師団が、古都首里に通じる細くて岩だらけの通路だったワナ谷を抜けて進撃したのである。その東の方では、海岸に至るまでの間に展開してゆっくりと前進していた第二十四軍団の三個師団が、チョコレート・ドロップ、フラットトップ、その他首里のすぐ東の丘を占領した。五月二十一日の日暮れまでに首里市自体が三方から包囲されたが、暗闇が戦場を包み込んだとき、さらに豪雨がこれを包んだ。ワナ谷は沼となった。戦車や水陸両用トラクターは、泥にはまって動けなくなった。前線のいたるところで、粘土の斜面をくり抜いて作ったたこつぼが崩れ始め、低地のたこつぼは、まるで底に穴があいたボートのようにたえず水をかい出さねばならなかった。ほぼ一週間にわたって豪雨は続いた。食糧を前線に運ぶことはほとんどできなかった。たえまない大水の中で眠るのは不可能だった。戦死者は埋葬することもできず、腐敗するにまかされた。

雨で猶予を与えられはしたが、牛島中将は首里を放棄することを決めた。部隊の六万人以上が血みどろの首里防衛戦で戦死していた。情容赦ない艦砲射撃、砲撃、爆撃、さらには歩兵や戦車による攻撃のため、第六十二、第二十四両師団と第四十四独立混成旅団——彼の軍の中核——が粉砕されてしまっていた。牛島は、どのように局地的なものであろうと退却すべきではないとする反対論を却下した。首里で抵抗しようとすれば、結果的には沖縄の陥落を早めることになるというのが、その理由であった。

## 2　一機一艦の特攻作戦

『実業之日本』誌五月号に、栗原悦蔵《くりはらえつぞう》海軍少将は次のように書いた。

私はよく言うのであるが、皮を斬らして肉を斬る、肉を斬らして骨を斬る、こういった功利的戦法はもう日本としてはやってはならぬ。

骨を斬らして骨を斬るという戦法に出なければならぬ。これは日本人の皆やれることではないか。日本の国民性に適した、国情に適した戦法である。そうすると、ここに頑張りというものが出てくる。いわゆる特攻隊の戦法はそれだ。

神風戦法は、レイテ湾をめぐる戦い以来、アメリカ軍に対して試みられてきた。しかし沖縄では、この戦法は防衛戦にとって欠くことのできない、その一部となった。復活祭の上陸作戦以来、島の周辺に集中している数百隻のアメリカ艦船に対して、千五百機以上からなる大がかりな神風攻撃が六回にわたって行なわれた。数百の特攻機が猛烈な対空砲火の弾幕を突破してその目標に当たって炸裂し、二十隻近いアメリカ艦船を海底に沈めたほか、約二十五隻に重大な損害を与えた。この数字自体はすさまじいものだが、どちらの側の死と恐怖とヒロイズムの真実も伝えてはいない。わが身もろとも敵を吹っ飛ばして地獄に送り込んでやろうと決意した飛行士の操縦する飛行機が、自分の方を目がけて突っ込んで来るのを見守るのは血も凍るものであった。

五月二十五日の七回目の神風攻撃は牛島の首里撤収と時期を合わせたものだったが、その前に沖縄中部のアメリカ軍の読谷《よみたん》飛行場に対して、双発爆撃機五機で運ばれた決死隊による攻撃が行なわれた。双発機五機のうち四機は撃墜されたが、五機目は飛行場に胴体着陸した。吐き出された決死隊は駐機場に向かって散らばり、並んでいた飛行機に手榴弾や焼夷弾を投げつけた。七機が破壊され、二十六機が損害を受けた。決死隊員たちは殺される前に、二十六万五千リットルのガソリンを貯蔵した二つの燃料集積所を炎上させた。

沖合ではすでに「神風」が輸送船停泊位置を襲っていて、それから十二時間にわたって特攻機百七十六機が目標に突入した。〈LSM-135〉と護衛駆逐艦〈ベイツ〉が撃沈された。その他四隻が、この攻撃で受けた損傷のため、味方の手で沈めたり、スクラップにしたり、艦籍から除いたりしなければならなかった。

これらパイロットの狂信的行為は、アメリカ兵を震え上がらせた。しかし「われわれ西洋の物の考え方とこんなにも異質な光景には、何か催眠術にでもかかったような恍惚感がありました」と、C・R・ブラウン海軍中将は述べている。「われわれは、突っ込んで来る『神風』を、被害者としてというよりは、恐ろしい光景を見ている第三者のように、戦慄をもって見守っていました。空中高いところから飛んで来るあの人間はいったい何を考えているのだろうと思い、われを忘れました」このほとんどぞっとするような恍惚感から、いろいろな説やうわさが生まれた。

「神風」のパイロットは、頭巾のついた衣を着た僧侶のように戦場に向かうのだとか、麻薬をのまされているのだとか、操縦席に鎖でつながれているのだとか、自殺のための訓練を年少のころから受けたエリート・グループだとかいうものだった。だが実際は、彼らは志願して特攻隊に入ったごく普通の日本の若者だった。彼らの目的は意義のある死に方をすることであった。特攻方式が優勢なアメリカの生産力に勝つための最善の策であると、彼らは確信していた。たった一人で、空母や戦艦を撃沈もしくは撃破することができ、千人の敵を道連れにすることができるのである。

東京生まれで二十二歳の青木《あおき》保憲《やすのり》海軍少尉は、「一機一艦」というスローガンを信じていた。彼は自然を愛し、そのため台湾の農林専門学校に入った。徴兵に直面したので「粋《いき》なところにひかれて」帝国海軍に入り、飛行術を習い、一九四五年初めには四国の高知で教官になっていた。そこで特攻隊の志願者募集が行なわれた。飛行士は全員——学生だけでなく教官も——自分の名前を紙に書くように言われた。志願する者は名前の上に丸、拒む者は三角をつけるのである。強制的ではなかったのでためらわずに三角をつけた者も何人かいたが、青木は、三角をつけるのは臆病者のすることだと思った。それに、戦争で生き残れる者はいないのだから、飛行士として死ぬ方がいい——敵艦を沈めることさえできるかもしれない。

志願者たちは、高度九メートルを飛んでから急上昇し、管制塔目がけて発砲する訓練を行なった。彼らが操縦したのは〈白菊《しらぎく》〉という、スピードの遅い、不格好な複座式練習機である。青木は自分の乗機の指揮官として航空士となった。彼の考えではこんなものは必要ではなかったが、隣に上官がすわっていなければ、パイロットはおそらく引き返したい気持にかられることになるだろう。

数週間が矢のように過ぎ去った。訓練は彼を夢中にさせ、出撃の日はずっと先のことだったため、現実のような気がしなかった。だが、ひとたび訓練が終わってみると、青木は自分が死刑の宣告を受けた身であることをひしひしと感じ始めた。飛行機が特攻用に改装されるにつれて、暗い宿命の思いが心の中に広がっていった。補助燃料タンクが胴体のなかに取りつけられ、二百五十キロ爆弾が両翼に取りつけられた。青木は、自分の乗機を点検しながら「ああ、これがおれを片道飛行に連れて行く飛行機なのだ」と思わずにはいられなかった。

五月二十五日、隊は、沖縄への最後の飛行のための中間準備地域である九州の鹿屋《かのや》に移動した。自分の運命が決定的なものになったことが、彼の心を圧倒した。仲間たちの崇高な様子が、彼に劣等感を与えた。夕暮れに、青木は「神風」の一隊が沖縄目ざして出撃して行くのを見た――次は彼の隊の番だった。青木はやるせない気持を抱いて、兵舎として使われていた国民学校校舎に帰った。ところが驚いたことに、そこにはいま飛びたったとばかり思っていた連中の姿があった。彼らの出撃拒否は、彼自身の恥ずかしい気持を軽くした――おれは連中ほど臆病になることはできない。

翌日の正午、青木は草の上に寝ころがって、彼の隊の飛行機が次々と引き出され、出撃の準備が進められているのを見守っていた。突然、周囲の地面が爆発した。アメリカ機が爆撃しているのだ。青木は動かなかった。たとえ殺されたところでかまわない——と彼はひとりごとを言った。今度生まれてくるときにはもっと平和な時代に暮らしたいものだ。だが、ぶらぶらと兵舎の方に歩いて帰る途中、つい今しがたまではあまりにも安価なものに思われた生命が、これまでになく貴重なものに思えた。一日でも余分に、一時間でも長く、いや一分、一秒長く生きることさえ貴重このうえないのだ。彼は立ち止まってハエのおどけたしぐさを見守った。「おまえは生きていられて幸運だぞ」と大声で言った。夕食後、翌日の出撃についての説明が行なわれた。各人が、自分自身の高度と進路を選ぶことになった。大部分の者は、東または西から迂回する進路を選んだ。青木は沖縄直行を提案した。彼の相棒の飛行士である十七歳の横山は、これに賛成した。

その夜はみんな早く寝た。青木は、落ち着いた気持で夜明け直前に目をさました。大丈夫だ、と彼は思った。この世で暮らす最後の日、五月二十七日は、すばらしい上天気だった。ずば抜けてさわやかで、すっきりした気分だった。彼はすでに遺品とするための爪と一束の毛髪を用意しておいた。今度は父と母、四人の妹、一人の弟のそれぞれにあてた絵葉書を書いた。「神州は不滅である」と書いてから、完敗しても日本が滅びないよう祈った。

この日の午後遅く、彼の隊は儀式的な夕食を与えられた。幹事役の将校が乾杯しようと言った。青木は一気に酒を飲みほした。気がついてみると、他の連中はチビチビすすっていた。

報道映画の撮影技士が、この若者たちに写真用の格好をとるよう頼んだ。彼らは旭日の印のついた、革の飛行帽をかぶった。何人かは飛行帽に鉢まきを巻いた。彼らは腕を組んで力強く〈同期の桜〉を歌った。

最後の査閲で、一人の大佐が青木の前で立ち止まり、なぜ彼の顔が赤いのかいぶかった。「気分が悪いのか」ただ酒のせいだと青木は説明した。「もし気分がよくないなら」大佐は気づかわしそうに言った。「あとに残って、次の隊に加わってもよいぞ」

「大丈夫であります」

十五機の搭乗員はトラックに乗り込み、見送りの人間たちがあとに続いた。飛行場に着いた隊員たちは、大きな旭日の縫い取りのついた救命胴着をつけた。何かチグハグな光景だった。青木のポケットには、家族の写真と小さな二枚の木のお守りが入っていただけだった。このお守りに助けられて、みごと任務を達成できるよう彼は願っていた。

日暮れ直前に、一人の海軍少将の指揮で決別式が行なわれた。彼が訓示しているときに、青木はわきの方の幕僚たちがしゃべったり笑ったりしているのを聞いた。このような場面を彼らがいいかげんに扱っていることに青木はひどく憤慨した。主任教官が厳粛に成功を祈った。「沖縄には監視所がある。これが貴様たちの任務の成果を確認する」と彼は言った。「今夜は満月である。月が見ていてくれるから、貴様たちは一人ではない。おれもあとから行く。待っていてくれ」三十人は恥ずかしげもなく涙を流した。彼らは教官ができることならいっしょに行きたいと願っていることを知り、飛行機乗り仲間が自分たちのこの世の最後の瞬間が日常平凡事となるのを救ってくれたことに感謝した。

十五機が地上滑走に移ったとき、滑走路ぞいの小さな群れからハンカチや帽子、旗が振られた。青木は、エンジンの轟音を貫いて誰かが「青木、青木」と叫んでいるのを聞いた。振り返ると、涙を流し、身ぶり手ぶりで何か言いながら彼の飛行機のあとを追いかけて来るのは、前回の出撃に飛び立つことを拒否した飛行士の一人だった。青木は当惑し憤慨した。まるで女に追いかけられているみたいだった。だが、古い練習機がしだいにスピードをつけて離陸したとき、彼は微笑して「あとから来いよ」と呼びかけた。上昇すると、沈もうとしていた夕日はその姿をしばし長く見せた。何という美しさだ、と青木は思った。

高度九百メートルに達すると、若い飛行士はほぼ真南に針路をとり、鳥島《とりしま》（沖縄の北西約九十六キロ）を目ざした。鳥島で左に折れて輸送船停泊位置に向かう予定だった。前方では一機が、迂回コースをとるために遠ざかって行った。下には佐多岬を示す緑の灯が見えた。これが本土最後の灯だ。青木はそれが見えなくなるまで食い入るように見つめた。下の方に小さな島が見えた。一条の白煙が上がっていた。主婦が家族のための夕食のしたくをしているのだろう。あなたは生きている、だがおれは死のうとしているのだ――彼はそう思わずにはいられなかった。

雲の層のために横山は六百六十メートルまで高度を下げることを強いられたが、下は大荒れだったので、さらに三百メートルにまで下げた。彼らは単調なエンジンの音を響かせながら何時間も飛び続けた。鳥島到着の予定時刻は過ぎていた。青木はそのまま飛び続けるよう横山に合図してから時計を調べ直した。十一時半だった。攻撃開始は午前零時の予定である。これには絶対に間にあわないだろう。五分後、彼は東に針路を変えて下降に移るよう命じた。青木は、敵のレーダーを妨害するためのスズ箔をばらまいてから、二つの爆弾のプロペラを回すためのトグル装置を引いた。爆弾はいまや安全装置が解除され、何かに接触すれば爆発する状態になった。上空の雲はまばらになり、青木は海面に映る月の影を見ることができた。いなずまが光った。また一つ。いや、敵艦が自分たちを目がけて撃ってきているのだ。横山は練習機を九十メートルに上げた。青木は懸命に敵艦の姿を見ようと努めたが、たぶん一キロ半と離れていない怒り狂う対空砲火の閃光のため、目をくらまされた。敵艦に到達するには一分はかかるだろう。対空砲火はだんだん正確になってきた。

「右旋回」と彼は命じた。

明るい光の筋が、自分たちの方に向かってきた。曳光弾だ。轟音が聞こえた。戦闘機グラマンらしいのが、かすめ去った。しまった――と彼は思った。撃退しようにも、武器は拳銃ぐらいしかない。横山が引き返しを図ったとしても、もっとやすやすと餌食になってしまうことだろう。青木は風防《ふうぼう》をあけ、体を起こして見回した。グラマンはもういなかった。彼は飛行士に沖縄に向かって引き返すように命じた。その直後に彼らは駆逐艦に出くわした。駆逐艦は、彼らの前方をのんびりと南へ向かって遊弋《ゆうよく》していた。「急降下」と、青木は叫んだ。横山は、友軍機と衝突しないよう左回りに急降下するよう訓練を受けていたのだが、いまは右回りで突っ込まなければならなかった。これまで一度もやったことのないことだった。

艦尾の方から接近したが、駆逐艦は一発も撃ってこなかった。青木は依然として座席を離れ、風防上に腕を組み、その上にあごをのせて、駆逐艦をじっと見つめていた。散華《さんげ》の瞬間を待ちながら、彼の心は澄みきっていた。いまや駆逐艦とは至近距離に入っていた。たとえアメリカ艦が発砲したとしても、もう手遅れだ。彼は満足だった――自分の死は意味のあるものとなるのだ。

がたがたの古い練習機がエンジンの轟音を響かせながら駆逐艦目がけて突入して行くとき、彼も横山も一言も発しなかった。海面にぶつかった。気がついてみると、青木はまだ飛行機に乗っていた――二重の偶然が重なり合って彼はまだ生きていた。横山はそれまでに一度も動く標的を狙ったことはなかったため、まんまと取り逃してしまったのだ。だが、爆弾はなぜ爆発しなかったのだろうか。

「分隊長、こちらに来てください」横山は、だんだん沈んで行く飛行機の上に立っていた。青木は、体を持ち上げて操縦席から抜け出した。その直後、機体はさか立ちになって波間に姿を消した。彼は救命胴着をふくらませた。それはその少し前までは全く無意味と思えたものだった。彼らは暗闇の中で孤独だった。一隻の船も、一機の飛行機もあたりにはいなかった。

「どうしますか」と、横山は尋ねた。

すでに生命を捨てた身だったため、青木は返答に困った。彼は生きていることに何の喜びも見出さなかった。夜が明けると、彼らは、はるかかなたに陸影を見た。沖縄に違いない。

青木は泳いで行こうと言った。だが彼らの行く手は敵の駆逐艦によってさえぎられた。二人は腕を組み合わせて、まるで死んだようにじっと海面に浮かんでいた。アメリカ軍の駆逐艦が横づけになると、二人は目を閉じ、口をあけた。カギが横山のズボンを引っかけた。「蹴ってはずせ」と、青木は叫んだ。だが、横山ははずすことができなかった。彼は青木をつかんだまま、魚のようにたぐり寄せられた。青木は、舷側にぶら下げられたロープを登り始めた。自分は捕えられてしまった。だがあとで、逃げることも自決することもできるだろう。

「登るんですか」と、横山は信じられないような叫び声をあげた。

　甲板に上がった二人は、タバコもパンも断わった。横山は怒りに燃えて青木をにらみつけた。彼らはもっと大きな艦に移された。逃亡が不可能ということが明白になると、青木は横山に、舌をかみ切る自決方法を教えた。舌を出したままで、青木は自分のあごを何度もなぐった。痛みはひどかったが、血はほとんど出なかった。そこで彼は首をつろうと図った。意識を失いかけていたときに、衛兵が飛び込んで来た。彼は、生きて模範的な捕虜になるのが自分の宿命だという結論に達した。[2]

## 3 日本軍首里撤退

青木の特攻の前夜、牛島中将は、その司令部の首里からの撤収を開始した。外側の防衛線はそのままに残し、第六十二師団と第二十七戦車連隊がいっしょに撤退した。豪雨が退却をおおい隠したが、それは試練をともなった。ことに歩かされている負傷兵にとってはそうだった。前線から撤退して以来、医薬もなく、水や食糧もほとんどなかった。たち上がることができる者は、小さなグループに分かれて土砂降りの雨の中へと出て行った。ついこの間まで師範学校に通っていた若い沖縄の看護婦たちが道案内をした。彼らは暗闇の中をロープにしがみついて、それを頼りに進んだ。

敵の後方地域でのこうした移動を、アメリカ軍はこのあとさらに二十四時間もの間、知らなかった。移動を発見すると、砲兵と海軍の支援艦艇が道路や合流点を猛砲撃し始めた。翌五月二十七日、バックナー中将は第三、第二十四両軍団に新たな通達を送った。

敵は新防衛陣地に向け退却の兆あり。その側面を脅かすわが軍に対して反撃の可能性あり。その意図を突きとめ、不安定な状態に留めるため、直ちに強力にして仮借なき圧力を加える行動を開始せよ。名ばかりの妨害のみで、敵に新陣地で地歩を固めさせるようなことがあってはならない。

首里防衛線の全線にわたって戦闘斥候が偵察したが、退却援護のための砲撃は止まず、斥候は日本軍が撤退している兆候はないと報告した。第十軍の情報将校も同じ意見を出した。「いまや日本軍は、首里北方周辺の線を保持するのが最善の策と考えているように見られる。……わが軍は徐々に首里陣地を包囲することになる公算が大である」

陸軍は包囲作戦になるだろうと予言したが、海兵隊は待とうとはしなかった。第一師団は、五月二十九日に首里高地を強襲し、同高地の守りが手薄なことを発見した。彼らはさらに首里城跡へと進撃した。ここで守りが強固になったが、この日の晩、第十軍の情報将校は情勢の評価をやり直した――いまや彼は「敵は砲撃によって首里防衛線を支えており、軍隊の大部分は他のところにいる」ことを確信するにいたっていた。

降りつづく雨のカーテンに隠れて、牛島はその兵力の大部分を率いて脱出に成功し、首里城の真南十四キロ半、岩だらけの海岸を見おろす絶壁の洞穴に新司令部を置いた。しかし、この撤退は沖縄人にとっては大きな犠牲をともなうことになった。恐慌状態に陥った民間人の群れが、軍のあとを追って南へ逃げ、砲爆撃で虐殺された。何千もの死体がぬかるみの道路に置き去りになっていた。

五月の最後の日に、海兵隊と陸軍部隊は用心深く二つの側から古都（首里）に入った。首里は、迫撃砲、千ポンド（約四百五十キロ）爆弾、それにほぼ二百発の砲撃と艦砲射撃で荒れ果て、すっかり廃墟と化していた。残っていた建物はただ二つ――コンクリートの師範学校とメソジスト派の教会だけだった。まだいぶっている瓦礫の下には、何百人もの民間人やその持物が埋まっていた。腐肉の悪臭が、鼻をつく煙のにおいに染み込んでいた。

一万人の労働者が八年がかりで建造した首里城は、艦砲射撃によってほとんど完全に破壊されていた。その巨大な城壁は子供の遊ぶ積木のように瓦解していた。砲撃によって破壊された二つの大きな鐘は、少なくともそれと見分けがついた。その一つにはこう刻まれていた。

見よ。鐘とは何ぞや。鐘とは、遠く、広く、高く響くものである。それは仏教の貴重な道具であり、僧侶の日常の勤行《ごんぎょう》に秩序をもたらす。
それは常に、迫りくる闇や夜明けの時刻を知らせるために時を告げる。怠惰な者を驚かせ活動させ、その者の名誉を取り戻させる。そしてその鐘はどのように響くのだろうか。それは雷鳴のように、遠く広くこだまする。だがそれは、極度の純粋さをたたえている。そして罪深い人間は、鐘の音を聞いて、救われる。

バックナー中将は、敵が手に負えなくなった防衛線を放棄したことに狂喜した。「首里防衛線から撤退したことで、牛島は好機を逃した」と、彼はこの日の晩、その幕僚に言った。「これで万事は終わった。孤立した抵抗拠点が残っているだけだ。激しい戦闘はもうないということじゃないが、日本軍はもう新たな防衛線をつくることはできまい」

しかし牛島は、首里南方十キロのところに天然の要害を見つけていた。それはサンゴ礁の断崖であった。断崖の上には隣り合った二つの山——与座岳《よざだけ》と八重瀬岳《やえせだけ》がそびえていた。この二つの山が、まるで巨大な壁のように島の南端部の大部分を横切っていた。それは前田高地よりも高く、もっと岩がごつごつしていた。ここで海を背に、日本軍は最後の抵抗を試みることになる。

六月一日、アメリカ軍が迫ってきた。足首のところまで没する泥に足をとられて進撃の速度は鈍かった。両側の半島を攻略するために、両翼が扇形に展開したとき、要害の下の低地を厚い雲の層がおおっていた。東の知念《ちねん》半島の守りは手薄だったが、那覇のすぐ南に突き出ている小禄《おろく》半島の方は、二千の海軍部隊によって守られていた。牛島の命令によって彼らは、その装備や重火器の大部分を破壊した後、半島の施設を放棄して南へ向かった——しかし、天然の要害の新防衛線の南では、彼らが砦とすることになっていた洞穴の大部分はすでに民間人が占領してしまっていた。彼らは、陸軍がやったような民間人追い出しはあえてせず、半島に戻って、小火器だけで、海兵隊の水陸からの激しい攻撃を阻止した。

六月五日、やっと雨はやんだが、与座‐八重瀬の壁に近づく道は、柔らかい粘土の沼となり、アメリカ軍の戦車は通ることができなかった。第九十六師団は六月十日になって初めて、アメリカ兵に「ビッグ・アップル」と呼ばれていた八重瀬岳を攻撃したのだった。ビッグ・アップルの北の斜面に確固たる陣地を構築するためには、集中砲火と、一個連隊を投入しての激しい接近戦が二日間にわたって必要だった。

牛島には敵軍を食いとめるための砲がほとんどなかった。通信連絡がうまくいかなくなっていたため、歩兵の増強部隊も間にあうように到着できなかった。アメリカ軍は、日本軍が効果的な反撃をすることができないでいるうちに新たな進出を果たし、六月十三日の夜中の十二時までに稜線の東半分の全部が崩壊し始めた。

小禄半島の頑強な水兵たちも、海兵隊第六師団の前についに屈したが、激しい戦闘はアメリカ軍に千六百八人の死傷者を出させた。六月十五日、太田実《おおたみのる》海軍少将とその幕僚五人の遺体が、地下の司令部で発見された。血に染まった敷蒲団でおおわれた一段高い台の上で、喉をかき切って大の字になっていた。

戦闘が洞穴をめぐるすさまじい争いに移るにつれて、毎日ほぼ千人の日本人が殺されていた。この日の午後、第七師団第二十七連隊長の金山均《かなやまひとし》大佐は、部下の将校下士官をその洞穴の司令部に集めた。彼は小さな台の上から、師団が夜明けを期して総攻撃を行なう予定であると告げた。だが、この命令に従うことはできないとした。金山の連隊で残っているのは百人にも足りないし、他の部隊にしても同様に消耗してしまっていると思われる。これ以上組織的戦いを遂行することは不可能である。

金山は連隊旗にガソリンをかけ、マッチで火をつけた。軍旗が燃え上がっているとき、彼は言った。「過去三カ月間、諸氏は言葉に尽くせぬ苦難に耐えた。かくもよく戦ってくれたことに対して全員に感謝する。小官はいま連隊を解散する。諸氏は自分の責任において行動されたい。本土に帰りたい者は、自由にそれを試みてよい。小官はここで死ぬ。だが、諸氏は小官と責任をわかち合うべきではない」

この言葉は部下たちを困惑させた。好きにするようにと言って放り出されたことを彼らは恨んだ。金山は短剣を抜いて部下たちをにらみ、決して「あとに続く」ことはならぬと再びさとした。彼は作法どおりに腹をかき切った。血がほとばしったとき、彼の首は前に落ちた。副官の佐藤大尉が介錯をしたのだった。このあと佐藤は銃弾で自決した。もう一人の将校——安達という中尉が拳銃を取り出した。引金を引く前に、彼は叫んだ。「天皇陛下万歳」

## 4 摩文仁《まぶに》の洞穴

アメリカ軍が手榴弾や爆薬、火炎放射器を使って墓の中にひそむ獲物を追い求めるようになるにつれ、戦闘は残酷な人狩りへと変わっていった。六月十七日までに、牛島の第三十二軍は粉砕されていた。規律はなくなってしまった。生き残った者は、数日前には考えられもしなかった行為を働くようになった——上官の将校に反抗し、洞穴の中では野蛮人のように食物や水を奪い合い、民間人を殺し、婦女を暴行した。

島の突端近くにある岩だらけの切りたった崖の奥深い洞穴の司令部では、牛島が冷徹に最期を待っていた。それは断崖の頂上近くに位置する長い洞穴で、一方の口は六十メートル以上も下の海に面し、もう一方の口は摩文仁《まぶに》の村——そして近づいて来る敵を見おろしていた。牛島は、戦線の後方に落とされたバックナーの降伏勧告文を読み終えたばかりだった。

貴官の指揮下の軍隊は、勇敢によく戦った。貴官の歩兵戦術は、尊敬に値するものであった。……貴官は小官と同じく、長く歩兵戦を学び実践した歩兵の将軍である。……したがって、この島におけるすべての日本軍の抵抗が粉砕されるのは時間の問題であるということを、小官と同様にはっきりと理解されているものと思う。

この降伏呼びかけは、牛島の顔にかすかな微笑を浮かばせたが、長はばかにして、ほとんど抑えきれない大笑いをした――サムライがどうしてこんな提案に一顧だにすることができようか。急速に悪化する情勢は長の心をひどくかき乱していた。牛島は物思いにふけりながら簡易寝台に横になったり、読書をしたり、詩を書いたりしていたが、長の方は、まるで敵に出くわしたかのように刀にぐいと手をかけたりしながら、檻の中の動物のように洞穴の中を行ったり来たりした。

牛島は冷静さを保っていた。彼は、身のまわりの世話をしてくれていた若い沖縄の学生たちに、ことに思いやりがあった。父親のように彼らの頭をなで、家族のことを尋ねた。彼のユーモアのセンスは、逆境によってますます鋭いものとなっていた。あるとき、長が摩文仁の側の口の方に大またで歩いて行き、外に向かって小便した。牛島は笑いながら言った。

「急いだ方がよい。きみのは敵にとってあまりにも大きい標的だよ」

六月十八日の正午、牛島の相手、サイモン・ボリバー・バックナーは、戦いに向かう海兵隊の新鋭部隊を監督するためにずっと前方へと出て行った。一時間にわたって見守り、監視所を下り始めたとき、日本軍の砲弾がすぐ頭上で炸裂した。弾の破片がサンゴの小丘を粉砕し、気まぐれにもぎざぎざのサンゴが飛んできて将軍の胸に突き刺さった。十分後に、彼は死んだ。

牛島が洞穴の中から出した書面による最後の命令は、部下に対して「最後まで戦い、天皇陛下への忠義という悠久の大義のために死ぬ」ことを求めたものであったが、自殺同然の突撃によってそうせよというのではなかった。彼は第三十二軍の生き残りに、民間人の服装で敵の戦線をくぐり抜け、島の北部にいるゲリラの小部隊に合流するよう命じた。暗闇にまぎれて最初のグループがひそかに突破を図ったが、発見された。この付近一帯は照明弾で明るく照らし出されていて、殺されなかった者はすぐに穴に逃げ込むほかなかった。

翌日の正午、爆発が牛島のいる洞穴の北の入口を揺さぶった。アメリカ軍の戦車が摩文仁に接近し、村の南の小高い丘に開いている洞穴の入口をじかに砲撃中だったのである。ニューギニアで軍務についていたが、病気のため那覇に帰って来ていた沖縄人の比嘉《ひが》仁才《じんさい》は、牛島の散髪をしていた。この床屋が理髪道具をかたづけていたとき、長が牛島のところにやって来て、「どうもありがとうございました」と言った。「何のことだ」と、牛島が尋ねた。「聞き入れていただけるとは思わなかった私の進言をいれてくださいました。思いどおりに反撃をさせてくださったからです」

「そうした方が簡単と思ったんだ」と牛島は答えた。「決定はいつも部下にまかせることにしているのだ」

「一時は、もし私の計画を承認していただけないのでしたら切腹しようと考えました」長はぶっきらぼうに言った。「しかし閣下は、私にそうさせてくださいました――しかも微笑をもってです。それは私の気を楽にしてくれました。そこで、この世にお別れする前に、お礼を言いたいと思うのです」

島の南端にハチの巣のように点在する何百もの洞穴の中では、民間人も兵士たちも同じように皆殺しに直面していた。牛島の司令部から三キロ西のところでは、沖縄の学生看護婦――病院が解散したあと来ていたのである――が、何十人もの民間人といっしょに地下の洞穴の中に避難していた。山城信子《やましろのぶこ》はまだ十七歳だった。彼女は瀕死の妹――同じく看護婦をしていた良子《よしこ》――の生命を救おうと必死になっていた。だが、洞穴の中には食物も水もなく、あえて外に出る勇気は彼女にはなかった。看護婦たちは洞穴から洞穴へと追い立てられ、十八日の晩には再び、「もっと安全な避難場所」を見つけるために南に移動するよう兵士たちに言い渡された。

憤慨し、うんざりして、看護婦たちは洞穴の口に通じるはしごを登り始めた。突然、「敵襲」という叫び声が聞こえ、銃声がわき起こった。はしごの途中にいた者たちに、青い閃光が浴びせられた。ガスだ。毒々しい煙が洞穴の中に大波のように寄せてきた。息が詰まり、目がくらんで、中にいた人間たちは手探りではしごの方に向かった。信子は、まるで何かに首をしめられたように、げえげえ言った。彼女は苦しみながら妹を捜し求めてその名を叫んだ。地獄とはこんなものに違いない――と彼女は思った。手榴弾が雷のような轟音とともに炸裂した。そのあと沈黙が訪れた。

「これでわれわれは全部死ぬんだ」と、静かな男の声がした。「〈海行《ゆ》かば〉を歌おう」彼らが愛国的な愛唱歌を歌おうとしているとき、信子は気を失った。彼女は、奇妙な幸福感に包まれて意識を取り戻した。これまでに一度たりとも、このようなすばらしいしあわせな気持で目をさました体験はなかった。立ち上がろうとしたが、体があまりにも重かった。なぜだろう。まわりの人たちがうめいていた。彼女も負傷しているに違いない。左のもものくびがずきずきし始めた。彼女は、榴霰弾《りゅうさんだん》にやられていることを発見した。

信子は再三再四、立ち上がろうと試みた。妹はどこだろう。どうしようもない眠気と戦いながら、なんとか目をさましているよう自分に命じた。眠りたい欲望に屈したら死んでしまうだろうということを知っていたのである。脚を折り曲げ、胎児のような格好になってころがって行った。洞穴の床で大の字になっている死体の間をはいながら、死体を一つずつ注意深く調べて行った。はしごの下から見上げた。アメリカ兵のシルエットが、驚くほど青い空を背にして浮かび上がっていた。彼女はせきをこらえて、はいながら暗闇の中に戻り、苦悩に満ちた探索を続行した。洞穴の奥の方で見つけたときには妹は死んでいた。

戦車や沖合を遊弋する舟艇からの拡声機を使って行なわれた降伏呼びかけは、サイパンや硫黄島のときよりもずっと効果があった。大勢の民間人とかなりの数の兵士たちが、地下の潜伏場所を捨てた。日が暮れるまでに、沖縄人四千と軍人八百が降伏した。兵士たちは――指示どおり――ふんどし一つになって出て来た。その一人は、軍刀を手に持って第七歩兵師団の戦線まで行進して来た。彼は直立不動の姿勢をとり、敬礼し、その武器をアルビン・ハナ軍曹に手渡した。別の一人は、二冊の小さな辞書を持って来た――一冊は英和辞典、もう一冊は和英辞典だった。少しばかり調べたあと、彼は元気よく叫んだ。「ミー、バンキッシュト、ミゼラブル、ディスオノラブル、デプレイブド」（私、打ち負かされ、みじめで、不名誉で、堕落した）

六月二十一日夜、牛島が無電で大本営に決別の辞を送っているとき、自分の決別の辞を書いていた長はこれを手渡すことができるよう望んでいた。「わが軍はあらゆる戦略、戦術を傾け、よく敢闘、善戦したるも、ついに敵物量の前には、いかんともするあたわず」と彼は書き、「心残りも、恐怖も、恥ずかしさや負い目もなしに」この世を去るとつけ加えた。

最後のつとめを終えた二人の将軍は、いまや死の準備にかかった。きびしい顔をした八原大佐が、牛島に自決の許可を求めた。将軍は、穏やかだがきっぱりとこの要請を拒否した。「もしきみが死んだら、沖縄の戦いについて真相を知っている者は誰もいなくなる。一時の恥を捨てて、これに耐えてくれ。軍司令官の命令だ」

六月二十二日の日の出直後、牛島は比嘉に最後の儀礼的な理髪をしてくれるよう頼んだ。彼のユーモアのセンスはなくなってはいなかった。床屋が彼の頭を左右に回したとき、牛島は「おれは人間輪転機だ」と冗談を言った。正午までにアメリカ軍は、洞穴の北の部分を占領していた。それから数時間後、牛島はパイナップルの罐詰――これが洞穴の中の最後の食糧だった――をあけ、それをたまたま通りかかった者には軍人、民間人の別なく分け与えたのだった。

午後遅く、牛島と長とは作法どおり並んですわった。長は首がよく見えるよう頭を下げた。剣道五段の坂口《さかぐち》大尉が刀を振りおろしたが、右手を負傷していたため手もとが狂って刃が十分な深さに達しなかった。藤田軍曹が刀をとり、脊柱を切断した。

「沖縄の人たちは私を恨みに思っているに違いない」腹部を出しながら牛島は残念そうに言ってから、平静に腹を切った。彼の首が切断され、幕僚のうちの七人は、拳銃を使って集団自決をした（牛島と長の自決方法については異説もある）。

この日、嘉手納《かでな》飛行場に近い第十軍司令部では、第十軍——二つの軍団と各師団——の代表が、軍楽隊がアメリカの国歌を吹奏するなかを直立不動の姿勢で立っていた。軍旗護衛が沖縄本島が確保されたことを示す星条旗を上げた。

しかし、依然としてアメリカ軍の目から隠れている何千人もの日本の兵士や民間人にとっては、きびしい試練はまだ終わるにはほど遠かった。

十三歳の金城茂《きんじょうしげる》は、彼の一家が避難していた洞穴からはい出し、初めて敵を近くから見た。彼らは腰から上は裸で、動物のように毛深かった。もうおしまいだ、と茂は思った。捕虜は殺さないという敵のビラを彼は信用していなかった。鼻や耳を切り落とされてしまうことだろう。彼は家族のいる洞穴に戻った。彼らは丸く固まっていた。誰かが手榴弾を岩にたたきつけて点火し、彼らのまん中に投げ込んだ。茂は、世界が爆発したと思った。妹が何かつぶやくのを聞いた。死の間際のつぶやきだった。

「私は死んでいない」と言う声がし、嘆願の言葉が続いた。「もう一発お願い」

二つ目の爆発が小さな洞穴を揺るがした。肉片が茂に当たった。まだ数人が生き残っていたが、三発目をと言い出す者は一人もいなかった。誰かが動脈を切って死のうと提案したが誰も実行しなかった。彼らは無気力にひと晩中、洞穴の中にいた。朝になると、英語で叫ぶ声がした――「カム・アウト」（出て来い）。それとほとんど同時に、白煙を吐いている罐が洞穴の中にころがり込んできた。催涙弾があと二つ爆発した。息を詰まらせながら外に這い出た茂は、両脚から出血していた。持ち上げられて兵士の背に負われるのを感じた。真壁《まかべ》の村で、敵兵（海兵隊員だった）は茂をおろし、ハマグリの罐詰をあけた。罐詰には日本のラベルがついていたが、この少年はきっと毒が入っているに違いないと思い、食べるのを拒否した。兵士が何か言って、それから茂のために竹の杖を二本切ってくれた。少年は収容所の方へ足を引きずって歩いて行きながらいぶかった――いつ処刑は始まるのだろうか。

北西一キロ半のところでは、アメリカ軍が一週間以上にわたって、いくつもある入り組んだ洞穴を発煙爆弾でかたづけようとしていた。少なくとも三百人の兵士と八百人の民間人が中に閉じこめられた。宮城嗣吉《みやぎしきち》少尉は、太田少将の死後、ハワイ人の妻ベティを探すために小禄半島から逃げ出し、探しあてていた。いま、煙のために洞穴内があまりにも息苦しくなったので、宮城――彼は沖縄における有名な空手の名手の一人だった――は、気を失っている妻を背負い、腰まである泥のなかを洞穴の奥の方に運んで行った。

泥は流れに変わり、水はやがて宮城の肩にまで達した。水はベティの意識を取り戻させた。もはや水底に足を触れることができなくなった宮城は、行く手を照らすのに使ってきたロウソクを妻に持たせ、彼女の服のえりをくわえて泳いで行った。数メートル行くたびに足をおろして休もうとしたが、ねとねとした泥のなかに沈み、頭を水面上に出しておくのに死に物狂いでバタバタやらねばならなかった。悪夢は果てしなく続くように思われたが、ついに足が固い地面に触れ、ひどく酷使した筋肉をやっと休ませることができた。宮城夫妻は土手に上がった。冷たい風が吹いてきたので、近くに入口があるに違いないと思った。前方に光が見えた。それは五、六人の民間人のまん中におかれたロウソクだった。

このきびしい試練は、彼らに一つの信念を与えた——暗闇の中で息ができなくなるよりは、太陽の光を浴びて死にたい。入口でアメリカ人の声がした。ベティが「ヘロー」と叫び、自分はハワイ出身であり、兄といっしょだと言った。

「われわれはきみたちを助けに来たんだ」と、誰かがどなり返してきた。「出て来なさい」

彼らが洞穴から外に出ると、そこは全くの行き止まりで、深さ六メートルもある穴の底だった。頭上にはずらりと銃口がこちらを向いていた。のたうちながら落ちてきたロープをつたって十人あまりの海兵隊員が降りて来た。宮城夫妻は殺されずに、すばやく上へ運び上げられた。二人は自分たちの身に起こっていることが、ほとんど信じられなかった。にこにこ笑っているアメリカ兵がKレーション（携帯口糧）と水とタバコを彼らに押しつけた。一人の中尉が宮城の手を握りしめた。海兵隊員たちは彼らを抱きしめ、頬をすりよせた。それからガソリン罐を洞穴の入口に運びはじめた。宮城はそれをやめさせようと図った。興奮したゼスチュアで、彼はガソリンに火をつけたら、上の方にいる日本兵だけでなく、下にいる民間人も殺してしまうことになると説いた。彼は洞穴の中に引き返し、民間人を連れ出してくる役を買って出た。ま新しい海兵隊の作業服を着た宮城は、武装した日本軍の衛兵の間を突破し、八百人の民間人全部を説得して降伏させた。

その夜、さらに南の、島の最南端、水際近くのイバラの茂みの中では、師範学校教官の仲《なか》宗《そ》根《ね》政善《せいぜん》に引率された十三人の沖縄の学生看護婦が自決の準備をしていた――すでに何千人もの民間人が真の日本人として死にたいという願望と、敵に対する恐怖の二つの動機から自決していた。少女たちは輪になって坐り、彼女たちの音楽教師が作曲した思い出の歌〈さようなら〉を歌った。頭が混乱した仲宗根は、自分の考えを整理するために、一人だけでその場を離れた。誰にも知られずに死んでしまうのは、何と無益なことだろう。木々の露は、月の光を浴びて、美しく、神秘的にきらめいていた。

明け方、緑色の作業服を着たアメリカ兵がこっそりと近づいて来るのに気づいた。これがアングロサクソンの悪魔どもだ。だがもはや恐れなかった。なぜ自分と少女たちが自決しなければならないのか。急いで教え子たちのところに戻ると、彼女たちは丸く輪になってちぢこまっていた。

「仲宗根先生。死んでもいいですか」と、手榴弾を持った少女が叫んだ。彼女は最初から自決をしきりに主張したのだった。

仲宗根は彼女たちに待つように言った――アメリカ兵がやって来るまで彼女たちを押し止めておきたかったのだ。最年少の少女たちの二人は、母を恋しがってしくしく泣き出し、輪から立ち去ることを許された。手榴弾を持った少女が、自決の時はまだ来ないのですかとまた尋ねた。仲宗根は、待つようにとまた言った。彼は敵を途中でさえぎるために浜辺の方に行った。一人のアメリカ兵が紙に「フード――ウォーター」（食物――水）と書いた。仲宗根は、そのアメリカ兵をあとに従えて少女たちのところに帰り、迫って来たアメリカ兵たちは絶対に危害を与えるものではないことを彼女たちに納得させようと努めた。だが、彼女たちは、片手に小銃を持ち、もう一方の手に赤ん坊を抱き、低い声で繰り返し「ドウント・クライ・ベイビー」（泣くな。赤ちゃん）といって、あやしているアメリカ兵に気づくまでは「外国の悪魔ども」を恐れた。一人また一人と少女たちは輪から去って行った――残ったのは、手榴弾を持っている意志強固な少女だけになった。仲宗根はその少女の手から手榴弾をもぎ取った。彼女は全速力で海岸へと走り、海に飛び込んだ。兵士たちが、サンゴの切り傷で血を流し、なおも必死であばれる彼女を海から引き上げた。降伏した沖縄人は自分一人しかいないと思っていた仲宗根は、恥辱感を懸命に押し殺した。少なくとも自分の教え子たちの生命を救ったではないか……。

だが、仲宗根一人だけではなかった。次の週には、少なくとも三千人の兵士と労務者が宮城少尉たちの呼びかけに応じた。宮城少尉ら日本人有志は、仲間を救うために何度も洞穴に入っていったのである。呼びかけに応じなかった者は火炎放射器や爆破によって洞穴の中で最期を遂げ、この期間に、九千人の軍人が皆殺しになった。

七月二日、沖縄戦の終結が正式に宣言された。ちょうど三カ月の間に、アメリカの陸海軍および海兵隊の戦死、行方不明者は、一万二千五百二十人にのぼった。これは太平洋での戦争における最大の犠牲者であった。

日本軍は十一万の兵力を失った。そのうえ、民間人の死傷者は空前の比率であった。二つの軍の間にはさまって、約七万五千の罪なき男女、子供が死んだ。しかも彼らの犠牲は何の役にも立たなかった。日本は、本土以外で戦うことのできた最後の大きな戦闘に敗れたのである。

# 三十部　さまよえる日本兵

## 1　脱走兵たち

　本土がおびやかされながらも、依然として何百万人もの軍隊は、崩壊する大日本帝国の広大な地域に展開していた。ラバウルの砦はなお健在であり、中国における日本軍は、その大半を支配していた。しかし、ビルマ、フィリピン、および太平洋に点在する島々における兵士たちにとって、日本への道は失われていた。故国へ帰る者はほとんどいないだろう。自決しなかった者や最後の自殺的突撃で死ななかった者は、見捨てられ、病み、飢えながら、生きのびたいという意志にかられて一日一日を送っていた。

　元教師の神子《かみこ》清伍《きよし》長も、その一人であった。レイテ島をバンカで脱出して以来、彼は十数回も捕まりかけたり死にかけたりしたが、いずれも切り抜けてきた。四月にはセブ島西方の大きな島、ネグロス島に着いていたが、再び自由への船旅に乗り出そうとしたとき、ある陸軍部隊の配属となり、最近上陸して来たアメリカ兵に備える防御につかせられた。だが、神子はボルネオでの新生活の夢を捨てず、脱走して自分について来るよう、他の六人を説得した。彼はお手盛りで軍曹に進級し、四月三十日の朝、一行の先頭に立って南西海岸を目ざして深いジャングルの中へ進んで行った。しかし、けわしい山が次々と続き、一ヵ月間、彼らはカタツムリとカニのほかには食べる物がなかった。毒虫に刺されても薬ははれ上がったところにつける尿以外にはなく、眠っているときにはヒルが眼玉に吸い着いて来て血を吸いはじめた。ヒルは苦しげにしがみつき、吸った血でハジキ石のようにふくれ、黒くなってからころげ落ちた。兵士たちはそれを食べた。ジャングルでは、むだになるものは一つもなかった。

食べ物への思いが、とりついて離れなくなった。彼らは、処刑されたフィリピン人から作ったスープを自分の部隊に出した炊事係がいたという話を思い出した。「人間の肉を食べることを考えると、むかむかしてくる」と一人が言った。「しかし、それと知らなければ、非常にうまいそうだよ」

「ほんとうに飢えた人間は、何でも食べるようになる」と大野という初年兵が言った。

神子は、この話を聞いて不愉快になった。あまりにもやせていたのでゲートルがいつもずり落ちている、結核にかかっている初年兵の間山を、大野が食べようと考えているのではないかと恐れたのだ。ある夜、神子は大野のささやき声をふと耳にした。「どうせ、やつは間もなく死ぬのだ」目を開けてみると、落葉でつくった大野と間山の寝床はともにからになっていた。神子は渓流のそばで二人を見つけた。間山は水浴びのあと、骨だけのやせた体をふいており、一方、大野はゴボウ剣（銃剣）を抜いて岩陰に身をひそめ、獲物に向かう狩人のように相手を見つめていた。神子が大声で警告し、この騒ぎで他の兵士たちもかけつけた。

目を異様に光らせていた大野がゴボウ剣を捨てて、叫んだ。「許してくれ！」神子は彼を両手の皮がむけるまで激しく殴った。大野はすなおに制裁を受けたが、ついに後ろへ倒れ、その顔には血がしたたっていた。

一行が再び行軍に移ったとき、大野は自分のやったことを説明しようとした。間山は結核で死にかかっているのに自決することができないでいると彼は言った。「私が殺しても、それは殺人ではありません。手を貸して死期を早めてやるだけのことです」それから彼はつけ加えた。「彼の死体が土と化すにまかせておくのは無意味です。その身を飢えた戦友を救うために役立たせる方が、間山の霊も浮かばれるでしょう」

その夜、神子は夢を見た。空にヒバリの飛ぶある暖かい春の日、彼は葬式に出席していた。

「彼を埋めますか、それとも茶毘に付しますか」と紋付を着た若い男が尋ねた。それは青白い詩人肌の初年兵、臼井であった。

「茶毘に付すのなら、私にまかせてください」と作業服の男——大野が言った。

「火葬にすると、敵に発見されるよ」と村長——一行のもう一人、中尾が注意した。娘たちに付き添われた中年の婦人が、「さあ、食事の仕度を始めましょう」と言った。彼女たちは、薩摩汁（ブタ肉と野菜のミソ汁）のような味のするスープを作った。「とてもおいしい」とその婦人は言った。

「おいしいですとも」と娘たちの一人が言った。「間山さんの肉ですもの」

いこと」

「そう？　この肉は間山さんなの？」別の娘はそう尋ねて、陽気に笑った。「なんとおいし

それは非常に楽しく、自然だったので、その朝神子はネグロス島に上陸して以来最大の幸福感を味わった。彼はなぜだろうかと考えたが、やがて楽しい夢を見たことを思い出した。間山を食べる夢を見たことがわかったあとも、幸福感は続いた。嫌悪感、罪悪感さえも全くなかった。そして、その後何日間か「間山が食いたい。間山が食いたい」と歩きながらつぶやいている自分自身に気がついた。

一行は、もう一つの山を越えた。その山のふもとで、水かさの増した川を歩いて渡った。力のない間山は水にのまれたが、最後の力を振りしぼって岩にしがみつき、他の仲間に助けられた。彼らは、十人の戦友の死体のそばに一人ひそんでいる気の狂った日本兵に出会った。その向こうには、人影がなく、放棄された装備でいっぱいのアメリカ軍のたこつぼがいくつかあった。彼らは、アメリカ兵の軍服と靴を身につけ、「神の恵み」のKレーションが入っている箱を捜し出した。また、四種類のタバコ——キャメル、ラッキー・ストライク、チェスターフィールド、フィリップ・モリス——を見つけたが、それは神子に自分たちが「再び人間に戻った」ことを証明するものに思えた。

そこから一・六キロ足らずの村に来たとき、ゲリラ——サルバドル・アブセデ中佐の指揮のもとに一万四千人のフィリピン人がその年の初めから島の三分の二を支配していた——の待伏せ攻撃を受けた。日本兵は川の方へ後退した。追い詰められた彼らは急流に飛び込んだ。

間山は流れの中で弱々しくもがいたが、ついに彼の頭は水中に没してしまった。神子と他の兵士たちは下流で対岸に上がり、丘の急坂をよじ登った。その後ろから、三百人近いゲリラが扇形になって追跡して来た。しかし、丘の上で日本兵は再び罠《わな》にかかった。水牛に乗ったフィリピン兵たちが発砲し、喚声をあげながら別の坂道から攻め寄せて来たのだ。機関銃が一斉に火を噴いた。三人の日本兵が倒れ、うち二人は、殺してくれとただ一丁の小銃を持っていた神子に懇願した。敵の手にかかって死にたくはなかったのである。

「かたきをとってやるぞ！　そしておれもいっしょに死ぬぞ！」神子は倒木の陰に身をかがめた。彼は三個の手榴弾を持っていた。二つを投げて、最後の一つは自分自身のためにとっておこう。負傷した兵士の一人の中島は、再び神子に撃ってくれと頼んだ。神子は、望みどおりにしてやるぞと大声で叫んだが、中島が背の高い草むらの陰にいるので、神子自身が身をさらけ出さないかぎり、その所在を知ることができなかった。中島はどうにか上体を起こした。神子には、彼が一本の指でその額を指さしているのが見えた。神子は狙いを定め、目を閉じて発射した。

水牛は丘の頂上目がけて、地響きをあげながら進んで来た。もうすぐ自分は死ぬと神子は思った。二十四歳……女も知らず……神子清は消える……お母さん、許してください。

「弾がはずれた！」神子は自分の耳をほとんど信じることができなかった。中島の声であった。

「もう一度撃ってくれ」しかし、神子が引金を引く前に、水牛から降りたゲリラが中島の方へ押し寄せて来た。

ゲリラは、急に神子の頭上のヤブの陰に回った。彼らは下の仲間たちにもう一人見つけたと叫んだ。中心グループの指揮者――パナマ帽をかぶった大男――は、着剣したライフルを左手に持って突進して来た。

神子の脳裏に母親の顔が浮かんだ。彼はだしぬけに身を起こし、自分に向かって進んで来る大男に狙いをつけた。びっくりしたそのフィリピン人は、銃を右手に持ち直そうとした。神子はためらった――その男はあまりにも近くにいて、急に全くどうしようもないハメに陥っていた――それから発砲した。鮮やかな赤い斑点が、たちまちゲリラのシャツを色どった。彼はよろめき、くずおれた。

突然、静寂が訪れた。神子は自分のまわりを見渡した。フィリピン人は消えていた（草むらに隠れて見守っていた中尾の話では、大男のフィリピン人のすぐ後ろにいた三人は、神子の一発の弾丸で同時にひっくり返ったが、全員撃ち倒されたものらしい。他のゲリラは「途方もない光景を目撃して」あわてふためき、姿を消した）。この衝突で、生きのびられるとは夢にも思っていなかった神子は、草むらに置いていた三つの手榴弾と銃弾を急いで集め、ヤブを飛び越えた。射撃の音が聞こえ、弾丸が怒ったミツバチのようにヒューッとうなりをあげて飛んできた。しかし、彼は両腕に小銃を抱いて無事に丘をよじ登った。頂上から渓谷がみえた。彼はためらわず、飛び降りた。ボールのようにはね返ったが、なお小銃は離さなかった。気を失いかけながらも、彼が倒木の陰に身を隠したちょうどそのとき、いくつかの顔が崖のふちからのぞいた。一人のフィリピン人がつる草を伝って降りて来ようとしたが、中途であきらめた。

神子は疲れ果てて眠りに落ちた。目がさめると、明るい満月が彼を照らしていた。彼は崖をよじ登った。丘の側面には人影はなかった。彼はタマネギ畑を見つけ、十数個のタマネギをたいらげると、再びうとうとと眠った。

疲労とマラリアの発作で気の狂いそうになった彼は、海岸へ通じているらしい大通りぞいに進んで行ったが、ついに力尽きて倒れた。彼はトラックの耳をつんざくようなうなり声で目がさめた——反対の方向に行くアメリカ軍の車両だった。いまや彼は、自分が海岸をボルネオの方へ向かって進んでいることを知ったが、日時の経過をたどることができなかった。彼はあまりに弱っていたため一方の足を他の足の前へ動かすこともほとんど不可能だった。彼はKレーションを手に入れるために最後の手榴弾でアメリカ軍のトラックを襲うことをぼんやりと計画し、足の指で自分の小銃の引金を押して自決する稽古をした。しかしトラックは通りかからず、彼は眠り込んでしまった。

彼の耳に、一つの声がはるかな遠方からのように伝わってきた。「日本兵だ。死んでいる」彼は小銃を取ろうとしたが、動くことができなかった。頭はずきずきし、気が遠くなっていった。彼は自分が死にかかっていると思った。「お母さん。さようなら」と彼はつぶやいた。その直後（実際には何日かたって）彼は輝く星を見、がやがや言う声を聞いた。誰か——軍服を着た男——が日本語を話していたが、騒々しいセミの声のため、神子にはその言葉が理解できなかった。しだいに彼には、セミの声は自分自身の頭の中で鳴っていたこと、星と思ったのはテントの穴から差し込んでくる太陽の光であることがわかった。テントはアメリカのもので、兵隊[1]もそうであった。神子は、自分が捕虜になり、ボルネオの夢が幻想に終わったことを知った。

## 2　硫黄島の投降兵

硫黄島では、一平方マイルあたりに集結した敗残兵は、太平洋の他のいかなる島よりも多かった。三月の半ばに硫黄島の占領確保が公式に宣言されたとき、洞穴に生存している日本兵は多くて三百人と海兵隊は推定していたが、実際は三千人に近かった。日が沈んでから洞穴を出て食糧ともっと安全な洞穴を求めてさまよい歩く者たちが見た風景は、かつての面影をとどめていなかった。七千人のアメリカ海軍設営隊員が三十二キロにわたって道路を敷設し、広大な地域に住宅を建て、防波堤と桟橋を作り、太平洋で最も長い三千メートルの滑走路を設けるために元山《もとやま》近くの中央台地を平らにならしていた。ものあさりたちは、夜間しばしば道ですれ違っても一言もかわさなかったが、新月の時には（日本人にとっては、もの思う時である）ひそかに、故郷、家族、食べ物の追憶にふけった――そして、結局どのようにして死ぬか、切腹か、決死の斬り込みかと思い迷うのだった。

硫黄島からの脱出は事実上不可能だったが、やってみようという大胆な者もいた。トーチカの中へダイナマイトを投げ入れられながら九死に一生を得た若い海軍少尉の大野《おおの》利彦《としひこ》もそういう一人であったが、彼はなお貿易業者か外交官になる夢を抱いていた。四月二日までに、彼は電話受話器についている磁石でロウのついた針に磁性を与えてまにあわせの羅針儀を作り、他の四人とともに筏《いかだ》を作れるだけの材料——長さ五メートルあまりの厚板、飲料水用のドラム罐、帆に使用するアメリカ軍の小型テントの半分、ロープ用に細長く裂いた残りの半分——を集め、今度の月のない夜、急いで組み立てられるようにそれらを砂の中に埋めた。希望どおりいけば、彼らは六ノットで海を北上し、十二時間後には、日本の近海に達する黒潮にのることができよう。

空一面、雲におおわれたその夜、彼らは蓄えていた食糧と水とを持って浜辺へ急ぎ、筏の組み立てに取りかかった。彼らの計算では二時間ででき上がるはずだったが、帆柱を立て、小屋を半分取りつけたときには、真夜中だった。遅すぎると北潟《きたがた》は言った。彼は北海道出身の漁夫で、筏の舵をとることになっていた。その上、波が高かった。彼がためらったので、大野は軍刀を抜き、斬り殺すとおどした。

五人の男たちは規則正しく長い間をおいて寄せる一・八メートルもの大波をついてこの扱いにくい船をどうにか押し出した。三十メートル足らずの沖合で、そそり立つような大波が筏に襲いかかった。ただ一人残った大野は、必死になって筏を進めた。大波がまたもや襲ってきて、彼は筏からむしり取られ、打ちのめされた。彼は浜辺で意識を取り戻した。北潟が非難に近いまなざしで彼を見おろしていた。兵士の一人が筏の残骸に大の字になって倒れており、その頭は大きく割れていた。生き残った兵士たちは彼を砂の中に葬り、わびしく洞穴に帰った。脱出の望みはすべて消え去った。

擂鉢山《すりばちやま》の陣地の洞穴では、あの戦闘で生き残った二十二人があらゆる攻撃に耐えていた。火炎放射器も、火攻めのガソリンも、彼らを追い出すことはできなかったが、彼らを目がけてホースから海水がほとばしると、地上に出ないわけにいかなかった。列の最後から二番目の平川清実《ひらかわきよみ》上等兵の体が、半分外に出かかった時に出口が陥没した。彼は砂から抜け出ようと必死にもがいたが、最後尾の男が彼の足を握って放さないので動けなかった。先に外へ出ていた兵士たちの手で無事に引き出された平川が、残った男のために穴を掘っている間に仲間たちは海岸の方へ姿を消していた。平川はしんぼう強く夜明けまで待ったが、仲間のうち戻って来たのは五人だけだった。敵の待伏せ攻撃を受けたのである。そのうち四人は再び地下にもぐったが、五番目の男と平川はさわやかな空気の中にとどまり、悪夢のような生活に手榴弾をもって終止符を打つことに決めた。

日の出は美しく、海は深い緑をたたえ、草葉は露で光っていた。二人は、アメリカ陸軍の兵隊――陸軍が海兵隊を引き継いだばかりだった――が捨てたタバコの吸いさしを見つけ、アメリカ製の紙マッチでそれに火をつけ、岩陰に腰を降ろして二人で分けて吸った。二十メートルも離れていないところでアメリカ兵たちが顔を洗い歯を磨くためにテントから姿を現わし始め、岩陰から立ち昇っている煙に目をとめた。二人の日本兵に、出て来るようにという合図が送られた。二人は動かなかった。彼らは一人でもいいからアメリカ兵を近くに引き寄せて、一発の手榴弾でもろともに死にたいと思っていた。

数人のアメリカ兵が用心深く近づいて来て、火のついたタバコ二本を岩のそばにはじいた。平川は一本拾ったが、それはおよそ一ヵ月ぶりにお目にかかる吸いさしでない完全なタバコであった。二箱のタバコが彼らの足もとに投げられた。いますぐにも殺される身であることはまちがいない。二人の敗残兵は狂ったようにかわるがわるタバコを吸った。二つのリンゴが飛び込んできた。すでにタバコで頭のふらふらしていた平川は、自分のリンゴにむしゃぶりついたが、味はわからなかった。

一人のアメリカ兵が、ビール瓶二本を持ってゆっくりと二人の方へ近づき始めた。平川は、これが死の前の最後のごちそうだと思い、手榴弾に手を伸ばした。そのアメリカ兵は四メートル半離れたところで止まった。彼は瓶を置き、片手を傾けて飲むしぐさをして見せた。手榴弾で吹き飛ばすには、間隔があまりにも離れていた。二人の日本兵が前へ動いたが、そのアメリカ兵はあとずさりした。平川は瓶を口にあてた。水だった！　洞穴の中で二人の生命を支えてきた、硫黄のにおいのする水のしたたりのあとでは、この上なくうまい甘露であった。

二人がどっちつかずの気持で水を味わっていると、アメリカ軍の軍服を身につけた一人の日本の幹部候補生が息せき切って駆けつけて来た。彼は、日本では硫黄島の守備隊は全員、戦死者の名簿に記入されていると二人に告げた。「どうして二度死ななければならないのか？」とその候補生は言った。「意味がないじゃないか」

突然、生命が平川にとって手の届くものとなった。自分はすでに「死んだ」のだ、いま再び、生まれかわったかのように、第二の人生へのチャンスをつかんでいるのだ、と彼は理由づけた。

二人の兵士は投降した。彼らはシャワーを浴び、作業服を与えられた。一人のアメリカ軍医が血とウミで自分の軍服がよごれるのもいとわず、日本軍の下士官兵の脚を親切に手当てしているのを信じられない面持で見つめた。日本の軍医ならそんなことをけっしてしないと平川は思った。こうなった以上、どうしてアメリカ人に恐怖を抱くことができようか？　洞穴の中でのあの恐ろしい月日は、何という浪費であったことか。何故にわれわれのかくも多くが、かくもむだに死んでいったのか？


大野少尉は相変わらず不運に苦しめられていた。部下の二人——山陰《やまかげ》と松戸《まつど》——は、ある夜、食糧と弾薬を求めて出かけたが、帰って来なかった。彼は北潟と二人だけになった。無限の時間、彼らは、巡回のアメリカ兵が手当たりしだいに投げる手榴弾の耳ざわりな爆発音で、ときどき中断されるだけの孤独な洞穴の監禁生活に耐えた。この二人の逃亡者は、海軍設営隊の作業班のすぐそばにいたので、拡声機から流れるジャズ音楽を聞くことができた。また一度は北潟がおならをぶっ放し、頭上でおしゃべりしているアメリカ兵にまちがいなく発見されたと思ったこともあった。

一つの非現実的な希望が彼らを支えていた——海軍記念日の五月二十七日、日本軍は海から大反撃をやるだろう。その朝、彼らは盗んだ食糧の最後の残り——ハムの罐詰と卵とフルーツポンチ――で祝い、来ると確信している連合艦隊の到着をいまかいまかと待った。暗くなると、彼らの意気も沈んできた。彼らは二日間よくよく考えた末、それぞれ三つの手榴弾を持ち、自分たちの死をできるだけ高価なものにしようと決意して、衝動的に洞穴を出た。夜のとばりの降りた島は人影もないように見えたが、彼らはぶらぶら歩いている二人のアメリカ兵をみつけた。アメリカ兵たちは大野が最初の手榴弾を投げつける前に逃げ去った――二人の「アメリカ兵」は彼自身の部下、山陰と松戸だった。

落胆した彼らは洞穴へ戻り、眠った。シューッという音に大野は警戒した。手榴弾だ！彼が毛布をつかみ、体のわずか半分をおおったところで、爆発した。はじめ無傷だと彼は思ったが、あとで服がぶすぶすとくすぶっているのに気づいた。黄燐手榴弾は、燃える赤い斑点を彼に振りまいていた。彼は気が狂ったようにそれを払い落とした。そのかけらが爪の間につまった。彼はもだえて、火のついた指を地面へなすりつけた。一束のダイナマイトが洞穴の入口から投げ入れられた。二人は爆発の衝撃で土の上へたたきつけられた。煙が消えてゆくと、爆破されて大きな口をあけた入口が見えた。大野は片手に軍刀、片手に手榴弾をにぎって突進しようとした。北潟が彼をつかんだ。「むだです」と彼は小声で言った。

モーターとガラガラ鳴るギアとのしわがれた騒音に続いて、地すべりが起こった。それから、何もかも暗くなった。彼らはブルドーザーによって封じ込められたのだ。二人は非常脱出口にはい戻り、夕暮れになると六個の手榴弾を持って再び地上へ出た。近くにはテント村が魔法のように広がっており、北潟は手榴弾では「攻撃らしい」攻撃には十分でないと考えた。彼は戦闘中に埋めた地雷を捜そうとした。五時間後、二人は依然として手ぶらだった。いまや北潟は攻撃を頭から拒んだが、大野の方はその夜決着をつけてしまう決心を変えなかった。「おまえには自決用の手榴弾が一つだけあればよい」と彼は言った。「残りの二つを渡してくれ」

北潟はそれさえも拒否した。大野は夜明け前の霧にすくみながら、アメリカ人のようなにおいを発散させるために、盗んだ練り歯みがきとラックスの石鹸を体になすりつけた。彼は三つの手榴弾をネックレスのように首からぶら下げながら「靖国神社で会おう」と言い残し、テント村を取り巻く鉄条網の囲みに向かってはって行った。入口の近くで、軍刀に手を伸ばしたが、鞘からすべり落ちてしまっていた。映画に出てくる斬り込み隊のように軍刀を口にくわえていればよかったと彼は自分自身をのろった。

薄暗い光の中で、彼は自分の「ヤンキーのにおい」で見張りを欺くことができると確信していた。しかし、だまそうにも見張りはいなかった。彼は手榴弾を発火させるための石を拾い、仕切りで囲まれたいちばん大きなテントへ向かって進んだ。内部をのぞく――食堂だった。腹ばいのまま次のテントに近づいて、用心深く天幕の側面を巻き上げてみた。上半身裸の男が、一メートルほど離れた簡易寝台の上で毛むくじゃらの胸をかきながら眠そうに横になっていた。大野は手榴弾を石に打ち当て、シューッという発火音を待った。数カ月間も湿った洞穴の中に置かれていたので、信管がだめになっていた。彼は二番目の手榴弾をためしてみた。この方はちょっとの間シューッという音を立てたが、線香花火のように消えてしまった。

彼は二つの不発弾を三番目の手榴弾にくくりつけ、発火させようとした。今度も何も起こらなかった。くやし涙が目にあふれた。そのテントには武器はなく、壕を掘る道具さえもなかった。彼らはいったいどんな種類の兵隊なのだろう？　空は今しだいに明るくなり、彼は別のテントへ忍び込んだ。四つの野戦用簡易寝台のうち、二つには人がいた――しかし、銃はなかった。誰かが口笛を吹きながら近づいて来た。大野は、背の高いがっしりしたその口笛の男がテントへ入って来る直前、からの寝台の陰にひょいと頭を下げた。男は大野の方にまっすぐに歩み寄り、寝床の支度にとりかかった。発見されたに違いない。大野はパッと立ち上がった――メドゥサのような髪のやせこけた幽霊。その大男のアメリカ兵はかん高い悲鳴をあげてテントから駆け出した。寝台の二人の男は大野に飛びかかり、口笛の男が六人の武装兵とともに引き返して来るまで組みついたまま離れなかった。絶体絶命、撃たれると観念した大野は、口笛の男に英語で口ごもりながら名前を尋ねた――天国でのみやげ話になるだろう。その大男は、なお青ざめた顔でしぶしぶ「ビルだ」と口を動かした。他のアメリカ兵たちが突然、笑った。そのうちの一人は「プリーズ（どうぞ）」と言って、何気ないそぶりで大野に降伏を勧めた。不可解にも大野は新しい友だちができたように感じた。彼はビルの方を向いて言った。「ゲーリー・クーパーは元気ですか[2]？」

大野がホットケーキとコーヒーのごちそうを食べている場所からさほど遠くないところで

は、アメリカ軍戦車もろともに自爆しようとしてまる二日間を過ごしてきた大曲《おおまがりさとる》覚海軍中尉が、再び自決に失敗した——今度は口に拳銃を突っ込んで引金を引いた。カチッという音がしただけだった。ずっと以前から彼は自分の部下には降伏の許可を与えていたが、投降した者はほとんどいなかった。それは兵士の家族にとっては永遠の面よごしを意味し、兵士自身も自分の町や村の戸籍簿からその名前を抹殺されて無籍者になる。法律上、その男は死亡し、職にありつく唯一の方法は住居を変えて偽名を使うことである。

大曲でさえも投降を考えないわけではなかったが、将校として、そのような行為をとれば戦後死刑の処罰を受けると思っていた。アメリカ兵に追われて隠れ場から隠れ場へと転々としながら、彼は部下を連れて海軍航空隊の洞穴に戻ろうと決心したが、その洞穴の占有者たちはアメリカ兵と同様日本兵に対しても入口を守り固めていた——海軍大尉の肩書を持つ飛行長とその部下の主《おも》だった者たちは、広々とした洞穴、豊富な食糧と水の貯えをいかなる人間とも分かち合うことを拒否していた。

それにもかかわらず、いまや夜を迎えて大曲とその部下たちは一方の入口の監視兵の不意を突いて内部に押し入った。だだっ広い洞穴には少なくとも百五十人の水兵がひそんでおり、彼らは地上で何が行なわれているのかを知りたくて、もぐり込んできた者たちのまわりに押しかけて来た——彼らのうちこの二カ月間、昼間の光を見た者はほとんどいなかった。彼らは、飛行長に恐れをなしていた。下士官兵たちは攻撃の使命を帯びて整然と外へ送り出されたが、「洞穴に敵の注意を引きつける」ことを恐れて、帰還を許されなかったのである。彼らは大曲に、自分たちの指揮官を追い払うために手を貸してほしいと頼んだ。おそらく大曲は、島から脱出するという飛行長の計画を遂行するためにアメリカ軍の飛行機を盗むよう大尉に勧めてくれるだろう。

飛行長は新来者に自分の計画を熱心に説いた。大曲の激励は正真正銘の響きを帯びていたので、飛行長とその部下の四人は、飛行機を見つけるために洞穴を離れて行った。一行の出発のあと、歌と酒とウイスキーとで祝ったが、その飲み騒ぎも後部入口近くの騒動で中断した。飛行長の一行が洞穴の中へ入ろうとしてわめいていた――彼らは飛行場施設に近づくことが不可能だとすぐにわかったのである。下士官兵の怒った一団が彼らを阻止した。「いったん出て行ったら、帰って来ることができないという規則は、あなた自身が作ったのだ」とその中の一人が叫んだ。

新しい先任将校として、大曲は水兵たちに――これまで自分の部下に言ってきたと同じく――彼らの考えどおりにしてよいと告げた。洞穴の中の生活は、軍隊の規律が消えてなくなり、くつろいだものとなった。猛暑の中で兵士たちは丸裸になったが、将校はふんどしをしめていることでほどほどの威厳を保っていた。

数日もたたないうちに、洞穴はアメリカ軍に発見された。手榴弾と発煙弾によって、洞穴の住人たちはいちばん奥へ追い込まれた。攻撃が激しくなると、多くの者たちが筏で島から逃げ出すことを決めた。あっという間に一人残らず捕まったが、うち数人は仲間に降伏を勧めるために洞穴へ引き返すことで釈放された。彼らの呼びかけも失敗し、攻撃は続いた。拡声機は大曲を名ざしで呼んだ。「あなたと話したい。出て来ますか？」同僚の将校だったが、大曲は無視した。アメリカ兵が拡声機を取って、翌日洞穴を水攻めにすると告げた。

水兵たちは、そのような作戦を行なえるほど十分な水が島にあるとは信じようとしなかった。「やつらに水攻めをやらせてみよう」と誰かが誇らかに言った。「その水を飲んでやるさ！」ポンプで洞穴へ海水が注ぎ込まれると、兵士たちは水面よりわずかに高い横坑へはい上がった。そのとき爆発音とともに、火が奔流の上を走った。ガソリンが水の上に注ぎ込まれており、それに点火したのだった。いちばん高い横坑へ避難した者しか助からなかった。

その翌日、黄色っぽい光が煙の充満した洞穴を進んできた。大曲は軽機関銃の方へ手を伸ばした。そのとき、懐中電灯をかざした彼の部下の下士官の一人が目にとまった。彼はアメリカの軍服を着ていた。アメリカ兵の作業服を着たもう二人の日本兵も前へ進んで来た。みんなタバコを持っていた。敵からたいせつに扱われていた。彼らは、多くの日本兵の捕虜の中には陸軍少佐もいると語ったあと、同胞に決心をさせるために去って行った。誰も口を開かなかったが、ついに一人の水兵が、「私も出て行こうと思う」と言った。

「生きたければ、降伏するのだよ」大曲は言った。兵士たちは一人ずつ正式の敬礼をし、洞穴から出て行った。最後に大曲とその旧友の菊田海軍少尉だけが残った。菊田は重傷を負っていた。

「どうしようか？」と大曲は尋ねた。

菊田は錯乱し、大曲がすぐいっしょに死のうとほのめかすまで狂人のようにわめいていた。

「自分は死にたくない」菊田は一瞬正気に戻って答えた。

大曲も同じ気持だった。しかし、裸のまま自分を敵に引き渡すことはできなかった。彼はふんどし用に一巻きの綿布を見つけると、菊田に別れを告げ、拳銃を片手に洞穴からはい出した。六人のアメリカ兵が無作法な笑いを浮かべて近づいてきた。童顔の大尉が片手を差し伸べた。

「待て」と大曲は日本語で言った。「自分は将校だから、あなたに挨拶する前に身を包まねばならない」彼は慎み深く背を向けると、一・八メートルばかり綿布を引き裂いて、巧みに腰に巻きつけた。それから手を差し出した。

大曲はシャワーを浴びたあとまでは落ち着いていたがそれから泣きだした。泣いたのはこれが初めてであった。口をきこうとせず、食欲もなかった。他の捕虜たちは夕食後みだらな歌を歌い、底抜け騒ぎをして自分たちの再生を祝った。彼はその態度を非難し、もはや生きていたくないというくらいまで気持が深く沈んでしまった。朝になって菊田を連れ出すために洞穴に戻ったとき、彼は自決するつもりだった。

彼は自分の計画を仲間の将校に打ち明けるというあやまちを犯した。その将校がアメリカ軍に知らせたのである。大曲は監禁されてしまった。神風特攻隊の青木保憲のように、自分自身の血で窒息死しようとして舌をかんだ。彼もまた失敗した。次には素手で自分を絞め殺そうとしたが、こうした試みは一つやるごとに弱々しくなっていった。数週間たって、大曲は結局降伏の恥辱を受け入れた。

しかし、硫黄島の他の何百人もの敗残兵たちは、降伏など考えることができなかった。といって自決する気にもなれなかった。彼らは遠い惑星上の死霊のように、小さな島の地下に相変わらず隠れていた。その中に大野の二人の部下――山陰と松戸がいた。四年後、この二人は硫黄島守備隊の最後の投降者となった。(3)

# 三十一部　一億玉砕の覚悟

## 1　和平を求めて

アメリカ軍が沖縄へ上陸したころ、ヒトラーのドイツは最後の瞬間を迎えようとしていた。スウェーデンのフォルケ・ベルナドッテ伯爵は、生命の危険を冒してドイツとの間を往来し、秘密国家警察長官ハインリヒ・ヒムラーを通じて欧州和平の工作を進めた。一方、他のスウェーデン人たちもさまざまなルートから第二次世界大戦を終わらせようと努力していたが、なかにはインチキもあった。

小磯《こいそ》内閣の外相重光葵《しげみつまもる》は、スウェーデンの駐日公使、ウィダー・バッゲに話をもちかけ、スウェーデンが日本のためにアメリカにとりなしてくれるよう提案した。これは、重光のあと外相となった東郷茂徳《とうごうしげのり》の反対のために水泡に帰した。東郷は、スウェーデンよりもはるかに影響力の大きい仲介者が見つかると確信していたのである。

ベルナドッテ家のもう一人のメンバー——スウェーデン国王の弟の長子カール殿下と、商売の上で日本と関係のある船舶仲買人のエリック・エリクソンとが個人的に尽力しようとした。二人は、ストックホルム駐在の日本陸軍武官小野寺信《おのでらまこと》少将にスウェーデンを通じて和平を折衝するよう促した。カール殿下の側では、国王に対して「日本の天皇にできるだけ早く和平を交渉することを勧める友好親書」を送るよう要請することになる。

カール殿下はまた、スウェーデンの外相クリスチャン・ギュンターにこの計画を知らせた。ギュンターは、これが通常の外交チャンネル、つまりバッゲ駐日公使を無視するものであるため少しも喜ばず、ストックホルムの日本公使に抗議した。まもなく小野寺少将は、東京から詰問の電報を受け取った。

帝国ハ必勝ノ信念ヲ以テ戦争ヲ継続スル決意ヲ有スルコトハ貴官モ承知ノ筈《ハズ》ナリ。然ルトコロ　ストックホルムニ於テ中央ノ方針ニ反シ和平工作ヲスルヤノ情報アリ。貴官ハソノ真相ヲ調査ノ上報告アリタシ。

スイスでも、もっと実体のある二つの和平工作が開始されていた。このいずれにも、OSS（アメリカ戦略情報局）の代表としてベルンに本部を持ち、ドイツ、南東ヨーロッパ、およびフランス、イタリアの各一部を担当するアレン・W・ダレスが関係していた。最初の工作は、ドイツ人のフリッツ・ハック博士によって始められた。彼はスパイ小説から抜け出してきたような謎の男で、親日家であり、日本の戦争開始を「ばかげたこと」だったと思っていた。彼はベルン駐在海軍武官藤村義朗《ふじむらよしろう》中佐の協力を求めた。藤村中佐は、日本に勝利の見込みのないことを認識するようになっていたので、個人的な危険がどうあれ、和平の実現に協力することが自分の義務であると感じていた。彼らには他の二人の日本人——大阪商船欧州総監督の津山重美《つやましげよし》、朝日新聞欧州特派員の笠信太郎《りゅうしんたろう》が加わった。

四人の共謀者はアレン・ダレスの代理者たちと一連の秘密会議を開き、個々に政治的信頼がおけることを相手に納得させた。さらに彼らは、海軍の九四式暗号機を使って、外交チャンネルを経由しないで日本の海軍省と直接交信することができた。五月三日、ハック博士はダレスの事務所からアメリカ国務省が藤村グループとの直接和平交渉の開始を承認したことを知らされた。

和平調停者をもってみずから任じるこれらの人々は、米内光政《よないみつまさ》海相と新しく軍令部総長となった豊田副武《とよだそえむ》大将あての電文を苦心惨憺《くしんさんたん》して作成し、ダレスから和平の仲介者になるとの申し出があったことを連絡し、ダレスについては「リップマンおよびステッティニアスと長らく親交があり、とくにルーズベルト大統領の信頼が厚く、大統領と直接に結ばれているアメリカの指導的政治家」と述べた。彼らは、ダレスをその兄のジョン・フォスター・ダレスと取り違えていたが、ダレスが「スイスを基地としてほとんど全欧州におけるアメリカの政治戦争を指揮しており、とりわけ、五月初めの北イタリアとの単独和平達成が主として彼の努力による事実は注目すべきことである」と正確に記述している。直ちに訓令をいただきたいという要請がつけられた。

ドイツが降伏した五月八日深夜近く、藤村と津山は、あたりに気を配りながら暗い公使館の建物にはいり、懐中電灯の助けで三階の暗号室に上がって行った。まず津山は暗号機の日付と時間とを正しくセットし、ついでローマ字で通信文をたたき始めた。機械は自動的にこれを暗号で送信した。
その後の八日間のうちに、さらに六本の電報をひそかに発信し、ドイツの降伏、欧州から極東への米英軍部隊の回送計画を報告するとともに、手遅れにならないうちに和平を図るよう訴えた。海軍省から返事がないままに十三日過ぎたので、共謀者たちは米内と豊田にもう一度電報を送り、アメリカが彼らに回答を「せきたてている」ため、最初の請訓に対する返事を早く送ってくれるように急ぎ要請した。二日後に海軍省軍務局長名で返事が届いた。

……貴武官トダレス氏トノ交渉要旨ハヨク分ッタガ　敵側ノ謀略ノヨウニ思ワレルフシガアルノデ　十分注意セラレタイ。

藤村グループは、信じられない面持だったが、この回答を逃げ口上とみた。彼らは今度は「敵側の謀略」についての具体的な根拠を要求し、ダレス機関はアメリカ大統領と直結している信頼すべき政治機関であると主張した。

ダレス氏以下一同ハ　日本カラノ重要ナ返事ヲ期待シテイル。カリニ百歩譲ッテ　敵ノ謀略デアルトシテモ　元モ子モ失ッタドイツノヨウナドン底ニ陥ラナイデスメバ　ソノ方ガ有利デハナイカ。イマノ日本ニトッテ　コレ以上ニヨイ条件ノ備ワッタイカナル手ヅルガアルノカ。

海軍省は、返事を送って来なかった。相手側との折衝権限を与えてくれるようにという彼らの度重なる要請を受け取ったという通知さえなかった。海軍省はスイスから殺到した通信文を無視していたわけではない。事実、これらは海軍の指導者層の間に激しい意見の対立を引き起こしていた。軍令部作戦部長、海軍省軍務局長、および交渉開始のためスイスへ飛ぶと申し出た高木惣吉《たかぎそうきち》少将（かつての東条暗殺の計画者）——の三人は、ダレス提案を受け入れることに強く賛成した。しかし、豊田軍令部総長は、その他の幕僚とともに猛反対した。ダレス提案は「日本の戦意を探る観測気球か、士気を低下させる陰謀」であるというのであった。

東京からの回答が来ないため、藤村は極端な行動に出た。彼は、ダレスの地位の重要性をみずから説明し、両交戦国間に信頼すべき高級レベルの接触を確立するため、日本へ飛びたいと申し出た。しかし、ダレスはそのような旅行が交渉を危険に陥れることを恐れ、むしろ日本側が十分な権限を持つ代表をスイスへ派遣するよう示唆した。アメリカは空路輸送の安全を保証するだろう。藤村はこの有望な提案を非常に激越な言葉で直接米内海相にあてて発信したため、二人はすんでのことでお互いをばか呼ばわりするところだった。

ついに米内は動かされて行動に移った。彼はその提案を外務大臣に回した。東郷外相もダレスについてはほとんど何も知らなかったので――多少不安を感じながら、提案をもっと徹底的に調べてほしいと米内に頼んだ。米内提督は許可を与えるかのごときメッセージをベルンに打電した。

貴趣旨ハヨク分ッタ。一件書類ハ外務大臣ノ方ヘ回シタカラ　貴官ノ所在ノ公使ソノ他ト緊密ニ提携シ　善処サレタシ。

その意味するものが、いまや交渉は外務省の手に握られたということであるにせよ、漠然とした言い方であるにせよ、このメッセージは平和の共謀者が東京から受け取った初の励ましであった。しかし、彼らの熱狂的喜びは、東郷外相、米内海相のいずれからも今後の話の進め方について明確な指示が得られないまま日がたつにつれ、色あせはじめた。こうした引き延ばしは、アメリカ人の側にも同じような結果をもたらした。彼らがスイスで取引きしている連中はほとんど影響力を持っていないのか、あるいは東京がダレスを通ずる交渉の続行に関心を寄せていないことは、日を追って明らかになっていくようであった。しかし、東郷の沈黙は別の理由によるものであった。海軍側の留保的態度はあまりにも強いものになっていた。豊田提督は、藤村（「一介の海軍中佐」）はアメリカの二枚舌の犠牲者だという信念をますます固くしていた。さらに、日本の指導者層は全く異なる方向で和平交渉の糸口をつかむことをすでに考え始めていたのである。

日本がためらいがちに和平を模索している一方で、その諸都市は灰燼《かいじん》に帰しつつあった。日本本土の工業地帯を破壊しようとするカーティス・ルメイ少将の戦略爆撃は、最高潮に達していた。名古屋は廃墟の街となった。東京の八十八平方キロは四回の焦土爆撃で灰になり、その後友人同士の日常の挨拶は、「まだ焼け出されてはいないか？」の一言になった――そのほかのことは、どうでもいいようだった。五月二十三日の午後、五百六十二機のB29爆撃機が、住宅地域と工業地域とを含む東京港の西側地帯を焼野原にするために、またもや襲来した。操縦士たちは「日本の天皇は、現在アメリカにとって負担ではないし、あとになれば価値あるものになるかもしれない」ため、宮城《きゅうじょう》は避けるように指示されていた。その夜、さらに十三平方キロが破壊された。三十六時間後、五百二機の超空の要塞が三千二百六十二トンの焼夷弾を腹にかかえて、東京の心臓部を攻撃するために現われた。

再び嵐のような火災が首都を焼き払い、夜明けごろまでには、東京陸軍刑務所の留置場や、金融、商業、官庁街の四十三平方キロが廃墟になった。何万人もの焼死者のなかには、投獄されていた連合国航空兵六十二人もいた。手に負えない炎は宮城にまでのびた。空中に舞い上がった火の粉は、お堀を越えて木立ちの茂みに火を放ち、それが宮城自体を含む数個の建物に燃え広がった。二十八人の職員が死亡したが、天皇と皇后は地下避難所の中で無事であった。爆撃を避けるために、天皇、皇后は宮城の庭園内の宮殿から一キロ近く離れた、前面に太い一列の柱が並ぶ細長い平屋の建物――御文庫《おぶんこ》（皇室図書館）の中で暮らしていた。この建物は、長いトンネルによって、御文庫の別館の地下避難所と通じていたのである。

宮城の外では、皇太后、皇太子、その他の皇族の邸宅が完全に破壊され、外務省、首相官邸、海軍省、大東亜省の建物も同じ運命をたどった。

広大な市街の半分以上が、名古屋と同じようにはらわたをえぐり取られて荒地となった。東京のラジオ放送は繰り返し楽天的すぎる歌を放送してきたが、それもいまやますます見当違いのものになったようにみえた。

空襲なんぞ恐るべき
護る大空鉄の陣
老いも若きも今ぞ起つ
栄えある国土防衛の
誉れを我等担いたり
来たらば来たれ敵機いざ

対空火器はずっと以前から機能を停止していたので、B29の編隊は攻撃中妨害されることなく東京の地平線すれすれの低空飛行をやり「雷鳴のような轟音」で人々の耳をつんざいた。ついで今度は、焼夷弾が「シュー、ガラガラの束」となって落下し、三島家の住居を火に包んだ。それは書物でいっぱいだったので、ゆるやかに燃えた。三島スミエ夫人は焼跡をつつきながら「異なった色彩の灰の層がいく重にも積み重なっているのに目をとめた。柔らかな極上紙と美しい木版の書体の宋朝、明朝時代の漢籍は、想像もできないほど微細な、純白にきらめく粉末に変わっていた。……最近の書籍は、黒ずんだねずみ色のさまざまな色合いを帯びた、目のあらい灰となった」。三島夫人はその白い灰をこわれたつぼに入れた。彼女の一家はそれが「最も清らかな歯磨き粉」になることを知った。

四日後の夜、ルメイは日本で五番目に大きな都市である近くの横浜に矛先を転じた。五百十七機の来襲機が去ったあと、都市地区の八十五パーセントが炎に包まれていた。京浜地帯を廃墟と化したB29は大阪と神戸に集中し、二週間もたたないうちにこの両都市は攻撃目標からはずされた。主要都市のうち二百五十平方キロ以上が破壊された。ルメイの都市地域作戦の第一段階は完了した。二百万の建物――全建築物のほぼ三分の一――が破壊され、少なくとも千三百万人が家を失った。

## 2　日本政府の和平交渉

東京が二回目の破滅的な火災の嵐に襲われる以前に、鈴木首相は国民が戦争を継続できるかどうかを知るため、迫水久常《さこみずひさつね》内閣書記官長に日本の資源を極秘裏に調査するよう指令していた。内閣綜合計画局、外務・大蔵・軍需各省、陸海軍から軍人、文官の専門家を集めて特別の調査委員会が設立された。

彼らの調査の結論によって、情勢はいかなる人の認識をも超えた危機的なものであることが明らかになった。日本人の生活のあらゆる局面は、民間人、軍人のいかんを問わず、基礎物資の不足によって影響を受けていた。鉄鋼生産は公式推計を三分の二も下回り、月十万トンに達しなかった。同じように、航空機の生産はアルミニウムとボーキサイトの不足のために目標の三分の一に低下しており、石炭の不足は軍需品の生産を五十パーセント縮小していた。保有船舶は百万トンにまで落ち込み、全輸送組織は燃料不足と貨物を扱う労働力の不足で役にたたなくなった。迫水報告は、数週間後には都市を結ぶ鉄道輸送はなくなり、鋼鉄船の建造はできなくなり、化学工業は崩壊することを予測していた。

枯渇していく貯蔵石油を補充するための必死の試みとして、代用航空燃料が松の根から造られていた(1)。国民は飢えの恐怖に直面していたので——米の収穫は一九〇五年以来の最低だった——政府はドングリを食糧に転用する計画を考え出した。「全国民に助力を要請する。とくに学童と疎開者は、最大目標五百万石のドングリを集めなければならない」一日当たりの正式な食糧配給量は——それが手に入ればの話だが——日本人の最低必要量の三分の二、千五百キロカロリーを下回っていた。都市生活者の苦しみは最もひどく、何百万人もの人々が日曜日ごとに田舎へ出かけ、着物、宝石、調度品その他値打ちのあるものなら何でも、サツマイモ、野菜、果物と交換した。

公式には最高戦争指導会議、一般には六巨頭会議と呼ばれる首相、外相、陸相、海相、参謀総長、軍令部総長で構成された新設の「内閣幹部会」に、迫水報告は送られた。

この報告の意味するものについては、議論の余地はなかった。五月十二日の六巨頭会議で、米内海相は一週間前ならみずからしりぞけただろうと思われる提案を行なった。彼は、ソ連に戦争解決の仲介を求めようと発言した。東郷外相は、会議室の中の誰よりも和平交渉を熱望していたが、ソ連が実際に日本を助けると思っているとすれば、米内はソ連をよくわかっていないとかみついた。しかし鈴木首相は、少なくともソ連側の腹を探るべきではない理由は見出せなかった。

禁句となっていた和平問題は、ついに公然と表面に出てきた。しかし軍人の一人は、軍隊の士気が「深刻に動揺する」ことを恐れて、この論議を会議室の席に限るよう心配顔で提案した。こうした秘密の雰囲気の中で、彼らはスイス、スウェーデン、中国、ないしバチカンによる仲介について率直に話し合い、これらのチャンネルを通じる場合、連合国側の無条件降伏要求に終わることはまちがいないとの結論を得た。参謀総長の梅津《うめづ》美治郎《よしじろう》大将は、実力と威信とを持つソ連が日本にとって最上の仲介者だと考えた。陸相の阿南《あなみ》惟幾《これちか》大将も同意見だった。ソ連は、戦争のあとに強力な日本が出現し、彼らの領土とアメリカとの間の緩衝国となることの方を望んでいるだろう。

社交的でない東郷は、彼らを現実的でないと非難した。「対日措置問題がヤルタ会談で討議されたに違いない」と彼は言った。「したがって、現段階でソ連側をわが方に引き入れようと試みても、おそらく見込みはあるまい。これまでのソ連のやり口から判断すれば（彼はそのころすでに迫水に『ソ連は信用できない』と語っていた）、ソ連の参戦を防止することさえもむずかしくなりはじめていると思う。私の考えでは、むしろ直接アメリカを相手に停戦の話を進める方がよい」

しかし、依然として腹芸を使っていた鈴木は、軍部側を支持した。「スターリンは西郷に似ているようだ。彼はわれわれが頼めば、日本のためにあらゆる努力をしてくれるだろう」九州出身の東郷は、この二人が似ているとは考えなかった。しかし、陸軍がソ連を通じる交渉にだけは乗り気であることがはっきりすると、その趣旨に沿った覚書草案の作成に同意し、五月十四日の六巨頭会議にそれを提出した。

わが方としては、ソ連が今次対独戦争において戦勝を得たるは、帝国（日本）が中立を維持せしむるによるものなることを了得せしむるとともに、将来ソ連がアメリカと対抗するに至るべき関係上、日本に国際的地位を保たしむるの有利なるを説く必要あり。

覚書は、ソ連がすでに対独戦争に勝利を得ているので「想像をはるかに超えた」代償を要求してくるかもしれず、日本は旅順《りょじゅん》、大連《だいれん》、南満州の鉄道、千島列島の北半を譲渡する覚悟が必要であると警告していた。

東郷は、このような広範囲の領土を譲渡するという見通しに対して、軍部の反対を予想していた。しかし、六巨頭会議は覚書草案を全員一致で承認し、東郷に交渉開始を指令した。東郷は、モスクワへのいちばんまっすぐな線は、以前に首相、外相を務め、ソ連の外交官と多くのつながりを持っている広田《ひろた》弘毅《こうき》を通ずることだと考えた。東郷は彼に、東京から自動車で二時間の箱根の温泉地、強羅《ごうら》に滞在中のソ連大使ヤコフ・マリクに打診するよう要請した。

広田は、日ソ中立条約[2]の延長を拒否した最近のソ連政府の決定取り消しをマリクに受け容れさせ、戦争終結への助力を頼んでみることになった。五月二十五日の東京に対する激しい焼夷弾攻撃のため、広田の出発は遅れ、六月三日になってやっと強羅に着いたのだった。その日の夕方、彼は他の行楽客と同じように山村を散歩し、偶然を装って快適な欧風建物の強羅ホテルに立ち寄り、マリクと話し合った。

「この戦争で日ソが干戈《かんか》を交えるに至らなかったのは、まことに幸いでした」と広田は愛想よく言って、ソ連のヒトラーに対する勝利についてマリクにお祝いを述べた。彼はマリクに、日本国民が心からソ連、中国の双方との友好関係を望んでいると確言した。

マリクは用心深かった――彼は日本にはソ連に対してかなりの敵意を示す者がいるとほのめかした――しかし翌日、彼は広田をホテルでの夕食に招待した。

食事の席上、広田はもっぱら中立条約更新に対する日本の希望について述べた。「日本は条約の期限切れが近づいてもソ連との友好関係をもっと増進したい意向です。だからこそ、その形式などについて目下検討を重ねています」

マリクは、ソ連では一貫して平和政策を遂行してきたが、ソ連の日本不信は日本側のこれまでの数々の好戦的行為と反ソ感情によるものであると答えた。

広田は「ソ連の態度を理解し始めている者がふえてきています」と指摘した。「……日本は将来長期間にわたってソ連との間に平和関係を維持する方策を見出したいと思っています」マリクが、それは広田の私見にすぎないのではないかと聞きただすと、「私がいまあなたに話したことは、帝国政府および国民の意向を反映しているものと了解してほしい」という返事が返ってきた。

マリクはしばらく思案した後、回答を出す前に数日間じっくり考えてみたいと言った。広田は元気づけられた。彼はこれまでソ連人と交渉し、彼らが生来用心深いことを知っていた。彼は「話し合いの雰囲気は友好的だった。ソ連側は満足すべき反応を示した。会談は有望のようにみえる」と東郷に報告した。

しかし、その翌日——六月六日——の朝、再び六巨頭が集まり、大本営の作成した「今後採るべき戦争指導の基本大綱」と題する文書が東郷に手渡されたとき、和平交渉の希望は打ち砕かれた。それは、ぎりぎりの決着まで戦争を遂行することについての公式の再確認を求めたものであった。

七生尽忠《しちしょうじんちゅう》の信念を源力とし、地の利、人の和をもってあくまで戦争を完遂し、もって国体を護持し、皇土を保衛し、征戦目的の達成を期す。

この方針に続いて、本土防衛に対する全面的準備と国民義勇戦闘隊の組織とを含む今後とられるべき手段の明細があげられていた。東郷は驚いて読み続けた。このことについて彼に打診した者は一人もいなかった。これが承認されれば、日本の破滅はまちがいなかった。皮肉にも、国土荒廃を告げる迫水の報告が付属文書として添えられており、その条項が表面上、最高戦争指導会議の立場に重みを加える目的で前後関係もなく引用されていた。

東郷は苦しげに立ち上がった——彼は五年前から悪性の貧血をわずらっていた。「これらの条項を通読すると」と彼は迫水報告書を振り回しながら言った。「私には戦争継続の理由がわからない。私のみるかぎりでは、あなた方のご提議の案文と、ここに提供されている詳しい条項との間には何の関係もない」彼は、戦場が日本へ近づけば近づくだけ有利になるという見方を含めた最高戦争指導会議のすべての見解をあざ笑った。きびしい圧迫を受けている国民の懸命な決意はどうなるのか？

これを聞いた豊田軍令部総長は色を失った。「たとえ日本国民が戦争にうんざりしているとしても、われわれは最後の一兵まで戦わねばならん！」

阿南陸相も怒り狂った。「天皇の輔佐としての責任を果たすことができなければ」と彼は大声をあげた。「われわれは切腹して心からお詫びすべきだ！」

さらにまた一時間が過ぎた。孤立無援の東郷は、もはや決定を遅らせることはできず、戦争遂行決議案は可決された。部屋の外へ出ると、東郷は米内提督と向かい合った。「今日はあなたの支持を期待していた」と彼は嘆いた。「しかし、誰一人として私を支持してくれなかった」

二日後の六月八日、天皇に最高戦争指導会議の決議案を提出し、その御裁可を得るために御前会議が開かれた。この御前会議は、宮城が火災の被害を受けたために宮内省で行なわれた。天皇のほかに、六巨頭と平沼騏一郎《ひらぬまきいちろう》枢密院議長、軍需相、農商相、および迫水内閣書記官長、総合計画局長官、陸・海軍省両軍務局長が出席した。

天皇は、これから聞こうとしていることに対して準備のないままに「重々しい表情で」黙って玉座につかれた。東郷だけは留保を表明したが、一同は明らかに天皇に対する遠慮からおし黙っていた。そして、かた苦しい論議の終わりにあたって、天皇さえも、新政策についての簡単な意見を求めた鈴木の要請にお応えにならなかった。「では」と首相は言った。「この計画に対しては、どなたもとくにご異議がないものと認めます」

十三人の出席者は立ち上がり、天皇におじぎをし、部屋からしりぞいた。天皇が会議から戻って来られたとき、木戸幸一《きどこういち》内大臣（内府）は天皇の不安な表情にとまどい、どういう理由によるものかと首をかしげた。「こういうことが決まったよ」天皇はそう言って、内府に新政策の案文を示された。それは、東郷と同じように木戸内府にも大きな驚きであり、鈴木に対する彼の信頼にひびを入れた。いまやたとえ東郷の支持があろうとも、和平への主導権をとることをもはやこの老首相に期待できないことは明らかであった。天皇の信頼すべき輔佐役としてのしきたりでは、木戸は政治に介入しないことを要請されていた。これまで彼は、間接的にこの束縛の裏をかいたことがあったが、いまはとにかく積極行動をとらなければならなかった。

問題は、解決不可能のようにみえた。その日午後ずっと、そして夜になっても、木戸は解決方法を探った。理論上、主導権は陸軍にある。他の和平工作を挫折させるだけの力を持つからだ。解決の道は、この方に頼る以外にない。誰一人として反対しえないただ一つの権威――天皇に。木戸は陛下と率直に話し合うことを決めた。危機にあっては、このような前例のないやり方が、自分で直接介入して天皇に戦争終結を説得するためには必要だと思った。木戸はやっと眠りに落ちた。

その朝、木戸は自分の論点を整理して、「時局収拾の対策試案」と題する文章にまとめた。午後一時半、彼は天皇のもとへ姿を現わした。「こういう情勢下では」と彼は言った。「いかなる和平工作もほとんど不可能と考えられます。しかし、私は陛下のありがたいお許しがあれば、この問題に手をつけてみたいと思います。これが私の考えです」

天皇は、その書類をじっと見つめた。初めの四項目は情勢を要約したもので、生産力に関する報告は、その年の終わりまでには戦争の遂行が不可能になりそうだと指摘していた。さらに爆撃のもたらした惨害は、増大する食糧不足で拍車をかけられ、全国に深刻な不安を引き起こすだろう。

一、以上の観点よりして、戦局の収拾につきこの際果断なる手を打つことは、わが国における至上の要請なりと信ず。
しからば、いかなる方法手段によりこの目的を達すべきや、これ最も慎重に考究を要するところなり。

敵側のいわゆる和平攻勢的の諸発表、諸論文によりこれをみるに、わが国のいわゆる軍閥打倒をもってその主要目的とするはほぼ確実なり。
一、したがって、軍部より和平を提唱し、政府これによりて策案を決定し交渉を開始するを正道なりと信ずるも、わが国の現状より見て今日の段階においてはほとんど不可能なるのみならず、この機運の熟するをまたんか、おそらくは時機を失し、ついにドイツの運命と同一轍を踏み、皇室のご安泰、国体の護持という至上の目的すら達しえざる悲境に落つることを保障し得ざるべし。
一、よって、従来の例より見れば、きわめて異例にして、かつまことに畏れ多きことにて恐懼《きょうく》の至りなれども、下万民のため天皇陛下のご勇断をお願い申し上げ、左の方針により戦局の収拾に邁進するのほかなしと信ず。

一、天皇陛下の御親書を奉じて仲介国と交渉す。……

一、御親書の趣旨　宣戦の詔勅（一九四一年十二月八日）のご趣旨を援用し、つねに平和を顧念あそばさるるところ、今日までの戦争の惨害に鑑み、世界平和のため、難きを忍び、きわめて寛大なる条件をもって、局を結ばんことをご決意ありたることを中心とす。

条件の限度　名誉ある講和（最低限たることはやむをえざるべし）……太平洋をして真に字義どおり太平洋たらしむるの保障を得れば、わが占領地の処分は、各国家および各地域における国家民族の独立を達成せしむれば足るをもって、わが国は占領、指導等の地位を放棄す。占領地に駐屯せる陸海軍将兵は、わが国において自主的に撤兵す。……

一、軍備の縮小については相当強度の要求を迫らるるは覚悟せざるべからず。これは国防の最小限度をもって満足するのほかなかるべし。

以上は余個人の意見にして、もとより余の気持を率直に示し、根本の重大要件のみを掲げたるにすぎず。

天皇は、読んだものに「深く満足」された様子だった。木戸は、首相その他の指導者とその試案を協議する許可を求めた。天皇が公然とかかわり合う前に、木戸には閣内の重要人物の支持が必要である。天皇は承認された。「すみやかに着手せよ」

しかし、木戸は数日間待つ方が賢明だと思った。議会が開会中で、全閣僚は駆けひきに忙殺されていた。議会最終日の六月十三日朝、木戸は議事堂へ向かう途中の鈴木首相をつかまえた。彼は自分の和平案を手短に説明し、鈴木から議会が休会に入ればすぐ戻って来るとの約束をとりつけた。

一方で、木戸は米内海相に話をした。内府にとって彼は、四人の軍最高指導者のうち和平案を裏切らないと確信できるただ一人の人物であった。彼は米内海相に自分の試案を読んでくれと頼んだ。米内は例によって用心深く答えた。「もちろん、非常によいお考えです」と彼は熱意を抑えながら言った。「しかし、首相は戦争を実際にはどう考えているのでしょうか?」

木戸も同感だった。

彼らの推測の的となっている人物は、貴族院と衆議院で演説するために、ちょうど席を立とうとしていた。鈴木は、木戸にほのめかしたよりもはるかに深く和平に心を傾けており、それを公然と表明しようとしていた。彼の演説は、練習艦隊を指揮していた二十七年前、サンフランシスコで行なったスピーチの引用から始まった。聴き手は、老人の思い出話を気ままにさせておくつもりだったが、彼の話の要点を知って愕然とした。

「私の演説の骨子は、次のようなものでありました。『日本は、好戦的ではなく、世界中で最も平和を愛好する国である。日本とアメリカが戦火を交えるような動機は見当たらないが、もし戦争になれば、戦いは長引き、恐るべき惨禍をもたらして終わるであろう。太平洋は、その名の示すように太平の海であるべきで、軍隊を輸送する船団の航行は一隻たりとも許されてはならない。しかしながら、かような不幸な事態が起きるとするならば、神は双方に罰を与えたもうであろう(3)』」

広大な議場を、いきどおりが波のようにかすめた。「平和」という言葉、あるいは平和をもたらすことが望ましいという意向を、政府最高責任者が公けに口にしたのである。鈴木は演説のしめくくりで、わが国は最後まで戦わねばならず、無条件降伏は日本民族の破滅を意味するだろうと訓戒をたれたが、これは議場の怒りを静めることにはならなかった。鈴木が演壇から降りたとき、敵意は爆発し、非難の声、脅迫的なしぐさや「鈴木内閣打倒」の叫びが巻き起こった。もっとも、一人の議員は人垣を押し分けて迫水書記官長のところへ行き、「いまや、首相の心中お考えのことがわかった。どうか、演説をお続けいただきたい」と涙ながらに言った。

鈴木は、放心したように聴衆に手を振った。あざけりの声が耳に入ったかもしれないが、鈴木は無視していた。彼は群がる人混みの中を押し通り、天皇に対する慣例の報告をするために宮内省に出かけて行った。宮内省で、鈴木は廊下を下って木戸内府の部屋へ行き、内府の独自の案を全部読んだ。鈴木は、この案の狙いを推進するためにできるだけのことをすると約束したが、米内と同様、鈴木もいくつかの留保条件をつけているようにみえた。「この案全体について、米内海相はどう考えているでしょうかな」と、鈴木は言った。

「米内閣下も、総理と同じことを言われました」と、木戸は言った。これは鈴木にはこっけいに聞こえたが、木戸は不安になった。戦況がこんなに切迫しているというのに、首相と海相のどちらもがお互いの「肚の内」を知らないというのは、どういうことなのだろうか。

鈴木は木戸に助力を約束したが、だからといって公的な立場が変わったわけではなかった。翌朝の記者会見で、彼は軍国主義者のように語った。「わが一億の国民が国に生命を捧げる覚悟で戦うならば、国体護持の大目標達成も不可能ではないと信じるものである。……わが皇軍の軍人は、一人として、ドイツが大軍を残しながら最後まで持ちこたえられなかった経過を理解することはできぬ。武器と補給の量において、わが方は敵に比べて有利とはいえまい。しかしながら戦場に立つわれらの決意は、わが方にのみ存する特有のものである。この恐るべき力をもって、われわれは一億一心、最後まで戦わねばならぬ」

木戸は、今度は三人目の閣僚――東郷外相を呼んだ。東郷の支持は、是非必要だった。内府は東郷に文書の提案を見せはしなかったが、陛下は先の御前会議で提示された決定にひどく心を痛めておられると語った。東郷は、最高戦争指導会議で陸軍の自殺的な計画に自分が反対したことを指摘した。

「知っています。私は私なりの和平案を持っていて、あなたの助けが必要なのです」と木戸は言った。天皇が和平を呼びかける声明を公けにすることもできるかもしれない、というのが木戸の示唆であった。

東郷は、何でもできることをするつもりだった。彼は言った。もし陛下が、いまやわれわれは遅滞なく戦争を終わらせるために行動すべきであるとおおせ出されるとすれば、喜ばしい限りである。「私の目的を達成する上で、陛下からのかようなお言葉ほど助けになるものはないと思われるからです」

他の軍の三閣僚を引き込むつもりは木戸にはなかった。ところがある日、木戸は阿南陸相に、自分の提案を衝動的にしゃべってしまった。木戸の部屋を出て行こうとした阿南が「おやめになると聞きましたが、ほんとうですか」とふと言ったのがもとで、たまたまそうなってしまったのだった。

たぶん、かつて二人が非常に親しかったという事情――木戸が内大臣首席秘書官をしていたとき、阿南は侍従武官だった――のために木戸はついこういった。「やめはしませんよ。だが、私が心中考えていることをお話ししたら、あなたは私にやめろと言われるでしょうな」

「何です、それは」と、阿南は知りたがった。

木戸は、和平計画の全容と、天皇が果たす役割を明らかにした。木戸の勘は正しかった。阿南はとりたてて反対はしなかった。実際、彼は木戸の行動路線に「原則的に賛成」したのである。だが、その時期については阿南はかなり注文をつけた。「本土の水際決戦でアメリカが大損害をこうむった後」に和議を始めた方が、日本にとって事を有利に運べる、と彼は指摘した。

そこで木戸は、数千もの飛行機が侵攻軍に対して投入するためにかき集められた事実を等閑視した。「それがなくなったときには、いったいどうするのですか」日本の力では、アメリカ上陸軍の三分の一以上を撃滅することはできないのだから、本土侵攻の前に話をつけてしまう方がよい、というのが木戸の意見だった。阿南は、木戸の戦術上の結論のよりどころ——彼自身がにぎっている秘密情報——に気がついた。(4) 阿南は、木戸の案を支持はしないが、最高戦争指導会議ではこの案に「あまり勢いよく」反対もしないと約束した。

阿南を打診する機会は予期していなかったので、それは「天の助け」であった。いまや木戸は、最高戦争指導会議に立ち向かうのに必要な支援を得たと感じた。六月二十二日、天皇は木戸の進言をいれて、突然、六巨頭を宮中の御文庫別館に召集された。天皇はまず最初に発言することによって、この会議が異例の略式のものであることを示された。「これは朕の命令ではなく、たんなる一議論としていうのである」と天皇は簡潔に言われた。「先の最高戦争指導会議において、新政策を採用し、本土決戦に備えるべく決意をみた。しかしながら、従来例をみないものではあるが、和平への行動を考慮することが必要であると考えるにいたった。これを実現するため、直ちに処置をとれ」梅津参謀総長と豊田軍令部総長は、たじろいだ。この二人には木戸は相談をもちかけていなかった。

天皇は、六人の首脳はすでに和平交渉を開始することを考慮しているのか、と尋ねられた。天皇は東郷外相が前もって内々耳に入れていたので、どんな答えが返って来るか知っておられた。鈴木はやっとの思いで立ち上がり、政府がいかに和平交渉に思いをいたしているかを述べた。東郷は、広田・マリク会談の全容を説明した。

「いつソ連へ使節を送るのか」と天皇がきかれた。「成功の可能性はあるのか？」

東郷は、使節団はたぶん七月中旬までにモスクワに着くことになるでしょう、と答えた。しかし日本は、疑いなくスターリンに対して数多くの譲歩をしなければなりますまい、と東郷は釘をさした。

天皇は、それまで黙ったままだった陸軍の二人に向き直られた。阿南陸相は、木戸との約束を守った。彼は「事態を救うための」試みにはいっさい反対しなかったが、日本が戦争終結に熱心すぎるように外部に映ると、それは弱体ぶりを示すものと受け取られはしないだろうかとの懸念を表明した。一方梅津参謀総長は、苦悩を隠そうとしなかった。和平へのいかなる提案も、国の内外へはかり知れない影響を及ぼすだろう。それは「極度に慎重に扱う」べきものである、と梅津は述べた。

和平提案を「極度に慎重に扱う」とは、敵にもう一撃を加えた後においてのみ行動するという意味かと天皇は尋ねられた。梅津は、そうではございませんと言った。「慎重なのはよいことである。だが、慎重すぎては好機を逸することになろう」

「さようでございます。では、早ければ早いほどけっこうでございましょう」と、梅津は譲歩した。

これは、和平に向かって明瞭な形でとられた最初の歩みであった。

六月二十四日、広田は、東郷の求めに応じてもう一度マリク大使を訪れた。今度は広田は外交辞令を抜きにして、満期失効の近い日ソ中立条約を廃し、新協定に取り替えたい、と直截に要請した。しかし、マリクは依然逃げ腰だった。中立条約がまだ生きているのだから別の条約は必要ない、と彼は言った。

必死の形相で広田は、石油供給の見返りにゴム、スズ、鉛、タングステンを提供しようと申し入れ、「ソ連陸軍と日本海軍が手をにぎるならば、日ソはともに世界最強の力となりましょう！」と言った。

もっともなことだが、マリクは別に感動した様子もなかった。帝国海軍の大部分は海の底だったのである。マリクは、ソ連は自国の需要を満たすのに十分な石油も持っていない、と答えた。彼はぶっきらぼうな調子で、日本が「具体案」を示さないかぎり、これ以上の会合が必要かどうか疑問だと言った。

一週間もたたないうちに、広田は提案文書を携えて再びマリクのもとを訪れた。提案は、日ソ間の新しい不可侵条約締結および石油の供給と引きかえに、日本は満州を独立させ、ソ連水域での漁業特権を解消することを約束する——というものだった。マリクは相変わらずあいまいな態度で、モスクワから返事があれば折り返し広田に伝える、と言った。それから彼は、日本とアメリカがスウェーデンで和平交渉をしているというのはほんとうかときいた。

「もちろん、そんな事実はない」と広田は叫んだ。日本は、いやしくも和平交渉に手をそめるからには、必ず事前にソ連に相談すると彼は言った。

広田の器用な答えは、真実に近いものだった。日本はスウェーデンで和平交渉をしようという二つの申し出を断わっており、ベルンでの藤村の線も同様に捨て去ってしまっていた。だが、新しくもっと世にきこえた和平の賭が、スイスで行なわれつつあった。それは、スイス駐在武官の岡本清福《おかもときよとみ》中将がバーゼルの国際決済銀行の役員、北村孝治郎《きたむらこうじろう》と吉村侃《よしむらかん》にもらした言葉が発端となったものだった。岡本は二人の銀行家に言った。「日本は最後まで戦うつもりだが、長期戦を遂行する力はない。もしアメリカの側に和平の動きがあるならば、交渉したいのだが……」

岡本のように微妙な立場にある将軍がこんな言葉を口にしたことは、民間人である二人に激しいショックを与えた。つまるところ、日本を全面的な破滅から救うことはどうやらできないことはないらしい。だが、どうやって、本国の軍国主義者たちを交渉に賛成するように説得できようか？

「梅津参謀総長と私は、親友だ」と、岡本は自信たっぷりに言った。「ノモンハン事件（一九三九年にモンゴル・満州国境で起きた）のとき、梅津は私の所属部隊の軍司令官だったから、総長は私の言うことに耳を傾けるだろう」

銀行家たちは、アメリカ人に「打診」することに同意した。だが、交渉の仲立ちとして十分な権威をもって動ける人がいるだろうか。二人は、国際紛争の練達した交渉役として知られる国際決済銀行の総裁ペール・ヤコブソンに白羽の矢を立てた。彼以前に交渉に当たった多くのスウェーデン人と同じく、ヤコブソンも反応が早かった。彼はアメリカ人たちによく思われており、容易にダレス機関の一人と接触することができた。

ヤコブソンは、二人の銀行家にアメリカ人は皇室を支える源泉となっている日本人の尊敬の念を高く評価しており、だからこそアメリカは念入りに宮城爆撃を避けているのだと言った。だが、ヤコブソンによれば、和平の話し合いの条件はもちろん無条件降伏でなければならぬ。吉村は、純粋に軍事的な意味でさえ、無条件降伏という言葉に異議を唱えた。ヤコブソンは、希望のない戦争を続けるよりその方がましだと論じた。一九一八年にドイツ皇帝《カイザー》が降伏したことは、第一次大戦後のドイツを現在のような全面占領から防ぎ、さらにはドイツ政府存続のもととなった。日本の場合も、無条件降伏のあとでさえ、憲法と天皇の地位をともに救うことができると思われるというのが、ヤコブソンの論法であった。

七月十日、ヤコブソンは再びアメリカ人との話し合いに入った。今度の相手はダレスの次席でドイツ生まれの、イタリア駐留の全ドイツ軍の降伏を陰で操った実績を持つゲーロ・フォン・S・ゲベルニッツだった。ゲベルニッツは無条件降伏の必要性をいま一度強調したが、日本が天皇の地位を保持できるかもしれないという望みはあるともいった。実際、天皇制についてては書面に記せるものではない。この問題をきちんと文書にできるのはハリー・トルーマン米大統領とウィンストン・チャーチル英首相だけであり、それには何週間も日数がかかる――とゲベルニッツは言った。

「アレン・ダレスは、自身の考えを述べるわけにはいかないのだろうか」とヤコブソンはきいた。

しゃるのか?」
「彼も、そこまですることは認められないでしょうね」
「あなた方はいままで、上からの許可なしには何もしなかったし、言いもしなかったとおっ

ゲベルニッツは、あるいはそうでなかったかもしれない、と一歩譲った。「しかしですよ、考えてもごらんなさい。アレン・ダレスがこの問題で意見を述べ、それが東京で〝もらされた〟と仮定しますね。そのとき、ダレスはもはや国務省に相手にされなくなるでしょうな」

その代わりに、ゲベルニッツは次のように提案した。ヤコブソンが日本人に対して、少々誇張した言い方で、終戦交渉に責任を持てるアメリカ人たちと「直接接触した」と言ってやる、というのだった。ゲベルニッツはさらに「この話し合いは〝その人たち〟以外の人物と行なうべきものではない。たとえアメリカ人でもだめだ。もし日本人側がスイス駐在のアメリカの武官に接近したりすれば、話はこわれてしまうだろう。武官は話し合いには乗らないと思う。スイス人もだめだ」と意見を述べた。

いまや、次の段階がどうなるかは、日本側の出方しだいであった。しかし、このはかりごとのもとになる発言をした岡本中将は、皇室と憲法の運命について確かな保証が得られるまでは、東京を交渉に巻き込むわけにはいかぬと言った。しかし、こんな条件をつけられたからといって、ヤコブソンはがっかりはしなかった。ヤコブソンは数日中にドイツでダレス本人に会えることになった、というアメリカ人側の伝言を受け取ったばかりであった。彼は自分の説得能力に自信を持っており、岡本の不安を和らげるようダレスを説得できるかもしれ

ないと思っていた。

こうした断片的な和平努力が続く一方で、日本の軍国主義者たちは本土の自殺的防衛作戦――決号作戦――の最終案を作り上げていた。一万機以上の飛行機――大部分は、練習機をあわてて改造したものだった――が、かき集められた。その三分の二は九州での戦闘に投入し、残りは東京付近への敵上陸部隊を撃退するために温存することになっていた。タラワ、サイパンにおける、血なまぐさい教訓があったにもかかわらず、この計画は、歩兵五十三個師団と二十五個旅団、計二百三十五万人をもって、上陸して来るアメリカ軍を水際で殲滅《せんめつ》しようというものだった。陸海軍の軍属四百万人、特別守備隊二十五万人、さらに民兵二千八百万人が、歩兵部隊を援護することになる。巨大な民兵部隊を裏打ちしたのは、国会の最終会期に全会一致で成立した義勇兵役法で、これは十五歳から六十歳までの男子と十七歳から四十歳までの女子を義勇隊として動員するものだった。議会で心に残る発言をして、この法律の通過を確実にした軍官僚たちは、しばらくして鈴木首相以下閣僚に義勇隊が使うはずの武器を陳列して見せた。それは、銃口から弾をこめる小銃や竹ヤリであり、そのそばに積み重ねてあるのは封建時代から伝わっている弓矢であった。

## 3　広田・マリク会談

日本政府自体が手をそめた和平交渉は無視されていた。一週間たっても、モスクワは広田の提案に答えなかった。しんぼうしきれなくなったのは天皇で、七月七日に鈴木首相を呼びにやった。

「ソ連の真意を探る機会を失してはならない」と、天皇は言われた。ソ連に直接仲介を頼むわけにはいかないのか？　なぜ天皇の親書を携えた特使を派遣しないのか？

このような使命を託する人物として、天皇が近衛文麿《このえふみまろ》公爵を選ぶことは明らかであった。近衛は七月十二日、軽井沢の夏の別荘から東京へ呼び戻された。質素な国防色の国民服を着た近衛は、御文庫で複雑な感情をかみしめながら天皇が地下の執務室から上がって来られるのを待っていた。天皇は落ち着かない御様子だった。顔色が青く、疲れて、身づくろいもきちんとしておられなかった。宮中のしきたりに反して、天皇と近衛は二人だけになった。その方が率直に話し合えるのではないか、という木戸の期待によるものだったが、この狙いが当たったことは「戦争に関して何をなすべきだと思うか」との天皇の質問に対して、近衛が「国民は戦争に疲れております」と率直に答えたことで裏づけられた。「国民は、やんごとなき陛下が、あえて国民のために行動を起こし、国民の苦境を和らげてくださることを一人残らず望んでおります。中には、陛下に責任がある、と申す者さえございます。一刻も早く、戦争を終わらせることが必要であります」

天皇は、近衛にモスクワへ出発する準備をせよと言われた。近衛は個人的にはソ連を調停役として頼ることには反対だったが、過去の自分の過ちをただすためにはどんな手でも打とうという意欲を持っていた。近衛は日独伊三国協定に調印したとき、天皇がこれで結局、英、米両国と戦うところまでいくのではないかと警告されたことを持ち出して言った。「あのとき、陛下はおそれおおくも、結果のいかんを問わず、おまえは朕とともにそれに耐えて行くべきなのだ、とおおせられました。いま、勅命が下されたのでありますれば」——近衛は、感情を抑えかねてむせんだ——「陛下のおんために、一命をなげうつ覚悟でございます」

近衛が立ち去るとすぐ、天皇は木戸と再び顔を合わせた。天皇は内府に満足そうに言われた。

「このたびは、近衛も決心したようである」

天皇が近衛の意向を打診していたとき、モスクワ駐在大使佐藤尚武《さとうなおたけ》は、すでに公爵の訪ソが間近いことを知らされていた。

天皇陛下ニオカセラレテハ　今後モナオ戦火ガ続クナラバ　戦争当事国ノ無数ノ罪ナキ

国民ノ筆舌ニ尽クシガタイ悲惨ヲ増スノミデアルコトニ深ク思イヲイタサレ　一刻モ早ク戦争ヲ終結セシメルコトヲ切ニ念願シテオラレル。モシ米英ガ無条件降伏ニ固執スルニオイテハ帝国ハ祖国ノ名誉ト生存ヲ守ルタメ　全力ヲ尽クシテ最後マデ戦イ抜クホカナク　カクテハ彼我国民ノ流血ヲ大ナラシメルコトトナリ　マコトニ遺憾デアル。ツイテハ帝国政府ハ　人類ノ幸福ヘノ誠実ナ希求ニウナガサレ　速ヤカナ和平招来ノタメノ交渉ヲ願ウモノデアル。コノ目的ニヨッテ　近衛公ガ陛下ノ御親書ヲ携行シテモスクワニ赴ク予定デアリ　ソ連政府ニオイテハ　同公ニ旅行ノ便宜ヲ供与サレタイ。

ロシア人を知り尽くしていた佐藤は、こうした策動がよい結果を生むかどうかには疑問を持っていた。佐藤はかつてペテルブルグに九年滞在したことがあり、モスクワでは一九四二年初め以来大使として勤めていた。佐藤は考えた。ソ連は、太平洋における戦争の早期終結によって利益を得るだろうか。得るとすればどんな点で？　モロトフ外相は、広田・マリク会談に何の興味も示さなかった。いま、彼が興味を示すとすれば、その理由は？　佐藤がクレムリンに電話して、外相に会いたいと申し入れたとき、彼の推論は確かめられた。モロトフはドイツで開かれる連合国の会議に出かけるところで、忙しいということだった。では、外務次官のアレクサンドル・ロゾフスキーはどうか？

ロゾフスキー（ほんとうの名前はA・S・ドリゾ）はマリクが広田に対してそうだったのと同様に非協力的だった。彼は、佐藤が近衛の訪ソを早く認めさせようといろいろ持ちかけるのを片っぱしからそらしてしまった。ロゾフスキーの口から引き出すことができたのはせいぜい、回答は少なくとも数日はかかるだろう、ということぐらいのものだった。

佐藤は東郷に電報を打ち、近衛公が「以前のように抽象的で、具体性を欠いた内容の話」を披露しにやって来るのなら、日本にじっとしている方がまだましである、という辛辣な見解を報告した。翌日、佐藤はさらに耳ざわりの悪い助言をつけ加えた。

交渉ニ基ヅク和平条約ハ　ソ連ノ支持ヲ得ラレナイトコロノモノデアル。最終的ナ情勢分析ニオイテ　ワガ国ガ真ニ戦争終結ヲ望ムナラバ　無条件降伏マタハソレニキワメテ近イモノヲ受ケ入レル以外ニ選択ノ余地ハナイ。

ペール・ヤコブソンとアレン・ダレスも、ドイツで日本の降伏問題を推し進めていた。当時OSSの本部は、かつてヒムラーにぶどう酒をおさめていたヴィースバーデンのシャンペン工場にあった。しかし、本部はあまりに臭気がひどかったので、ヤコブソンとダレスおよびゲベルニッツの会談は、三人の宿舎、こぢんまりした二階建の化粧しっくいを塗った家で行なわれた。

ダレスの第一の関心は、日本側の交渉担当者が真剣なのかどうかだった。ヤコブソンはその真剣さを信じ、日本の平和勢力が最善を尽くしていることを確信していたが、ダレスはまだ疑っていた。「これはどうやら、主戦派が士気を高めるために仕組んだトリックではないのか？　つまり、アメリカがいかに道理をわきまえない国であるかを示そうという……」

ヤコブソンはまるでインチキ交渉の幇助者だ、とでも言いたげなこの言葉に、彼は憤慨した。ヤコブソンはぶっきらぼうに、自分にはダレスほどの交渉経験はないが、信頼すべき人物だという評価を得ていると答えた。「私は一九三五年から三七年にかけて、デ・バレラをイギリスとの交渉に踏み切るように説得したことさえある」

彼らは、息もつまりそうな熱気の中で何時間も議論し、何も解決にいたらぬまま引き取った。朝食のとき、ヤコブソンはあらためて天皇制の維持――彼は、それが交渉の要点だと感じていた――の主張を持ち出した。天皇の地位のあり方は、もっぱら天皇自身がどんな動きをしたかによって決められるべきである。天皇は、その気になれば軍部と縁を切ることもできるだろう。その後天皇が和平の働きかけを公けにすれば、何らかの成果が生み出せよう。こんなふうに事が運べば、アメリカの大衆も、天皇家と軍閥を区別することができるだろう。

ダレスは、アメリカ政府がこの種の政策をとるかどうかは、推測の形ですら約束するわけにはいかなかった。だが、天皇が率先して降伏を実現し、外国から日本軍を引き揚げるなら、アメリカ国民は天皇の統治継続を認めやすくなるだろう、とダレスは言った。この言葉はたんなる意見にすぎなかったが、高い地位にある人物の意見であることも確かだった。そしてダレスの別れの挨拶は、彼の誠意を強調するものだった。「ここへおいでいただいたことを非常に感謝しています」とダレスはヤコブソンに言った。「どうか、そこのところは誤解なきよう」そう言ってダレスは、ベルリンのすぐ西方の町ポツダムに電話をかけた。トルーマン大統領と補佐官たちは、戦争の最終処理会議でチャーチル英首相、スターリン・ソ連首相と会談するため、ちょうどポツダムに着いたところであった。

# 三十二部　追いつめられた日本

## 1　アメリカと原爆

七月十五日の朝、かつて、大西洋憲章を公布するためニューファンドランド沖におけるチャーチル英首相との歴史的な会談に臨むルーズベルト大統領を運んだ巡洋艦〈オーガスタ〉は、ハリー・S・トルーマン大統領を乗せてアントワープ港に入った。正午少し過ぎ、トルーマンは大統領専用機〈セークリッド・カウ〉（聖なる牛）号に乗り込み、ポツダムで開かれる会談――暗号名で「終着駅《ターミナル》」――に向かった。

戦争によって、資本主義と共産主義は不安定な同盟を結ぶことを余儀なくされたが、平和の到来とともに東西両陣営の間に内蔵されていた敵意は表面化した。ヤルタでつくり上げられた同盟は、すでに崩れつつあった。ソ連軍が解放した東ヨーロッパの全地域を共産化しようともくろんでいたスターリンは、ヨーロッパ解放宣言を尊重するという約束を破った。スターリン自身も、少し前にダレス・グループが北イタリアで完結させた「反ソ交渉」をみて、ソ連の背後で西側が何かたくらんでいると疑っていた。

新しいアメリカ大統領がソ連にどう対処しようとしているかについて、疑問を差しはさむ余地はなかった。彼の率直さはすでに、モロトフ外相にとまどいを与えた。「アメリカは、ヤルタで合意に達したことすべてを誠実に実行する用意がある。アメリカはただ、ソ連政府もまた同様にすることを求めているにすぎない」トルーマンはワシントンで初めてモロトフに会ったとき、こう言った。「だが、はっきり理解してもらいたいのは、これは合意の相互遵守を基盤としてこそ成り立つものであり、一方通行の上には成り立たないものだということである」

「私はいままで、そんなものの言われ方をしたことはない」モロトフは腹を立てて、大声で言った。

「合意事項を実行しなさい。そうすればこんなふうに言われなくてすむ」とトルーマンは言った。

「終着駅」会談でトルーマンが狙っている目標は明らかであった。彼が望んだのは、ドイツ占領の政治的・経済的な諸原則の確立、ヨーロッパ解放宣言の実施（とりわけポーランドに関して）および賠償問題の解決であった。これらの問題はすべて会談の議題になるはずだった。しかし、アジアにおける戦争の終結も、非公式にではあるが、同じくらいの注目をひくものと思われた。トルーマンとしては、ポツダムでのこの「最も緊急な問題」は公式の会議のテーブルで解決できるものでなく、スターリンとの私的な接触を必要とするものだった。ジョージ・マーシャル陸軍参謀総長とダグラス・マッカーサー連合軍南西太平洋方面司令官の要請に従って、トルーマンはできるだけ早くソ連を対日戦争に引きずり込むことにしていた。トルーマンは、原子爆弾の実験がやがてニューメキシコ州で行なわれるという秘密情報を持っていたが、それでもなおソ連参戦を求めることにしたのである。

トルーマンは、日本に降伏を呼びかける宣言の草案を持参して来ていた。これは戦争を防止しようと努力した外交官ジョセフ・グルーの働きかけによるものだった。東京の焦土爆撃の知らせをぞっとする思いで聞いたグルーは、五月二十九日、トルーマンを訪れ（グルーはステッティニアス国務長官がサンフランシスコの国連会議に出席している間、長官代理を務めていた）、無条件降伏は天皇制の廃止を意味するものではない、と日本人に知らせるための宣言を発表するように大統領に訴えた。こういった保証がなければ、日本人がはたして降伏するかどうか疑問である、とグルーは言った。彼の意見には、国務省の極東問題専門家のユージン・ドゥーマン、ジョセフ・バランタインや、ジョージ・ブレイクスリー教授の支持があった。

「そのことなら、もう考えてみた」とトルーマンは答えた。「きみの案はいい考えだと思う」トルーマンは、最終決定を下す前に統合参謀本部および陸軍・海軍両長官と相談してほしいとグルー長官代理に要請した。

ヘンリー・スティムソン陸軍長官とフォレスタル海軍長官は、この案に「好感」を示した。マーシャル参謀総長も同様の反応を示したが、一般に宣言することは「この時点では尚早ではないか」と危惧した。スティムソンは、どんな言い回しをするかは原爆実験の成功にかかっていると考えた。彼は、しだいに原子爆弾の使用に執着しはじめた。スティムソン長官は、三人の高名な科学者を含む著名民間人たちのグループを主宰していた。暫定委員会の名で知られるこの委員会は、原子エネルギーの解放によって生じる政治的、軍事的、科学的諸問題について大統領に勧告するために設立されたものであった。二日後、委員会はマーシャル参謀総長および四人の科学者諮問グループを迎えて開かれ、スティムソン長官は席上、彼の結論を提出した。「みなさん」と彼は言った。「文明の方向を変えかねない行動を起こすよう勧告することが、われわれの責務であります。われわれはまもなく、全く過去に例を見ない破壊力を持つ武器を手中にすることになりましょう。今日の最重要問題は戦争であります。われわれの大きな課題は、この戦争に早急かつ成功裏に結着をつけることにほかなりません。われわれの新兵器は、われわれの手に圧倒的な力をもたらしたとみなしてよいと考えます。この力を、われわれが統御しうる最高の叡智をもって使用することは、われわれの義務なのであります。いまやわれわれにとって最も重要なことは、この新兵器使用が、長期的観点からみた歴史の中でどのように位置づけられるかであります」

科学者グループの一人で、原子爆弾の設計と実験の責任者である物理学者J・ロバート・オッペンハイマー博士は、原子爆弾一発の爆発で二万人が殺されるだろうと推定した。この数字をあげた発言を聞いて、スティムソン長官は驚いた。彼は突然言葉をはさんで、原子爆弾は軍事目標を爆撃すべきであり、市民の生命を奪ってはならぬと言った。たとえば爆撃対象のリストにある諸都市の一つ、京都は爆撃すべきではない。京都は文化の中心であり、市中の各神社は崇敬の的である――この古い都市に関するスティムソンの知識は、偶然に得たものだった。東洋学を学んでいる友人の息子が、最近、彼に京都の魅力をくわしく語ったのである。

マーシャル将軍は、戦争を早急に終わらせアメリカ人の生命を救うためには原子爆弾を使うべきである、との肚を決めており、心中何の疑問もなかった。しかし、彼は自分の地位の権威をかさにきて委員会に影響を与えることを好まなかった。同時にマーシャルは、この爆弾を落とすまでもなければよいがと述べた。マーシャルによれば、アメリカの持っている新兵器をソ連に知らせるのはまだ早すぎ、それは戦後世界における抑止力を減少させることになるというのだった。

委員会が昼食の休憩に入ったとき、スティムソン長官の左側にすわっていた、やはり科学者諮問グループの一人、アーサー・ホリー・コンプトン博士は同長官の方を向き、日本人に強い印象を与えるような原子爆弾の非軍事的示威はできないものかと尋ねた。出席者の間でその可能性が論議された。もし日本のどこか人里離れた場所に原爆を落とすとあらかじめ発表したら、爆弾を運ぶ飛行機は撃墜されてしまうかもしれない。また、もし示威用の爆弾がうまく爆発しなかったらどうなるか。数えきれないほど多くのトラブルが起きるだろう。また、テストを中立地帯で行なったら、日本の指導者たちは偽装だと思い込みそうだ。結局、原爆はできるだけ早く、破壊的な威力をはっきり示せるような目標に――しかも警告なしに――落とすべきだ、というのが結論だった。

暫定委員会の三人の科学者――バニーバー・ブッシュ、ジェームズ・B・コナント、カール・コンプトン――は、この線で一致した。しかし、原爆関係の仕事をしていた他の多くの科学者は三人の勧告に失望した。これらの科学者を率いていたのは、ドイツからの避難民でノーベル賞物理学者のジェームズ・フランク博士だった。フランクと七人の著名な科学者は、暫定委員会に報告書を提出した。

もしアメリカが、この人類に対する無差別な破壊手段を用いる最初の国となるなら、アメリカは全世界の人々の支持を失い、軍備競争の幕を切って落とし、さらにはかかる武器の将来における制御に関する国際的合意の可能性をも傷つけることになろう。もし核爆弾が適切に選び出された無人地域におけるデモンストレーションとして世界に初めて登場するならば、終局的にこのような国際的合意を得るためのはるかに良好な諸条件が生まれるであろう……

ニューメキシコ州のロスアラモス科学研究所で、長くきびしい週末の検討の後、暫定委員会科学者諮問グループのアーサー・コンプトン、オッペンハイマーと他の二人のメンバー――アーネスト・ローレンスとエンリコ・フェルミは、フランク報告に対する次のような回答を書き上げた。「六月十六日にこの報告を暫定委員会に提出したときは、気が重かった」と、アーサー・コンプトンは回想している。

純粋に技術的な面の示威を唱える人々は、原子爆弾の使用を禁止したいと望むであろうし、いまこの武器を使えば、将来の交渉も害されようとの懸念を持っている。他の人々は、直ちにこの爆弾を軍事的に使用すれば、アメリカ人の生命を救う好機となることを強調し、また、原爆の使用は、この特殊な兵器を廃棄することよりも、むしろ戦争防止への関心を高めるという意味で、国際的な見通しを改善すると信じている。われわれ自身の意見は、この後者により近い。われわれには、直接の軍事利用に代わる許容しうる手段がみつからない(1)。

ワシントンでは、スティムソン陸軍長官と陸軍次官補のジョン・J・マックロイが、統合参謀本部及び大統領との決定的な会議を準備していた。この会議は、日本を封鎖と爆撃で降伏に追い込むか、あるいは本土に上陸するかを決定するためのものであった。マックロイは、どちらの案にも反対した。何週間もかけて、彼とグルーは個人的に日本の将来を議論し、同じ結論に達していた。それは、日本には名誉ある降伏を提案すべきだというものであった。マックロイはグルーに、スティムソン長官に対して自分の影響力を行使すると約束していた。彼はついに、長官に向かって言った。「政治的解決を考慮しないなどということであれば、われわれは頭のぐあいを調べてもらう必要があるってことになりそうですね」アメリカは制海権と制空権をにぎり、さらに原爆も持っていた。日本に憲法に基づく天皇制の維持を許し、重要な原料物資についても、支配はさせないが門戸は開いてやるべきだ、というのが彼の意見だった。

マックロイは続けた——大統領は、この提案を記した親書を天皇もしくは鈴木内閣に送り、これを受け入れないなら、アメリカは新兵器——原子爆弾——を使用する以外に打つ手を持たないとおどすべきです。こうした手続きによって、おそらくこれ以上の殺傷なしに戦争の終結をもたらせるでしょう。もしそうならないとしても、提案をしておけば、原爆を使わなければならなくなった時にアメリカは倫理的によりよい立場に立てるでしょう——。マックロイが提案の形式と内容を説明すると、スティムソンは明らかに賛成の態度を示し、これはステーツマンとしてとるべき道であると考えるので、会議の席でこの案を擁護しようと言った。しかし、日曜日の夕方、スティムソンはマックロイに電話をかけ、「ジョン、私は明日の会議に出られそうにない」と言った。スティムソンは持病の偏頭痛で苦しんでいたのだ。

「ホワイトハウスに連絡して、きみがぼくの代わりに出るようにしておくよ」

月曜日、六月十八日の午後三時半少し前、マックロイはホワイトハウスの会議室に到着した。大統領付きの参謀長ウィリアム・リーヒ提督が、二人の統合参謀本部のメンバー——アーネスト・キング海軍参謀長とマーシャル——といっしょにそこにいた。しかし、ヘンリー・アーノルド航空軍司令官は来ず、代理のアイラ・C・エーカー中将が出席していた。そこへ、スティムソン陸軍長官が疲れはてた様子で、苦しそうに入って来た。彼はベッドからやっとのことで出て来たのだった。

トルーマンは、マーシャル参謀総長を皮切りに、各人の意見を求めた。マーシャルは本土侵攻以外に選ぶべき道はないと主張した。まず、十一月一日、七十六万六千七百の兵力をもって九州に上陸する。損害は大きかろうが、航空力だけでは日本を征服するのに十分ではない、と彼は言った。エーカーは航空軍を代表して、航空力でドイツを屈服させることはできなかったと述べてマーシャルの判断を裏づけた。キング海軍参謀もマーシャルを支持した。

マックロイにとっては残念なことだったが、スティムソンはうなずいて賛成の意を表した。もっとも、スティムソンは同時に、何か代わりの方法を研究してみるべきだと提案した。「日本には、いまの戦争をいやがっている多くの人々がいると私は考えます。これらの人々は表に出ていないし、その意見や影響力は十分に知られていない。一戦をまじえる必要が生じる前に、彼らを立ち上がらせ、影響力を行使させるような方策を講じるべきだと思うのです」しかし、提案するとマックロイに約束した天皇へのメッセージの件は何も言わなかった。

トルーマンは、リーヒの方を向いた。参謀は、いつものようにぶっきらぼうに、ルーズベルト大統領のカサブランカ方式を非難した。「日本の無条件降伏をとりつけなければ、戦争に負けるだろうという論者に私は賛成しない。仮に無条件降伏を押しつけることに失敗しても、予見できる将来において、日本が脅威となる恐れはありません。むしろ私が恐れるのは、われわれが無条件降伏に固執する結果、日本人がさらに自暴自棄になり、したがってわが方の死傷者もふえるばかりという事態であります。これは全く不必要な事態だと私は思います」

トルーマンは、アメリカ国民に無条件降伏要求の緩和を受け入れる用意があるとは思わなかった。九州作戦については、統合参謀本部は計画に着手すべきであると確信する、と大統領は言った——どことなく不承不承の発言のように聞こえるな、とマックロイは思った——しかし、大統領は、本州進攻は自分に相談なく行なってはならず、また、この進攻を承認する以外に手がないほど事態が進行しないように望んでいると言った。

この発言でもって会議は終了し、出席者たちは、やれやれといったムードで立ち上がり始めた。大統領はみんなを止めて言った。「意見を明らかにしないで席を離れる者があってはならない。マックロイ、きみはまだ何も言っていないが、きみの意見は?」

マックロイは、もの問いたげにスティムソンを見つめた。スティムソンはうなずいた。マックロイは、先にスティムソン陸軍長官に言ったことを繰り返した。「政治的解決を考慮しないなどということであれば、われわれは頭のぐあいを調べてもらう必要があるってことになりそうだ」というくだりも、もう一度言った。キング提督は彼をにらみつけたが、トルーマンは心を打たれた。

「よろしい、これこそ諸君に考えてもらいたいと思っていたことだ」と、大統領は言った。「天皇に送るべきだという、きみのメッセージを言ってみたまえ」

マックロイのそのメッセージは、天皇制の存続を約束し、最後は原子爆弾を使うぞというおどしでしめくくられていた。原爆という言葉は、電撃的な効果を生んだ。マックロイは出席の人々の「背筋を戦慄が走ったように感じた」という。部屋にいる人はみな原子爆弾のことを知ってはいたが、それは極秘のものであり、内密の会話以外にはほとんど口に出されることはなかったのだ。

トルーマンは原爆の使用は「十分ありうること」だと言った。まるでそのことが大統領の出席した公式会合で一度も提起されたことはない、というような言い方であった。トルーマンは、全員に部屋に残るよう求めた。原爆の問題が討議に付される時がきたのだ。議論は原爆そのものの性能と、使用に先立って日本人に警告すべきかどうかに集中した。原爆がうまくゆくかどうかわかったものではない、という論議がかなり交わされた。「ちゃんと爆発するということがどうやってわかるのか」……「もし爆発しなければ、たいへんな失敗だ」……「警告しておいて爆発しないとなると、どうなるだろうか」――それにもかかわらず、必要な場合には原爆が落とされるだろうということを、誰もが当然と思っているようにみえた。公式の声明は出されなかったが、原子爆弾の使用が実質的にここで確認されたのだった。トルーマンはマックロイに、「天皇へのメッセージについて、さらに検討してもらいたい。しかし、いまの段階では原爆にはふれるな」と言った。

さしあたっての結論が出たので、スティムソンは気持を落ち着けて席を離れた。彼は日本に降伏のための現実的なチャンスを与えるようにしたい、と以前にもまして決意していた。グルーとフォレスタル海軍長官の協力で、スティムソンは原爆を落とす前に日本に警告すべきだという方向に議論を誘導し始めた。同時に、マックロイとドゥーマン、バランタインら極東問題専門家の三人は、降伏条件を示したアメリカ、イギリス、中国の三国による対日共同宣言の案文作りにとりかかった。その第十二項には、無条件降伏を示したこの文書の中でただ一つの例外であり、日本人にとって最も重要な条件、つまり天皇の地位保全の可能性がこう記されていた。

これらの目的が達成され、日本国民の自由に表現された意思によって、平和的傾向を持つ責任ある政府が樹立されるならば、連合国の占領軍は直ちに引き揚げられよう。日本における将来の侵略的軍国主義の形成を不可能ならしめる平和政策を追求する、このような政府の純粋な決意に関して、平和愛好諸国が確信を抱きうるならば、この政府は、現在の天皇家のもとでの立憲君主制も含む可能性が存在する。

七月二日の月曜日の朝、トルーマンはこの宣言文に全般的な承認を与えた。しかし、新しい国務長官のジェームズ・F・バーンズは、第十二項の最後の文章に疑問をさしはさんだ。前国務長官のコーデル・ハルもここに疑問を持っていた。「譲歩がすぎる」ように聞こえる、とハルはバーンズに忠告した。「天皇および支配階級は、あらゆる例外的特権を剝奪され、法の前で他の国民なみのレベルに置かれるべきである」世論も、こうした意見にたまたま一致した。少し前に行なわれたギャラップの調査によれば、三分の一が天皇の処刑に賛成、三十七パーセントが天皇を裁判にかけ、終身刑にすることを望んだ。わずか七パーセントが天皇はかまわずにおくか、傀儡として利用すべきだと考えた。

〈オーガスタ〉に乗ってポッダムへ向かう途中、大統領とバーンズ国務長官は、問題の文章を削除するとの最終決定を下した。同時にトルーマンは、原子爆弾使用の決定を個人的に再検討した。チャーチルを含めた連合国の指導者たちの間には、準備が整いしだいに原爆を落とすべきだということについて何の疑問もなかった。ある意味では、トルーマンの決定は結局避けられぬものであった。「私の知っているかぎりでは」と、マンハッタン計画を指揮したレスリー・グローブズ中将は後に書いた。「大統領の決定は、一種の不干渉――基本的には当時の諸計画をくつがえさないという――の決定だった」だが、原爆投下には誰かが「ボタンを押さ」なければならず、それは大統領の仕事だった。トルーマンはいまや、その責任を確信をもって引き受けた。つまるところ、原子爆弾は純粋に軍事的な兵器であり、使用しなければならぬ――と彼は論理を組み立てた。(2)

## 2　ポツダム会談

会議が実際に行なわれた場所は、ポツダム郊外の森に囲まれた快適な町バーベルスベルクであった。この町はドイツの映画人たちの避暑地兼遊び場になっていたところであり、戦火の影響を全く受けていなかった。アメリカのモスクワ駐在首席武官ジョン・ディーン少将は、この町を見てゴースト・タウンのようだと思った。七月十五日日曜日、トルーマンは三階建の化粧しっくいを塗った家に落ち着いた。元はドイツの映画プロデューサーの家で、持主はそのときソ連の強制労働収容所に入れられていた。「小《リトル》ホワイトハウス」と呼ばれたこの家はグリープニッツ湖のほとりにあり、木立ちと優雅な庭園に囲まれていたが、家も庭園もなおざりに放っておいたあとが目立っていた。チャーチルも近くの苔むした邸宅に入り、スターリンは一キロ半ほど離れたところに陣取った。

会談は十六日の月曜日に開かれる予定だったが、スターリンが軽い心臓発作を起こしたため、翌日に延期された。原爆をめぐって未解決だった一つの問題——うまく爆発するかどうか——の回答は、月曜日の午後七時半、ワシントンからスティムソン陸軍長官あての電報でもたらされた。

ケサ手術シタ　診断ハマダ全部スンデイナイガ　結果良好　早クモ予期以上　ウワサガ広ク流レタタメ　地元新聞ニ発表ノ要アリ　グローブズ博士ハ満足シ　アスワシントンヘ帰ル　事情ヒキツヅキ知ラセル。

原子爆弾は、ニューメキシコ州のアラモゴードで成功裏に爆発したのである。グローブズと補佐官のトーマス・ファレル准将は、約一万メートル離れたところから爆発を見た。巨大な爆発に恐れをおぼえたファレルは、「戦争は終わった！」と叫んだ。「そうだ、戦争は終わりだ」とグローブズが言った。「一発か二発、日本に落とせばすぐ終わる」

スティムソンは返電を打った。「博士ト　博士ノコンサルタントニ　心カラ　オメデトウヲ　申シ上ゲル」

大統領にとって、このタイミングはこれ以上望めないほど絶好であった。スターリン大元帥（この称号は、もらったばかりだった）は、翌日の正午、モロトフ外相と通訳のパブロフを連れて、「小ホワイトハウス」にやって来た。

スターリンは、しばらくの間トルーマン、バーンズと愛想よく世間話をしていたが、やがてトルーマンにとって最も大事な問題、つまり太平洋の戦争のことを持ち出した。スターリンは、日本が彼に和平の調停を頼んできたこと、しかし日本は無条件降伏を受け入れる用意がないので、はっきりした返事はしてやらなかったことを打ち明けた。トルーマンとバーンズは、二人とも日本の対ソ提案のすべてをくわしく知っていた——東郷と佐藤の間に交わされたメッセージはアメリカ側にキャッチされ、暗号が解読されていた——が、初めて聞くようなふりをした。スターリンは自分の方から、赤軍は八月初めに参戦する用意があると述べた。たった一つの障害は、大連の処分などの小さな問題を蔣介石との間で解決することだった。

大連は自由港としておくべきだ、とトルーマンは言った。スターリンは、われわれが支配すればそうなるだろう、とたのもしく答えた。昼食になると、スターリンは開放的にふるまった。彼はぶどう酒をほめた。フィリピン人の給仕が瓶に巻いたタオルをはずすと、カリフォルニアのラベルが目に入った。それは、さいさきのよい光景であった。

第一回の全体会合は、午後五時十分からチェチリエンホーフ宮殿で開かれた。この宮殿はかつてはヴィルヘルム皇太子の居宅で、最近は陸軍病院として使われていた。みごとな調度を配した、広々とした三階建の褐色砂岩のこの建物は湖のほとりにあり、ディーン少将にニューポートやグロース・ポイントの地所を思い起こさせた。

会場のレセプション・ルームには三国の国旗が飾ってあり、出席者はりっぱなカシのテーブルのまわりに着席した。スターリンの提案で、トルーマンが議長席についた（チャーチルの通訳は、トルーマンが「重役会をとり仕切っている、丁重だが断固たる会長」のようだ、と思った）。まず議論は、欧州の戦後の問題に集中した。あとになって、チャーチルは宿舎で侍医のモラン卿にこっそりと言った。「スターリンはたいへん愛想がいいが、やけに口を大きくあけるね」チャーチルは、大元帥がおそらくは心臓発作のあとで、葉巻に切り換えたのに気がついた。「スターリンは、両切りタバコより葉巻の方がいいと言っている。彼が葉巻をくゆらしながら私といっしょに写真におさまったら、みんなが私の影響だと言うだろうな。私はスターリンにそう言ってやったよ」モラン卿は、トルーマンはほんとうに能力があると思いますか、とチャーチルに尋ねた。「あると思うべきだな。とにかく、あの男はたいへんな決断の男だ。デリケートな背景には気がつかんが、足はその上にしっかりと踏ん張っている」チャーチルは、トルーマンが素足で床をしっかりと踏みつけている絵を描いて見せた。

数時間後、スティムソン長官は、暫定委員会から別の報告を受け取った。

博士ハ　ハナハダ熱狂シテ帰リ　小サナ坊ヤガ　兄同様タクマシイコトヲ　確信シタ。坊ヤノ両眼ノ光ハ　当地カラ「ハイホールド」（ロングアイランドにあるスティムソンの家）マデ見エ　ソノ叫ビ声ハ　ココカラ私ノ農場マデ聞コエタ。

この控え目な暗号文を解読した将校たちは、七十七歳のスティムソン長官が父親になったのだと思い、その祝いで会談が一日休みになるのではないか、と思った。いうまでもなく「小さな坊や」はニューメキシコで爆発したばかりのプルトニウム爆弾であり、「兄」というのは日本に落とすはずの砲弾型のウラン爆弾で、まだテストは行なわれていなかった。

アラモゴードの実験成功によって、その産婆役をつとめた多くの科学者たちの苦悩は深まった。レオ・ジラード博士（フランク博士と同じように、ナチス・ドイツからの亡命者）は、自分が起草し、五十七人のシカゴの科学者が署名した請願書を暫定委員会に提出した。それは、日本に適当な警告と降伏の機会を与えることを要請するものであった(3)。

水曜日の昼食のとき、トルーマンはチャーチルに、ソ連に原爆のことを知らせたものかどうか意向を打診した。チャーチルは、もしトルーマンが話す肚《はら》を決めているのなら、いままで実験の成功を待っていたのだ、というように説明すべきだと言った。そう言えば、なぜもっと前に話さなかったのかという疑問に答えることになろう。チャーチルは、さらに別のアドバイスをした。「無条件降伏」という言葉は、どうもひっかかる。恐るべき大量のアメリカ人の生命を失うことになりかねない。「連合国が将来の平和と安全の必須条件を手中にし、しかも日本人には、占領軍に必要なすべての保安措置をとった後、彼らの軍事的名誉の救済と国家存続の保証を残しておく、そんなぐあいになるように降伏条件を別の形で表現できないものだろうか」

「真珠湾以後、日本が名誉など持っているとは思わない」とトルーマンは言い返した。「とにかく、日本人には、非常に多数の人間が決死の覚悟でのぞもうとする何かがある。その〝何か〟は、われわれにとっては日本人ほどたいせつなものではないかもしれませんな」

その日の午後、トルーマンはスターリンに会った。トルーマンは原爆のことは何も言わなかったが、スターリンの方は、トルーマンがとっくに知っている「秘密」を打ち明けた。大元帥は、近衛公を和平使節として受け入れるよう要請してきた天皇の秘密のメッセージをトルーマンに見せた。これを無視してはいけないだろうか、結局はソ連は日本に宣戦布告をするのだし、とスターリンは言った。

トルーマンは何くわぬ顔で、いちばんいいと思うようにしたらいい、とスターリンに言った。スターリンは、日本を眠らせておくために「なだめる」ことにし、天皇のメッセージは近衛の訪問に関してあいまいすぎるからソ連は具体的な回答が出せない、と日本政府に言ってやったらどうだろうかと提案した。

そこでモスクワでは、アレクサンドル・ロゾフスキー外務次官が佐藤大使を五日間待たせたすえ、結局、次のような極秘の手紙を佐藤に送った。「天皇の提案はあまりに漠然としており、近衛公の任務も不明確すぎるので、ソ連政府はいずれの質問に対しても、決定的な回答をいたしかねる」佐藤は、天皇の地位が保たれるならばいかなる条件でものんで和平を受け入れてほしい、という懇願を東京への報告につけ加えた。

カカル記述ヲ　アエテスルハ　政府見解ニ相反スルモノト　熟知スルユエニ　大罪ナルコト承知ノ上ナリ。シカレドモ　カクスルユエンハ　帝国救済ノ唯一ノ策ハ　コレラノ案ニソウホカナキヲ　信ズルガタメナリ。

だが、本国の佐藤の上司たちは、まだそこまで踏み切ろうとはしていなかった。仮に踏み切る用意があったところで、アメリカが天皇についての公式の保証を与える公算はなかったのである。

しかしスイスでは、国際決済銀行のペール・ヤコブソンが、これまでにもまして交渉の道を開こうと決意を固めていた。ヤコブソンは、書面で示されなければアメリカ人の約束は信じがたいとする岡本中将をついに説き伏せることに成功した。ヤコブソンは、詭弁《きべん》を使ったのである。「アメリカ人は、第一次大戦後、書面での約束を破った。いまや彼らは、自分の言葉を守るつもりであるから、約束を書面にすることを拒否するのだ」これは、東洋的論理に訴えるものであった。岡本中将は東京に電報を打ち、戦争を終結させるようにとの「強い勧告」をすることに同意した。

岡本が積極的な行動を起こしたため、アレン・ダレスはポツダムに飛び、日本の提案について直接報告した。ダレスはすぐに反応があるとは思ってもみなかったし、事実反応はなかった。それにもかかわらず、ダレスは満足していた。彼は、岡本を通じての交渉の可能性がほんとうにあることを「タイミングよく、しかも効果的な（とダレスは信じた）方法で、アメリカの権威ある筋に」指摘したのだ。しかし、いまや決定的武器をもっているアメリカの指導者たちは、無条件降伏以外のものはいっさい受け入れない肚を決めていた。最も平和愛好の気持の強い日本人――岡本中将が交渉に同意したというのに、彼らはもはや交渉を考えることもできなかったのである。(4)

七月二十一日、スティムソンはトルーマンとバーンズに向かって、アラモゴードの恐るべき光景を描写した目撃者の報告を大声で読み上げた。二人とも「この上なく喜び」、トルーマンは「たいへん元気づけられ」た。次の日の朝、スティムソンはこの報告をチャーチルのもとに持参した。チャーチルも陽気になり、体を乗り出した。「スティムソン、火薬とは何だったのかね」チャーチルは、葉巻を振り回しながら言葉を選んで言った。「どうでもいいじゃないか。電気とは何であったか？　そんなことは無意味だよ。この原子爆弾というやつは、怒りとともに行なわれる〝キリストの再臨〟なんだ」突然、チャーチルは楽しいことを思い出した。「トルーマンに昨日何があったのか、いまわかったよ。昨日はわけがわからなかった。トルーマンは、この報告を聞いたあとで会談にのぞんだわけだが、まるで別人のようだった。ソ連の連中にどこで手を打つかを話し、会談全体を牛耳っていた」彼の興奮は、科学上の勝利を喜ぶだけにとどまらなかった。もう日本に進攻する必要はなさそうなのだ。「いまや、悪夢のような絵図は消え去った」と、彼は後に書いている。「代わりに一つか二つ、手荒いショックを加えれば戦争全体が終わる、というビジョンができた。それは、まことにきれいで明るいもののようにみえる。……おまけにソ連の助けもいらないのだ」

チャーチルとトルーマンに関するかぎり、原爆投下の決定はすでに下されていた。しかし、三人の米軍首脳はまだこの問題で議論を続けていた。リーヒ参謀長は、原爆計画に携わった科学者やその他の人々は、莫大な費用がかかったからという理由で原爆を落としたがっているのではないかと疑っていた。原爆または高くつく進攻作戦に固執するマーシャルの主張に対し、アーノルド航空軍司令官は、通常爆弾による爆撃のみで戦争を終結させうる、と主張した。ドワイト・アイゼンハワー連合国遠征軍最高司令官もマーシャルの見解に激しく異論を唱えた。彼は内々スティムソンに、日本はもう敗れており、原爆を落とすなど「全く不必要な」ことだと言った。さらに彼の意見では、原爆はもはやアメリカ人の生命を救う手段として必要なものではなく、アメリカがこれを使うことによって世界中に非難の声が上がるような事態は避けなければならなかった。

　七月二十三日の夕方、チャーチルは晩餐会を開いた。数えきれないほどの乾杯と演説が行なわれたが、その多くはイギリス空軍音楽隊の演奏でかき消されてしまった。ちゃめっけのあるチャーチルは、リーヒにささやいた。これはね、トルーマンやスターリンの晩餐会で聞かされたクラシック音楽の「涙の出るほどの退屈さ」に対する仕返しだよ。

　トルーマン大統領は、会議で公正でありたいと望んでいたし、今後もそうあるように努力する、と述べた。スターリンが直ちに立ち上がった。「誠実は男の華である」とトルーマンを称讃する演説を長々とやった。キングはモランの方へ身をかがめてささやいた。「大統領を見てごらんなさい。こうしたことは、彼にとってすべて初めてのことです。でも彼は大丈夫だ。ルーズベルトに比べると、より典型的なアメリカ人です。アメリカのためにだけでなく、全世界のためにもいい仕事をするでしょう」

　乾杯は、さらに大げさなものになった。チャーチルは、ソ連の指導者を偉大なるスターリン《スターリン・ザ・グレート》と呼んだ。それを受けたスターリンは「東京でのわれわれの次回会談に乾杯！」と言って、周囲の人々を驚かせた。デザートの後、スターリンは大きなテーブルを規則正しく順ぐりに回って、自分のメニューに出席者の署名を集め始めた。

社交的には、この晩餐会は非の打ちどころのない成功だったが、翌朝には、三大国が今後も引き続き団結を保てるかどうかという疑いが再びもちあがった。後にアラン・ブルック卿となった当時の英陸軍参謀総長ブルックは、日記に書きとめた――「何よりもはっきりしている事実は、何も解決されていないということである！」。三大国はもはや、共通の大義という きずなでは結ばれていなかった。

トルーマンの朝は、原子爆弾が八月四、五日までに準備完了し、十日より遅れることはまずないとのニュースで始まった。昼食前、彼は、早く日本を降伏させるためにはソ連ができるだけ早く対日参戦すべきであると勧告した連合参謀本部の最終報告を検討した。その結果は、まだ試したことのない兵器に対する幕僚長たちの消極的な態度の反映であった。しかしバーンズ国務長官は、なんの疑念も抱いていなかった。チャーチルと同様、バーンズは、この爆弾を戦争終結への手段とみていた。原爆は、アジアの戦後処理を確実に複雑化するに違いないソ連の対日参戦を不必要にする。トルーマンは、昼食のときのバーンズの説得がまことに力強かったので、爆弾のことをスターリンに知らせなければならないが、なにげないやり方で知らせることに同意した。そうでないと、スターリン大元帥は爆弾の持つ重大な意味に気づき、彼が約束した期日――「八月初め」――以前に満州に進出、対日参戦するかもしれなかった。(5)

その日の午後の会議が終わったあと、トルーマンはスターリンと二人だけになって、

「核」とか「原子」という言葉を使わずに、アメリカが「並はずれた破壊力を有する新兵器」を持つにいたったと、無雑作に話した。スターリンはこれも無頓着に、それはおめでとう、アメリカが「それを日本に対して有効に使う」ことを期待する、と答えた。(6)ソ連をアジアから締め出そうというバーンズの願望と同じ考えのチャーチルは、トルーマンの方ににじり寄って来た。「うまくいきましたか？」と、彼は陰謀めかしく聞いた。

「スターリンは、質問もしませんでした」

二十四時間以内に、最初の原爆投下の作戦命令が、新しい戦略航空軍司令官カール・A・スパーツのもとへ送られた。

第二十航空軍第五〇九混成グループは、一九四五年八月三日ごろ以後、有視界爆撃が可能な天候になれば直ちに次の目標の一つに、最初の特別爆弾を投下する――広島、小倉、新潟、長崎。同爆弾の爆発効果を観察、記録するために、陸軍省から軍および民間の科学者を派遣、そのため別の航空機が爆弾搭載機に随行する。観測機（複数）は、爆心地から数キロ離れた地点にとどまるものとする……。

一日後、重巡〈インディアナポリス〉が、マリアナ諸島テニアン島沖一千メートルの地点に錨を降ろした。おびただしい数の小型船舶が重巡の周囲に群がり、三軍の高級将校たちが重巡に乗り移って、最高機密のこの貨物――初の原子爆弾の中心部である直径四十六センチ、長さ六十一センチの金属製のシリンダーの積み降ろしを見つめていた。このシリンダーは重量数百キロで、鉛で遮蔽されたウラン235が入っていた。この重大な行事は、ちょっとした計算違いでぶち壊しになった。シリンダーを上陸用舟艇に降ろすためのウインチのワイヤーが一メートル八十センチほど短く、観衆――兵士も高級将校も――は作業にあたった水兵たちに野次を飛ばした。しかし、ついにこのやっかいな仕事は終わり、ウラン235は無事陸揚げされた。〈インディアナポリス〉は重大な責任をまっとうした。(7)

七月二十五日、イギリスの野党労働党は、チャーチルに対し、戦争開始以来初の選挙による挑戦を行なった。チャーチルは本国に飛んで帰った。彼は、保守党が選挙で着実に過半数を得るだろうと確信してはいたが、何か妙な予感に襲われていた。「私は、自分の一生が終わった夢をみた」とモランに話した。「私の死体ががらんとした何もない部屋のテーブルの上に白いシーツをかけられて横たわっていた――真に迫っていた。シーツの下から裸の二本の足が突き出ていた。それはまるで生きているかのようだった」それからつけ加えた。「おそらく、これで終わりだ」勝利を依然確信して寝たが、「鋭い刃物で体を突き刺されたかのような痛みを感じて」目をさました。突然、彼は打ち負かされたことを悟り、こう考えた。「未来を形づくる権力は私に与えられないだろう。私が蓄積した知識と経験、数多くの国で得た権威と善意は消えうせてしまうだろう」

二十六日正午までに、労働党の勝利は明白となった。クレメント・アトリーが新首相になり、チャーチルに代わってポツダムへ戻ることになる。チャーチル夫人は昼食のとき「負けたのは見せかけだけよ。実際には勝っているかもしれないわ」と言った。
「そのときは、妻の言うように、負けたのはほんとうに見せかけだけのような気がしました」

その爆弾はテニアン島にあり、投下命令の用意はできていた。いまや、残されたなすべき事柄は、日本に対する最終警告、つまりポツダム宣言[8]を発することだけだった。チャーチルが敗北したその日、トルーマン大統領はワシントンの戦争情報局に対し、日本へポツダム宣言を公然と放送するよう命令した。同宣言は、日本が無条件に降伏しないならば、「日本本土の完全な破壊を意味する」と脅したが、原爆については全くふれておらず、また天皇保持に関する論議の的となった一節も含まれていなかった。宣言は、日本の主権を本州・北海道・九州・四国の四つの主要な島に局限したが、日本人を「民族として奴隷化しようとし、または国民として滅亡させよう」とする意図はなく、また「日本国はその経済を支持するような産業を維持」することが許され、そのための原料の入手は許可されると約束した。さらに、新しい秩序が確立され、日本の戦争遂行能力が破壊されたという確証が得られたならば、直ちに占領軍は撤退するとも約束していた。

中国とイギリスは、この宣言を承認した。しかし、ソ連にはその日の夜まで見せられなかった。宣言を見たソ連が驚きかつ困惑したのももっともであった。モロトフは直ちに電話をかけ、宣言の発表を二、三日延期するよう要請した。もう遅い、宣言はすでに発表された、とバーンズ米国務長官は弁解がましく答え、あわててつけ加えた。「あなたの政府が日本と戦争状態にないときに、この宣言について協議するのは不適当だと私は考えたのです」

　日本は、東京時間で七月二十七日の朝、ポツダム宣言の放送を傍受した。東郷外相の最初の反応は「それは明らかに、無条件降伏の要求ではなかった」というものだった。おそらく、天皇個人が平和を願っていることは連合国に知られていたろうし、それは連合国の態度を和らげてきたことだろう。もちろん、宣言にはあいまいな点がいくつかあったが、「宣言の中の日本にとって不利な点に関しての――たとえ可能性はほとんどないとしても――修正」と明確化を求めるため、連合国との交渉に入ることが、明らかに望ましいと彼は考えた。外相は、直ちに天皇に報告し、この最後通告を「国内的にも国際的にも、最大の慎重さで取り扱う」べきであると勧告した。東郷は、日本にそれを拒否する意図があるということがもし内外に知れたときに起こるかもしれないことを、特に心配した。そのあとの最高戦争指導会議の六人（首相、外相、陸相、海相、参謀総長、軍令部総長）、ついで内閣全体への報告でも、東郷は、天皇に行なったのと同じ線に沿った勧告をした。豊田軍令部総長は、「日本国政府はこの宣言を不合理なものとみなし、検討する意図がない」ことを宣言する声明を直ちに発表すべきである、と反論した。

　鈴木首相は東郷外相を支持したが、ポツダム宣言を新聞に発表しなければならないという点では全員が賛成した。軍部は、新聞発表に公式の拒否声明をつけることを要求した。しかし、鈴木首相は、政府がこの最後通告を無視することを提案した。妥協が成立した――不適当なところを削除した宣言を論評や批判なしに掲載することを新聞に許可した。

　ところが、朝になってみると、いくつかの新聞が政府の指示を無視して、ポツダム宣言に関する社説を掲載、外務省にとっては、たいへんに不愉快なことになった。毎日新聞は、記事の見出しに、「笑止！　米英蔣共同宣言、自惚《うぬぼ》れを撃砕せん」とつけた。朝日新聞はこう書いた。「ポツダム声明が如何に傲慢無礼であろうとも、我が国民にとっては比較的些事たるに止まり、その最大の関心事はただ戦勝への途を開く政府の簡明直裁なる大決断あるのみである」

　東郷は、軍部の責任だと考えた――新聞編集者たちがみずからの意思で政府にさからう勇気を持っていたはずがなかった――そして、軍部は、東郷の非難に対し、ポツダム宣言を断固として否認すべきであるとの主張をあらためて行ない、反撃した。再び妥協が成立した――鈴木首相が、ポツダム宣言を拒否することなしに、宣言の内容を軽視する声明を読み上げる、という形であった。午後四時、鈴木は記者たちに告げた。「私は三国共同声明は、カイロ会談の焼き直しと思う。政府としては何等重大な価値あるものとは思わない。ただ黙殺するだけである。われわれは断固戦争完遂に邁進するだけである」黙殺という語句を文字どおり解釈すると「沈黙でもって殺す」という意味になる。しかし、後に鈴木が息子に語ったように、彼は黙殺という言葉を英語の「ノー・コメント」に代わるものとして使ったのだった。「ノー・コメント」と同義の語句は日本語にない。しかしアメリカ人が黙殺という日本語に「無視」および「沈黙の軽蔑で処理する」という辞書に出てくる意味をあてはめたのには無理からぬものがあった。七月三十日のニューヨーク・タイムズ紙の見出しは、「日本、連合国の降伏最後通告を公式に拒否」となっていた。

原爆の使用は不可避となった。だが、アメリカにはまだ一つの問題が残っていた。原爆が日本の降伏を早める前に、ソ連が対日参戦宣言をするのではないだろうか、という疑問だった。ほんの数日前、アントノフ赤軍参謀総長がソ連の参戦を「八月後半」まで延ばしたばかりだった。ポツダム宣言が発せられたいま、モロトフはソ連の参戦を正式に求める書簡を強く要求していた。トルーマンは、四十八時間引き延ばしていたが、とうとう七月三十一日、スターリンに対して、「平和と安全を維持するために国際共同体に代わって共同行動をとることについて、ソ連が、現に日本と戦争状態にある他の大国と協議かつ協力する意思のあることを示すことは、適切な行為であろう」と述べたあいまいな参戦要請の草稿を送った。

参戦の責任をソ連に帰するために草稿に添えて送られた覚書で、トルーマンは、スターリンが蔣介石と合意に達した後に正式な署名入りの書簡を送るとして、次のように述べた。

「その書簡を参戦の根拠に使用すると決められても、さしつかえありません。しかしながら、参戦の根拠を他に求めた声明を発表するとか、あるいは何かの理由でこの書簡を使わない方がいいと決められたとしても、それは私としては異論ないことです。この書簡の使用については、私は、あなたの判断におまかせします」

「終着駅」会談は終わった。トルーマン、アトリー、スターリンは、満足の意を表明した。しかし、そこには疲労と失望の雰囲気があった。ソ連の動機を疑っていたトルーマンは、

「日本占領に際してどんな役割をも」ソ連に与えまいとひそかに決意し、あるいはまた原爆についてはその管理と査察について何らかの協定ができるまではいっさい知らせないことも決意した。彼は母親にこう書いた。「ロシア人のようなつむじ曲がりで強情者はいません。彼らともう一度会議を持つ必要がないことを私は望んでいます——しかし、もし必要なら当然会議をしますが」

リーヒはスターリンに対して敢然と立ち向かったトルーマンの態度を誇りに思った。とくに「第一次大戦の歴史を繰り返すことになったかもしれないいかなる賠償協定をも強引に通すこと」を拒否したことで、そう思った。しかし、ヨーロッパの将来の平和にとって重要な諸提案がソ連の執拗な反対にあったことは、この提督に「アメリカ政府が受諾可能な平和条約を交渉でまとめることができるかどうかという深い疑問」を抱かせた。バーンズもまた不満足だった。ソ連から勝ちえた譲歩は、ソ連が取引きで決められた自らの役割を実行するかどうかにかかっていた。そして、このときまでにバーンズは「ソ連の誓約にほとんど信頼を」失っていたのである。「終着駅」会談は、戦争の勝利者に対して、十年間の紛争によって引き裂かれた世界に、秩序と正義の確立を促すための無二の機会を与えたはずだった。しかし、その代わりに、それは戦後世界に新たな紛争のタネをまいたのだった。

## 3　原爆搭載機離陸

モスクワでは、佐藤駐ソ日本大使が、ソ連は日本の代理として調停に立つ意図を持っていないことを、いま一度東京に納得させようと努力していた。

……私ハ　スターリンガ日本ト自発的ニ協定ヲ結ブ必要ハ全クナイト考エテイル　ト信ジマス。コノ点ニツイテ　アナタノ考エト現実トノ間ニ重大ナ食イ違イガアルト思イマス。

しかし、日本の指導者は、現実に直面することができなかった。指導者たちは、ソ連が日本を助けてくれるという希望的確信のせいで、身動きできなかったようだ。現実的な木戸でさえ、モロトフとスターリンがモスクワへ帰りさえすれば、良い返事がもらえると期待した。東郷は引き続き佐藤大使に要求した。

……ソ連ニナントカシテ対日和平工作ノ特別使節ノ役割ニ熱意ヲ持タセルヨウ　サラニ

努力ヲ続ケルコトヲ要請スル……コノ件ニ関シテ一日デモ無為ニ過ゴセバ千年ノ悔イヲ残スコトニナルカモシレズ　貴下ガ直チニモロトフト会談スルコトヲ要請スル……。

日本が期待をこめてソ連の反応を待っている間、最初の原爆は投下用意が完了、ただ好天を待つのみだった。アメリカの指導者たちは、日本とのほとんど見込みのない和平の道をとるよりも、むしろ、すでに論議を巻き起こすにちがいないと見られている一個の武器による、手っとり早い戦争終結——そして、太平洋全域にわたって犯された数知れぬ残虐行為とともに真珠湾攻撃の恥辱に対する報復を決意した。

原爆は、八月一日、テニアン島の空調付き爆弾倉庫の中で組み立てられた。爆弾は長さ三メートル、直径七十一センチで、その大きさを除けば、通常爆弾に似ていた。

これを投下することになっていた人々、つまり第二十航空軍第五〇九混成グループの兵員は、同グループの指揮官であるポール・W・ティベッツ大佐のみがその使命を知らされているという厳重な機密下で、訓練を受けていた。訓練場は鉄条網で囲まれ、機関銃で守られていた。将軍もここへ入るには通行証を必要とした。

この厳重な機密保全措置のためか、第五〇九グループはほとんど何もやっていないように思われた。ときどき三機編隊で飛び立ち、敵の地域に爆弾一発を落とした。彼らは、同島にいた他の部隊から嘲笑を買った。匿名の皮肉屋がこんな詩を書いた——

秘密が、空高く舞い上がった。
彼らがどこへ行くのか、誰も知らない。
あした、みんな帰って来るだろう。
だが、彼らがどこにいたのか、われわれには、けっしてわからない。
恥をかきたくなければ、
結果など聞いてくれるな。
でも、爆撃の効果を知っている者に言わせれば、
第五〇九グループは戦争に勝ちつつある。

八月五日の朝、真夜中過ぎなら離陸ＯＫとの天気予報がでた。前夜、原爆発火準備の責任者である兵器専門家ウィリアム・パーソンズ海軍大佐は、Ｂ29四機が離陸時に連続墜落事故を起こしたのを目撃した。彼は、この秘密計画の司令官であるトーマス・ファレル准将に、原爆搭載機が無事離陸できないときは、原子爆発が起こり、島全体を破壊することになるかもしれない、と語った。

「そんなことが起こらぬよう、われわれはただ祈らなければなるまい」

「そうですね、もし飛行機が離陸したあとで、私が機上で原爆を組み立てれば、最悪の事態は起こらないことになります」ファレル准将は、パーソンズがそんな条件下で爆弾を組み立てた経験がかつてあったかと聞いた。

「いいえありません。でも、それをためすのにまだまる一日あります」

「では、できるかどうかやってみたまえ」

午後遅く、クレヨンで天皇あてのメッセージがなぐり書きされた原爆が、空調付きの爆弾倉庫からぎらぎらした太陽の下に運び出され、ティベッツ指揮官の母親の名をとって、〈エノラ・ゲイ〉と名づけられたB29の爆弾倉に移された。夕暮れどき、パーソンズは息がつまるような胴体に入り込み、何時間も原爆組み立ての最終段階の演習をした。

「これはひどい」と、ファレルはパーソンズの両手から血が流れているのを見て叫んだ。

「豚革の手袋を貸すからそれを使いたまえ。これは薄い手袋だからね」

「いやけっこうです。素手の方が感触がよくわかります」

午後七時十七分、ファレルはグローブズに無電を打った――「離陸後、判定員（パーソンズ）が原爆ノ信管ヲ装塡スル……」同十時を少し過ぎたころ、六人の乗員たちはカマボコ形兵舎の集合所に召集され、要旨説明《ブリーフィング》を受けた。まじめな顔をして、乗員たちはティベッツが演壇に大またで上がるのを見つめた。「今夜こそ、われわれが待ち続けてきた夜である」と彼は言った。

「われわれの長い間の訓練をためす時がやって来た。われわれが成功するか失敗するかは、まもなくわかるであろう。今夜、われわれの努力の上に、歴史がつくられるかもしれないのだ」彼らはTNT二万トン相当の破壊力を持つ爆弾を投下することになっていた（〈エノラ・ゲイ〉の乗員たちは何を搭載しているか三日前に知らされていた）。「この爆弾はあまりにも強力なので、通常爆弾投下のさいとは違った戦術を使用しなければならない」まず三機の天候観測機が飛び立ち、それぞれが三つの都市の一つずつに向かう。そうすれば天候によって土壇場で目標を変更できる。一時間後、〈エノラ・ゲイ〉が、つづいて、科学観測機器と写真撮影用具を積んだ二機の随伴機が出発する。夜明け後数分にして、三機は硫黄島上空で合流する。

真夜中の最後の要旨説明で、乗員各人は、爆発による強烈な光から目を守るため、溶接用の調節可能な保護眼鏡を渡された。乗員たちは、畏敬をこめた沈黙のなかで頭をたれ、がっしりした二十七歳のウィリアム・ダウニー従軍牧師（ルーテル派）の言葉に聞き入った。

「……神よ、私たちは祈ります。戦争がすぐに終わることを。いま一度、地上の平和を知ることができることを。今夜、飛び立って行く人々があなたのお恵みで無事であり、われわれのもとに安全に帰って来ますことを……」

飛行前の食事をとるために、乗員たちは厳粛な気持で食堂に入っていったが、そこで、兵士たち特有のユーモアで飾られたメニューを手渡された。

みてごらん！　本物のタマゴだ（「どんな料理法がお望みかい」）
ロールドオート（「なぜ？」）
ミルク（「本物だよ」）
ソーセージ（「こいつはポークだろう」）

アップル・バター(「車軸のグリースみたいだな」)
バター(「さよう、またもや品切れ」)
コーヒー(「水洗トイレの水を流したようなもの」)
パン(「誰かがトースターを持っているさ」)

午前一時三十七分、三機の天候観測機が夜の暗闇の中へ飛び立った後、成功を祈って見送る人々とカメラマンたちが〈エノラ・ゲイ〉のまわりに集まった。写真のフラッシュが何回となく音をたて、丘の奥にひそむ日本軍のゲリラに何か異常なことが起こりつつあると気づかせ、東京に打電されるかもしれないと心配された。

〈エノラ・ゲイ〉と二機の随伴機が滑走路に引き出された。ノース基地のコントロール・タワーからは、ニューヨーク・タイムズ紙の科学部長で、このニュースを取材した唯一の新聞記者であるウィリアム・ローレンスが、〈エノラ・ゲイ〉がゆっくりとごろごろ音をたてながら滑走路を走って行くのを、ファレル将軍のかたわらで熱心に見守っていた。〈エノラ・ゲイ〉は時速二百八十八キロまでスピードをあげた。しかし、通常よりも過重な重量に耐えかねてか、同機は地上から離れないように思われた。前夜離陸に失敗して墜落した四機のB29を思い出した見物人たちは、〈エノラ・ゲイ〉を空中に浮かび上がらせる手助けをするかのように、身をこわばらせて緊張していた。

ティベッツはスピードをあげるために機首を下げたままにしていたが、副操縦士のロバート・A・ルイス大尉は機が「滑走路をちょっと使いすぎた」と考えた。そして操縦桿を引き始めた。ついに、油でよごれたサンゴ礁まであとほんの数メートルというところで、巨大なB29は暗闇の中へ飛び上がった。

コントロール・タワーでは、ファレル准将が海軍将校を振り返って言った。「飛行機があんなに長く滑走路を使ったのを見たことがなかった。ティベッツは離陸できないのではないかと思ったよ」

時は八月六日午前二時四十五分ちょうどだった。この日は、記憶される日となるだろう。

# 三十三部　広島

## 1　昭和二十年八月六日

〈エノラ・ゲイ〉が千二百メートルの上空に達したとき、パーソンズ大佐は機内の爆弾倉へ降りて行った。彼の助手のモルモン教徒であるモリス・ジェプソン中尉が懐中電灯で原爆を照らし出しているなかで、パーソンズは原爆の後尾から起爆薬を注意深く挿入した。パーソンズが「オーケー、これでよし」と言ったときはすでにほぼ三十分たっていた。

ジェプソンは緑色のプラグを原爆から取りはずし、赤色のプラグを取りつけた。配線系統は完成した。原爆投下の用意が整った。後部の座席でティベッツは睡眠をとろうとした——彼はこの二十四時間眠っていなかった——が、寝ることはできなかった。十五分後、前部座席へ通じる九メートルの狭い連絡通路をはい戻ろうと後部座席を出ようとした。ブルックリン・ドジャーズの野球帽をかぶった後尾銃座の射手ジョージ・R・キャロン軍曹はティベッツを呼び止めて言った。

「ねえ、大佐、われわれはきょう原子《アトム》を核分裂させるんですか？」

「まあそんなところだ、ボブ」

ティベッツは副操縦士と交替した。ルイスは軽食をとるために操縦席を離れたが、黒い箱の上にいくつかの小さな緑色の灯がついているのに気づいた。「いったい全体」その灯はなんだとパーソンズにきいた。緑色の灯は原爆が万事正常であることを示していた。赤い灯は故障を意味した。

夜明けの光の中で海の中からゆっくりと姿を現わした、戦闘で傷だらけとなった摺鉢山《すりばちやま》をティベッツは見つめた。彼はスロットル・レバーを前に押した。〈エノラ・ゲイ〉は上昇を始めた。午前四時五十二分だった。数分して、同機は高度二千七百メートルに達し、そこで二機の随伴機と合流した。眼下の硫黄島——緊急待機基地——では、ティベッツの保安主任ウィリアム・ウナー少佐が待ち構えていた。ティベッツは無線電話でウナー少佐に呼びかけた。「バッド、われわれは目標に向かって進んでいる」

ティベッツは機内通話装置を取り上げ、乗員に対して、爆撃が終わるまでそれぞれの持場を離れないように指令した。日本が見える地域に入ったら、彼らの会話は記録されることになる。「これは歴史に残すためだ。言葉に気をつけろ。われわれは初の原子爆弾《アトミック・ボム》を搭載しているのだ」

乗員のほとんどはこれまで「原子《アトミック》」という言葉を聞いたことがなかった。その言葉は、寒気のする響きを持っていた。

彼らの主目標は、本州南西部にある広島だった。大日本帝国の八番目に大きな都市である広島からは、すでに十二万人が地方へ疎開していたが、まだ二十四万五千人が居残っていた。同市は、ほとんど無傷だった。ドイツのドレスデン市民のように、広島の市民は、第二総軍司令部と重要な軍港があるにもかかわらず、同市が爆撃から除外されていると考えていた。免除されていると思った理由には、無邪気なものから途方もなく愚かなものまで、さまざまなものがあった。アメリカに親類のいる市民が多いからだ、京都と同じように広島は美しい都市なので、アメリカ人は戦後住宅地として広島をそのままとっておきたいからだ、トルーマン大統領の母親が近くに住んでいるからだ——といったぐあいだった。市民たちは、二日前、空から舞い降りて来た七十二万枚のチラシにほとんど注意を払わなかった。このチラシは、日本が直ちに降伏しないならば、特に広島市は完全に破壊されることになろう、と広島市民に警告したものだった。午前七時九分（テニアン時間より一時間早い）、警報サイレンが市内に一分間あまり鳴り響いた。これは、夜中以来三度目の空襲警報で、そのせいかほとんどの市民は防空壕に入らなかった。この三度目の警報は、日本兵が水洗便所で水に押し流されて行くマンガを機体にしるした天候観測機〈ストレート・フラッシュ〉の広島市上空侵入で出されたものだった。広島の天候が爆撃に良好であれば、ティベッツの〈エノラ・ゲイ〉は、この〈ストレート・フラッシュ〉と同じ侵入路をとることになっていた。もし天候が悪ければ、ティベッツは小倉か長崎に向かう予定だった。

遠くから見ると、広島市は低い雲でおおわれているように見えた。しかし、〈ストレート

・フラッシュ〉が爆撃地点に達するまでには、観測者兼爆撃手のケネス・ウェー中尉は爆撃照準器を通して広島をはっきりと見ることができた。それは平らで、太田《おおた》川《がわ》のデルタに横たわっている六つの細長い島からなっている都市だった。九千六百メートルの高度から見ると、同市はデフォルメされた手の指に似ていた。南端には、美しい瀬戸内海に突き出した波止場があった。デルタ自体は、小さな山々で縁どられていた。

　午前七時二十五分、〈ストレート・フラッシュ〉はテニアンの基地へ戻るため機首をめぐらした。散発的な対空砲火にときどき見舞われたが、砲弾ははるか下の方で炸裂しただけだった。同機の機長クロード・イーザリー少佐[1]は、無線手に次のような電文を送るように命じた。「低層雲、十分の一ないし三。中層雲、十分の一ないし三。勧告、主目標を爆撃せよ」〈エノラ・ゲイ〉は、ちょうど九千六百メートルの爆撃高度に達していた。副操縦士のルイスは、ニューヨーク・タイムズ特派員ウィリアム・ローレンスの依頼で書いていた航空日誌に次のように記した。「さあ、諸君、もうすぐだ」

　イーザリーの連絡を受けとったティベッツは航空士のセオドア・バン・カーク大尉の方を振り向いて言った。「目標は広島だ」午前七時五十分（彼らの時計は八時五十分をさしていた）、この大きな爆撃機は四国に到達した。乗組員たちは、急いで防弾チョッキを着こんだ。レーダーとＩＦＦ（敵味方識別装置）のスイッチは切られた。機は自動操縦のままだった。パーソンズは、前部の操縦席に、灯は緑色だと知らせた。そして四つんばいになって操縦席の方へ向かい、ティベッツの肩越しに、大きな雲間から下をのぞき込んだ。そこには、大きく広がる都市が横たわっていた。「あれが目標にまちがいないか」とティベッツが聞いた。

「そうだ」とパーソンズはうなずきながら答えた。

午前八時九分だった。「われわれはすぐ原爆投下を始める」ティベッツは機内通話装置を通じて伝えた。「保護眼鏡を着用し、額のところまで上げておけ。秒読みが始まったら、眼鏡をかけ、爆発による閃光がなくなるまでかけたままにしておけ」

ルイスは、今回の使命の唯一の飛行記録である航空日誌に、次のように書き足した。「目標を爆撃するまで少し時間がかかるだろう」

観測機器をのせた随伴機の〈グレート・アーチスト〉は、約一キロ後方に下がった。もう一つの随伴機〈ナンバー91〉は、写真撮影のための位置と時刻を決めるため、旋回し始めた。〈エノラ・ゲイ〉の爆撃手トーマス・フィアビー少佐は、かがみ込んで左目をノルデン爆撃照準器に押しつけた。彼の口ひげが両側にはみ出した。午前八時十三分三十秒、ティベッツは言った。「さあ、きみの出番だ」フィアビーの照準器は、B29が広島上空を高度九千六百三十二メートル、対地速度時速約四百五十九キロで西に向かうように、自動操縦の飛行修正を求めた。雲はまばらで、フィアビーは、何度も見た目標写真ですでにおなじみとなっていたものをはっきり見分けることができた——六つの島を形成している太田川の七つの支流だった。照準点である相生橋《あいおいばし》が照準器の十字線に近づいてきた。

「捕えました」彼は言った。爆弾投下四十五秒前の秒読み信号を機内通話装置を通して送った。乗員たちは全員保護眼鏡を引きおろした——眼鏡を通してでは爆撃照準器をのぞけないフィアビーと二人の操縦士を除いて。

午前八時十五分プラス十七秒、〈エノラ・ゲイ〉の爆弾倉の扉が自動的に開いた。爆弾投下の時刻はフィアビーが照準器に入れたデータに基づいて電気的に制御されるようになっていた。彼の指は、もし原爆が自動的に離れていかなかった場合に備え、いつでも押せるようにボタンにかけられていた。秒読みの信号が、突然、止まった。彼は、細長い爆弾がまず尻から落ち、ついでぽんとはずんで一回転し、頭を下にして広島に向かって落下して行くのを見た。四千キロ以上軽くなったB29は、急上昇を始めた。ティベッツは、猛烈な勢いで右に旋回し、百五十度以上回ったあと機首を下げて速力をました。

〈グレート・アーチスト〉の爆弾倉の扉が大きく口をあけ、三つの包みがころがり出た。ほとんど同時に、それぞれがパラシュートの花を咲かせた。ぶらぶらとぶら下がっているのは消火器に似た円筒だった——これは原爆爆発のデータを送る送信機だった。

ティベッツは乗員すべてに対し、「保護眼鏡をかけているか再度確認する」よう命令した。爆弾は四十三秒後に爆発するようにセットされていた。ティベッツはその八秒前にみずからの眼鏡を着けた。


広島は静穏で、そこで暮らしている人々の上空も、晴れわたっていた。三つのパラシュートに気づいた人々は、敵機が撃たれて乗員が脱出したのだろうとか、またも宣伝ビラがばらまかれたのだろうと想像していた。ある者は、この前のビラが太陽の光を受けてちらちらと光りながら落ちてきたのを思いだして、アメリカ人はもっと美しいものを持って来てくれたのかな、と思っていた。

相生橋（フィアビーの目標）北数百メートルのところで、最近召集されたばかりの下山茂《しもやましげる》一等兵は空を見上げ、度の強い眼鏡を通して、ただなんとなく、ゆらゆら揺れ落ちて来るパラシュートの一つを見ていた。彼は、元倉庫だった大きな木造の兵舎の外に立っていた。広島に来て四日になったが、すでに「死ぬほど退屈」していた。下山は、東京に帰って学習用ノート作りの仕事に戻れたらなあと考えていた。にわかに、空でピンク色の閃光がひらめいた。まるで宇宙的規模でフラッシュがたかれたようだった。

広島全市の時計という時計が、永久に八時十五分で止まった。

原子爆弾は、地上六百メートルのところで爆発し、直径が百メートルの火の玉となった。爆発点の直下にいた人々は、なんの音も聞かなかったし、あとになって〝ピカ〟がどんな色――青、ピンク、赤みがかった色、濃い茶色、黄色あるいは紫色――だったか、各人各様で答えは一致しなかった。

火の玉から発散された熱は、一秒にも満たなかったものの、たいへんな高熱（摂氏約百万度）だったため、爆心地《グラウンド・ゼロ》から九百メートル以内では堅い花崗岩の表面が溶けてしまった。屋根瓦は柔らかくなり、色が黒からオリーブ色あるいは茶色に変わってしまった。市の中心部全域にわたって、壁に人や建物の影が焼きつけられた。万代橋《よろずよ》の上には、欄干とアスファルト舗装の道路に、十人の人影が永久に残された。

爆発後、すぐに、この世のものとも思えぬ激震がやってきた。爆心地から三キロ以内ではいくつかの堅固な耐震建造物を除き、建物はすべて倒壊してしまった。フィアビーは、ほぼ目標に命中させた。ねらった投下地点から約二百七十メートルずれただけだった。

下山一等兵は、爆心地の北五百メートルのところにいた。彼は〝ピカ〟に直接さらされなかった。もしさらされていたとしたら、生命が一瞬のうちに吹き飛んでしまったことだろう。しかし、爆風で巨大な納屋のような倉庫の中へ吹き飛ばされ、崩れ落ちてきた屋根の梁に突っ込んだ。そこで梁に打ちつけられていた五本の長い釘が背中に刺さり、そのため体が地面から宙に浮いたままになった。彼の眼鏡ははずれずに、ちゃんとかかったままだった。

そこからさらに北へ五百メートルのところでは、中隊長の狭戸尾《せまと》秀夫《おひでお》大尉が乗馬から事務室へちょうど帰って来て、乗馬靴を脱ごうとしていた。建物が彼の頭の上へ崩れ落ちてきて火災となった。狭戸尾は、満州、中国、シンガポール、マレー、ニューギニアで戦ってきた過去の七年間を思い浮かべた。戦闘で死なずにここで焼死するとはなんと情けないことか！「天皇陛下、万歳」と叫んだ。炎が迫ってくるにつれ、上にかぶさっていた残骸がとり除かれてゆき、身をよじって逃れ出た。吐き気を催しながら、気味の悪い黄色い空を見上げた。

地上はまっ平らになっていて、どこまでも見通せた。すべてが跡形もなく消えうせていた。そびえ立っていた広島城も、第二総軍司令部も。彼は本能的に、太田川の本流に向かってよろめき、はいずり回りながら進んだ。そこには、川の両岸に沿って、陸軍病院から逃げ出してきた茫然自失の患者と看護婦数百人がいた。彼らの頭髪は焼け落ち、皮膚はこげ茶色に変色していた。狭戸尾は、背筋に寒気が走るのを感じた。

爆心地からこれとは反対の方向へ約一キロいったところでは、温品康子《ぬくしなやすこ》が家業の酒屋の残骸の中で身動きがとれないでいた。最初に考えたことは、どこか外で遊んでいたはずの四歳の娘イク子のことだった。不思議なことに、すぐそばでイク子の声がするのを聞いた――「お母ちゃん、恐いよー」康子は子供に、二人ともここに埋められたまま死ぬのよと話した。自分自身のこの言葉が彼女をかりたて、死にもの狂いで瓦礫の山に爪をたて、なんとか抜け出そうと試みた。身長百三十五センチ余のごく小柄な女性だったが、半狂乱でなんとか庭へ抜け出すことに成功した。周囲は壊滅していた。どういうわけか責任を感じた――「自分の」爆弾が隣近所をも破壊したと感じたのだ。人々は、ぼろぼろになってくすぶり続ける着物のまま、まるで夢遊病者のように、表情もなく、ひとことも口をきかずに流れ歩いていた。それは、生霊《いきりょう》の行進であり、仏教に言う地獄の招来であった。康子は、誰かに触れられるまで、催眠術にかかったように、黙ってこの行列を見つめていた。イク子の手をつかむと、この行列に加わった。錯乱した彼女は、とてつもない数の敵機がやって来て次から次へと切れ目なく爆弾を落としているような錯覚を覚えた。

爆心地から東へ一・三キロのところにあった同市唯一のカトリック教会の司祭館で、ドイツ人神父のフーゴ・ラッサール館長は、頭上に飛行機の音を聞いた。窓ぎわへ行った。虚空は黄色くぎらぎらと輝いていた――そして、天井が落下した。傷つき血を流しながら、ラッサール神父は街路へ出る道を見つけた。外は暗かった。全市は一面の灰でおおわれていた。

もう一人のドイツ人神父とともに、瓦礫の間をぬって司祭館の居住者の姿を捜し始めた。

そこから南へ六区画行ったところでは、十五歳の山岡《やまおか》ミチコが、勤め先の電話局へ行くために家を出たばかりだった。彼女は「マグネシウム閃光」が光り、そして、遠くの方で「ミチコ！」と呼ぶ母親の声が聞こえたのを覚えている。「ここよ」と答えたが、ここがどこか、彼女にはわからなかった。目は何も見ることができなかった――盲目になったに違いない！母親が、「娘がここに埋まってるんです！」と叫ぶのを耳にした。もう一つの声、男性の声が、母親に、道をなめてくる炎から逃げれなさいと促していた。ミチコは、母親に逃げるようにと懇願した。そして、走って行く足音がしだいに消えてゆくのがわかった。彼女は、死にかけていた。そのとき、コンクリートのかたまりが兵隊たちによって押しのけられ、一筋の光が流れ込んできた。母親は多量の血を流し、片方の腕には木の破片が突き刺さっていた。母親はミチコに逃げるように命じた。自身は、倒れた家屋の下敷きになった親類二人を助け出すためにそこに残るというのだった。

ミチコは、悪夢の世界を通っていた――黒焦げになった死体のそばを通った――崩壊した補強コンクリート建築のひん曲がった鉄棒の背後に閉じ込められた赤ん坊が泣き叫んでいた。彼女は友人を見つけ、呼び止めた。

「どなた？」友人の女性は聞き返した。

「ミチコよ」

友人は、彼女をまじまじと見つめた。「鼻と眉毛がなくなってるわよ！」

ミチコは自分の顔に触れてみた。それはひどくふくれ上がり、鼻が消えてなくなったように思えた。

同じ地域では、女子商業学校の生徒三百五十人が、疎開した地区の空地整地に精を出していた。彼女たちは、紺色のモンペと上着を着ていたが、帽子や防空頭巾はかぶっていなかった。〝ピカ〟を奇異に思って振り返った人たち――約三百人――は、あっという間に死の宣告を受けた。十二歳の松原美代子《まつばらみよこ》は、本能的に、両腕の中に顔をうずめた。彼女は、想像を絶する荒廃のなかで意識を回復した――人影も建物も何一つなかった――あるのは、無限に続く瓦礫だけだった。モンペはどこへいってしまったのか？　腰のまわりに残ったものは、白い布製の細帯だけで、それには火がついていた（濃い色のものを着ていた人はみんな〝ピカ〟にさらされて熱による第一次火傷を負ったが、白色の着衣はこの残酷な閃光を反射し、人体になんの傷も負わせなかった）。彼女は右手で細帯の火を消し始めたが、右手の皮膚がべろんとはがれ、ぶら下がっているのを見つけ、戦慄に襲われた。

この日の朝、富田《とみた》夫人は自宅で赤ちゃんを産んだ。夫の寅雄《とらお》といっしょに、生まれたばかりの娘博子《ひろこ》を満足げに眺めいつくしんでいたとき、強烈な光が窓いっぱいに襲った。富田夫人は、意識を失う前に、何かが高速で飛来し、シューンという音がしたのを覚えていた。彼女は、床の上で意識を回復した。夫の姿はなかった。かわいい赤い着物に包まれた赤ちゃんは、ミシンの上に置かれていた――生きていたが、不自然なほど泣き声一つたてなかった。夫人は、自分のふくれ上がったお腹に布をきっちりと巻きつけて――彼女は産婆にできるだけ動かないようにと言われていた——赤ん坊を抱いて表へ出た。寅雄は、ほかの二人の子供を瓦礫の中から助け出そうと死に物狂いで掘っていた。上の娘は生きていたが、弟は倒壊物の山の中のどこかに埋もれたままで絶望的だった。まだ敵機が来るぞという叫び声がし、富田一家は汚水がちょろちょろ流れるどぶに身を隠した。

爆心地から南へ約一・三キロのところにあった広島高等師範学校の主校舎は、この惨害のなかで、そのまま完全な形で立っていた。校庭に面した大時計の針は八時十五分で止まっていた。だがそれは、ほかの多くの時計をこの時刻で止めてしまった原爆とは何の関係もなかった。数日前、この大時計は、まるでこの大惨劇の瞬間を予言するかのように、八時十五分で止まってしまっていたのだった。

学校の向かい側にあった赤十字病院の木造の寄宿舎では二人の看護学生が病気で寝ていたが、二人とも原爆の爆発を見も聞きもしなかった。彼女たちが感じた最初の違和感は、息苦しく呼吸が弱くなったことだった。佐藤京子《さとうきょうこ》は、陥没した建物から、渦巻く埃の中へとはい出た。「佐藤さん！」という、何かで口をふさがれたような呼び声で、友人の居場所を知った。彼女は瓦礫をこじあけて友人を救いだした。二人は道路を横切って病院へ向かおうとしたが、狂乱もなく涙さえ流さずに半裸で血を流しながら、ひとことも口をきかず、沈黙のまま市外へ逃れようと歩き続ける人々の流れの間を縫って行くことはできなかった。この現実とは思えない光景が恐ろしかった。

赤十字病院内科医長の重藤文夫《しげとうふみお》博士は、この朝、とうとう病院にたどり着けなかった。病院へ行く途中、博士は、爆心地から東へ千八百メートルのところにある国鉄広島駅の角を回って長く並んだ乗客の列の最後尾に立って、市電を待っていた。原爆の閃光は、彼の前に並んでいた数人の女性をほとんど姿が消えるほど白色に変えたように思えた。焼夷弾だ！　目と耳をふさぎ歩道へうずくまったとき、背中に重い石板が落ちた。うず巻く煙が太陽を消してしまった。暗闇の中で、博士は、次の爆撃が来ないうちに防空壕に飛び込もうとむやみに手探りした。毒ガスを恐れ、ハンカチで口をおおった。

東からの微風が、あたかも夜明けのようにあたり一帯をしだいに明るくし、信じがたい情景を見せはじめた。駅前のビルはまっ平らに崩壊していた。半裸でくすぶり続ける人体が地面にいっぱいころがっていた。市電の停留所に並んでいた人々のうち、最後尾にいた博士一人だけが、駅ビルの角に守られていたため、無傷だった。博士は病院に向かって歩き始めたが、前方から押し寄せて来た火炎の壁にはばまれた。彼は引き返し、空地目がけて走った——駅の裏にある陸軍の練兵場に向かって。重藤は、多くの生存者がヒステリックに叫びながら練兵場に群れ集まっているのを見た。彼らは、火傷の苦痛を少しでも和らげようとするかのように、はげ落ちた皮膚が長々とぶら下がっている両腕を差し伸ばしていた。

看護婦が一人、彼の方へやって来た——彼が医者に違いないと思ったのである。なぜなら黒い鞄をもちチョビひげをはやしていたからだ。看護婦は、地面に倒れているもう一人の医師とその妻を助けてくれるようにと懇願した。博士が最初に考えたことはこうだった——この絶望的な群衆が私が医者だと知ったら、どうなるか？　一人ではすべての人を助けられない。「うちの家内を先に診てください」負傷しておびただしい血を流した医師はそう言った。博士は、夫人にカンフル注射をし、次に止血剤を注射した。看護婦があてがった包帯を巻き直したあと、ほかの負傷者を次から次へ、医療品がなくなるまで手当てした。ほかには何もできなかった。重藤は丘の方へと逃れた。

## 2 白昼地獄絵

〈エノラ・ゲイ〉の乗員たちは、はるか下方の針の先ほどの紫がかった赤い点のような灯が、いきなり紫色の火の玉にふくれ上がるのを見た。火の玉は爆発して、炎と雲の混沌とした巨大なかたまりとなり、霧状の煙の輪を発散した。紫色の雲からは、白色の煙の柱がおどり出て、急速に三千メートルの高度まで上昇、そこで広大なキノコ型に開き、さらに激しくさか巻いて一万五千メートルの高度まで上昇し続けた。

爆風は、〈エノラ・ゲイ〉の機体を揺り動かした。ティベッツは、これは対空砲火のせいだと思い込み、「高射砲だ！」と叫んだ。パーソンズは、これは爆風による衝撃だとわめき、「もう大丈夫」と言った。副操縦士のルイスは、計器パネルを見るため、爆発数秒前に保護眼鏡をはずしてしまったままだったが、肩越しに閃光をちらっと見た。フィアビーは、原爆の落下してゆく長い軌道に魅了されてしまい、保護眼鏡をおろすのを忘れた。それは、まるで写真のフラッシュを目の前でたいたようなものだった。ティベッツは眼鏡を払いのけ、計器パネルを見渡してから、爆撃の結果を観察するため機首を広島へ向け直した。

「何てことだ、こいつはひどい！」後尾銃座のキャロン軍曹は、機内通話装置に向け、こう絶叫した。

「おお神よ、われわれは何をしたんだ！」ルイスは言った。彼は航空日誌に「おお、神よ（My God!)」という言葉を書き記した。まるで広島がばらばらに「引き裂かれた」ように見え、その光景は、自分たちがあたかも「25世紀のヒーロー　バック・ロジャーズ」になったかのごとく思わせた。

航空士のバン・カークは、最初は仰天し、次には誇りで満たされ、最後にはこれですべて終わったとほっとした気持になった。通話装置を通じて機内に歓呼の声が流れた——原爆は戦争の終わりを意味したのだった。そして、この後、乗員たちは地上の人間のことを考え始めた。

ティベッツは、無線手に対し、主目標へ原爆を投下し、肉眼で見た結果は良好、という報告を暗号を使わずに打電するよう命じた。パーソンズは別の報告を、これは暗号で送った。

結果ハ明瞭　アラユル点デ成功。肉眼デ見タ効果ハ　TRINITY（アラモゴードでの実験のこと）ヨリモ　大キイ。投下後ノ機ノ状況ハ平常。PAPACY（テニアン島のこと）へ向カウ。

数キロ離れた〈グレート・アーチスト〉に乗った科学者たちは、爆発のデータを記録する計器類に神経を集中していた。写真撮影を任務として機に乗っていたノートルダム大学出身の物理学者バーナード・ウォルドマン博士は、爆撃手の座席にいて、アメリカから持って来た高速度撮影用映画カメラを動かしていた。このカメラを空中でテストしたことはなかった。彼は、爆弾投下後、四十数えてからカメラを動かした。同機が旋回して退避する際、同機の航空士ラッセル・ガッケンバック中尉も持って来た小型カメラで数枚の写真を撮った。

地上では、爆心地から南へ四キロのところで、元新聞社カメラマンの木村権一《きむらごんいち》が、陸軍の厩舎の外で働いていた。そのとき、立っていた左の方角に強い閃光を見、同時に焼け焦げるような熱風を感じた。初め、木村は、広島ガス会社のタンクが爆発したものと考えた。だが、すぐにタンクはちゃんと立っているのを見たので、直感的に、何か特殊な爆弾が投下されたと感じ、写真を撮ることにした。カメラは近くの倉庫においてあった。崩れ落ちた厩舎からはい出るまでに、原爆から発散された細い白色の煙の柱はピンク色に変わり、そのてっぺんが膨張しはじめ、キノコのような形になり、さらに巨大に発達し続けた。

倉庫にたどり着いた木村は、窓という窓のガラスが爆風で木端微塵に砕けているのを発見した。カメラをしまった場所の床には砕けたガラスが一面にちらばっていたので、なかに入ることさえできなかった。しかし、彼はなんとか手足を伸ばしきって、カメラのあるひきだしをあけることに成功した。倉庫の外側にあった木々が撮影のじゃまになったので、厩舎に引き返し、それまでには空をほとんどおおいつくした原子雲の最初の写真をとった――「まったく、気味の悪い光景でした」。市の西部で発生した火災は急速に広がっていた。彼は、工場の屋根の上からフィルム一本をとり終えた。木村は無傷だったが、妻と再び会うことはできなかった——その朝、朝食後、妻を残して家を出てきたのだった。

爆心地近くにいた人々は、原爆の爆発音を全く聞かなかった。爆心地から離れるにつれて、爆発音がしだいに聞こえるようになり、そして地を圧する大音響となった。五キロの地点では、この世のものとは思えない雷鳴の響きに似ていた。六・五キロのところでは、遠くのうなり声がぐんぐん大きくなって最後に震動するような轟音になった。広島の南東二十キロにある呉港近くで、北山忠彦《きたやまただひこ》は、近くの弾薬庫が爆発したものと考えた。また、数キロ沖合で、海底の泥土にはまった四人乗り潜水艦〈蛟龍《こうりゅう》〉の引き揚げ作業中の人々は、耳を聾する一瞬の「雷鳴」を聞いた。その直後、彼らは広島の方角から来るB29を見つけた。

十五分間、広島上空の大気は、宇宙の力にかき回された。そのあと、ばかでかい雨粒が落下しはじめた。原子雲の柱が、水蒸気を凝縮して雨にするほど高い上空へ湿気を運び上げ、放射能灰に汚染された大粒の雨を降らせたのだ。気味の悪い、ほとんど超自然的ともいえる「黒い雨」は、生存者を恐怖の底に陥れた。これは、何か有毒の油で、皮膚にこびりつきじわじわと殺すのではないか？　黒い雨は、半裸の人々の上に激しく降りそそぎ、体にねずみ色の筋をつけた。そして、想像を絶する災厄が広島を襲ったという意識を、多くの人々の中に植えつけた。富田夫人は生後二時間の赤ちゃんをかばおうとしたが、小さな博子は、放射能雨でびしょぬれになってしまった。彼女は、爆発以後、声一つ立てなかった。[2]

この死を呼ぶ雨は、その後、黄色っぽい霧雨に変わって、北西の方へと広がっていった。火災の激しかった東部では、ほとんど降らなかった。皮膚科専門医で広島市警防団団長の松《まつ》坂義正《ざかよしまさ》博士は、この混乱に少しでも秩序を回復させようと努めた。崩れ落ちた事務所の残骸の中から妻が捜し出した警防団の制服を着た彼は、自分が受けた傷にもかまわず、息子の肩に寄りかかりながら、長い棒の先につけた日の丸を高々と掲げ、同市東警察署へ向かって行進した。松坂夫人と看護婦三人が博士のあとに続いた。途中で被災者に応急手当てをほどこしながらの、この小さいが断固とした行進の姿は、人々を落ち着かせた。松坂たちは警察署の前（爆心地から千百メートル）に救護所を設けた。骨組みだけとなった警察署の外側に負傷者の長い列ができ始めた。

警察署から八百メートルもない場所にあった自宅をつぶされた田辺至六《たなべしろく》署長は、なんとかして署に行こうと必死だった。しかし、爆心地域から逃れて来た数千人もの避難民の波にもみくちゃにされた（「まるで血の海からはい出て来たようだった」）。田辺署長が警察署に到着すると、署は火災になっていた。署長は、消火のため近くの「防火用水」からのバケツ・リレーを指揮した。署の半分が炎上していたが、松坂博士とその不屈の救護班は負傷者の手当てをし続け、市外に避難するようせき立てた。

町中の家庭では、火鉢やコンロに炭火をおこしていた（朝食の用意中だった）ので、木と紙の燃えやすい瓦礫の山にすぐ引火した。無数のこの小さな火災が、爆心地に向かって吸い込まれる、大木を根こそぎ倒してしまうような力を持った旋風によって、猛火へと早変わりした。突風のような炎——巨大な発火装置から出たような——は、波形の瓦屋根をまるでボール紙のように引き裂き、家屋をばらばらに吹き飛ばし、鉄製の橋をひん曲げた。電柱がはじけ飛ぶように火を吹いた。

広島城があった場所の近くで、四人の男が天皇の大きな肖像写真をかかえて、炎に包まれる街路を右往左往していた。彼らは、この肖像を、第二総軍通信所の地獄から救い出して来た。それを市外の安全な場所に移そうと懸命だった。無感動な避難民の列は、この写真を見て、「陛下の御真影だ！」と涙を流し始めた。傷ついた者、血を流した者が敬礼し、低く頭を下げた。立ち上がることのできなかった人は、両手を合わせて拝んだ。写真が浅野泉邸《あさのせんてい》公園を通り抜け、川岸で待機していたボートへ向かったとき、松の大木が松明《たいまつ》のように燃え始めた。川の両岸で救助を待っていた負傷兵たちは、ボートに乗った天皇の写真が火の粉をかぶりながら上流に向かったとき、「直立不動」の姿勢をとって敬礼した。

指揮官の藤井洋治《ふじいようじ》中将は、爆発の最初の数分のうちに、広島城近くの司令部で焼死した。しかし、爆心地のもっと近くにいた下山一等兵は、屋根の梁についた釘に突き刺されても生きていた。彼は、苦痛にさいなまれつつも自分で釘から身を引き離し、頭をツチ代わりにして、流れ出る血で目が見えなくなりながら崩れ落ちた屋根の梁をたたき続け、ついに脱出した。息が詰まるような厚い灰の雲がまわりでうず巻いていた。復讐に燃えた巨人の手のように、何か抵抗できない力が市内を通り過ぎて行ったように思えた。川べりで、多くの負傷者が半狂乱で川へ飛び込むのを見た。彼らはどうしようとしているのだろう？　川面は、紅色の浮きカスで一面おおわれていた。血のせいか？　下山は、落ち着けと自分に言い聞かせた。彼にとって災害は初めてではなかった。一九二三年の関東大震災では、もう少しで死ぬところだったし、ドーリットルによる東京初空襲や四月十三日の東京の大空襲のときもそうだった。彼は、風上に向かって川ぞいに歩き始めた。そうすれば、火災は追って来ないはずだった。

行く手の目の前に、騎兵用の馬が一頭つっ立っていた。ピンク色だ――爆発による熱風が馬の皮膚を焼き落としてしまったのだ。馬は懇願するように彼を見つめ、二、三歩よろよろっとあとについて来た。この哀れな光景に下山は身がすくんだ。彼はみずからを励まして前進した（その後数年間、下山はピンク色の馬の夢を見続けた）。ほかに六人の兵隊も川岸を北へ向かっていたが、それぞれは自己の生存のみに気をとられ、一人で歩いているかのようだった。一般市民が、そのうちのいく人かはほとんど全裸で、兵隊たちに遅れまいと後に続いていた。だが、炎の鳴らす鈍い音が大きくなるにつれて兵隊たちが足を早めたので、ずっと遅れてしまった。

数キロ上流に来たとき、下山は、水かさが首のあたりまでしかない場所で、川を横切った。原爆の破壊力が及ばなかった郊外へ来たとき、彼は一つの考えにとりつかれた――これは原子爆弾ではないかと。原爆で死ぬ前に家に帰り、娘と会わねばならないと考えた。一九四三年に、義兄が日本が原爆製造を計画していると教えてくれたことがあった。そのうえ奇妙にも、ここ数日、兵舎ではたとえば誰かが癇癪《かんしゃく》を起こしたとすると「あいつは原爆みたいだ」といったぐあいに、原爆の話がよく出ていた。彼は、道路の両側に横たわってもがいているひどい火傷を負った大勢の女学生のそばを通り過ぎた。皮膚がリボンのように細長く、顔から、腕から、足から、たれ下がっていた。彼女たちは、水を求めて哀願するように手をのばした。だが、彼に何ができたろうか？　さらに道を進むと、村人たちが、火傷を負った人々の傷口に薄く切ったキュウリをのせ、重傷者を野菜を運ぶ手押し車に乗せて、救護所へ運んでいた。

東京に達した最初の断片的な報告は、たんに、広島がこれまでにない大被害をこうむったとだけ伝えた。大本営は、詳しい情報を得ようと第二総軍司令部の通信所を呼び出したが、連絡はとれなかった。

木戸内府は直ちに、天皇に対し、広島が秘密兵器によって荒廃地と化したと報告した。「そのような状況のもとでは、降伏せざるをえまい」と天皇は言った。天皇は苦悶を隠すことができなかった。「私の身はどうなろうとも、われわれはできるだけ早くこの戦争をやめなければならない。この悲劇を二度と繰り返してはいけない」しかし、二人はまだ天皇がみずから行動をとる時ではないということで、意見が一致した。

夕暮れの陽が沈むころ、火災も下火となり、遠くから見ると広島は、軍隊が平原で大規模な野営を張っているような平和な姿に見えた。頭上高くには、暗くなった夜空にびっくりするほどの明るい星が輝いていた。市外からの救援第一陣が到着するや、市外へと流れていた人波は戻り始めた。

大破壊から逃れていた赤十字病院の重藤博士も市内へ戻った。救護所を飛び回っている間に、火傷を負った者には水は毒だと言いふらされているのを聞いた。害どころか、水は火傷から生ずる毒素を体の外へ洗い流すものだ、と博士は皆に言い含めた。彼は掲示をはり出した――「水を与えてもよろしい。赤十字病院副院長重藤」。

　博士が市の中心部へ進むと、くすぶり続ける瓦礫の山で道がふさがれていた。通れる道はないと思ったが、驚いたことに、大型の木炭車のトラックが煙の中からごろごろ音を立ててやって来るのが見えた。車は男たちであふれていた。彼は運転手を知っていた。博士の自宅のある郊外に住む造り酒屋の主人だった。彼は、取引先のために緊急食糧と酒を積んで、あえて地獄絵の中を走って来たのだった。しかし、取引先の店は焼け落ちていた。重藤博士はトラックをやり過ごし先へ行こうとした。「そっちには、生きている人は誰もいませんよ、先生！」運転手が呼びかけた。「犬一匹もいない。先生、むだですよ」博士はトラックに力ずくで乗せられてしまった。

　博士は、家までの最後の一キロ半を行くために自転車を借りねばならなかった。途中、背中に赤ん坊を背負い、暗い道をさまよい歩いている女性と出くわした。彼女は彼を見ると、ヒステリックに泣き始めた。博士の妻だった。彼女は夫が死んだと思い、すでに仏壇に灯明をあげていたのだ。

　市外の救護所は、一時間に数百人も死んでゆく負傷者を前に、全く無力だった。七歳の井《い》浦静子《うらしずこ》は死にかけていたが、誰も彼女の泣き声や訴えに耳をかさなかった。静子はたえず水を求め、母親は付添人の忠告に逆らって水を与えた。死の苦痛を和らげてどうしていけないのか。「お父さん（彼は水兵として太平洋上のどこかの島にいた）は、家を遠く離れて、あぶないところにいるのだから」静子は、父親の幻影を見たかのようにこう言った。「お母さん、生きててね。私たち二人とも死んだら、お父さんがさびしくなっちゃうわ」彼女は、友だちと親類の名をすべて口に出した。祖父母の名前にきたとき、彼女はつけ加えた。「おじいちゃん、おばあちゃんは、私にとってもよくしてくれたわ」彼女は叫んだ。「お父さん、お父さん！」そして死んだ。

この日、おそらく十万人の人間が広島で命を失い、同じ数の人間が火傷、傷、そして原子力時代の病気である放射線障害によって、死にかけていた。[3]

## 3　戦争終結の好機

現地時間午後二時五十八分、〈エノラ・ゲイ〉はテニアン島のノース基地に着陸した。乗組員が姿を現わすと、数百人の将兵が飛行機を取り巻くために殺到した。〝トゥーイー〟・スパーツ将軍は、大股に歩いて行ってティベッツに勲功十字章をピンでとめてやった。ティベッツは直立不動の姿勢をとり、上着とズボンがいっしょになった航空服の袖に、きまり悪そうにパイプを突っ込んだ。乗組員は、カマボコ形兵舎の将校クラブで、少量のバーボンの入ったレモネードを飲みながら聴取を受けた。一人の情報将校は航空士のバン・カークに、正確な投下時刻を聞いた。「〇九一五一七K」と彼は答えた。予定時刻の十七秒過ぎだった。

「どうして遅れたのかね」

これには、みんな笑った。ファレル准将は、最初の詳報（第一報は〈エノラ・ゲイ〉からの無線報告に基づいて送られていた）をグローブズ陸軍中将に送るため聴取室を出た。

……明ルイ太陽光線ノタメ　閃光ハ「トリニティ」ホド　強力デハナカッタ。最初ノ数秒デ紫色ノ雲ニ変ワル火ノ玉ガ見エ　炎ハワキタチ　ウズヲ巻イテ空ニアガッタ。閃光

ハ　旋回ガ終ワッタ直後ニ観測サレタ。光ガ非常ニ明ルカッタコトヲ全員ガ認メタ……。造船所地帯ノイチバン外側ノ部分ヲ除イテ　全市ハ濃イ灰色ノチリノ層デオオワレ　ソレハ雲ノ柱トナッタ。ソレハ非常ニ荒々シイモノデ　チリノ中ニハ炎ノ閃光ガ見ラレタ。コノチリノ層ノ推定直径ハ　少ナクトモ三マイル。アル観測者ハ流域カラ巻キ起コッタチリノカタマリガ町ニ押シ寄セタタメ　アタカモ町ガバラバラニナルヨウニ見エタト語ッタ。チリノタメ建物ニ対スル肉眼ニヨル観測ハデキナカッタ。判定員（パーソンズ）オヨビソノ他ノ観測者ハ　コノ攻撃ハTR（トリニティ）ト比較シテモ、イッソウスサマジク　カツ　ソラ恐ロシイモノデアルト感ジタ。コノ成果ハ日本人ニヨッテ　巨大ナ流星ニヨルモノトサレルカモシレナイ。

ワシントンでは、グローブズが八月五日午前零時少し前、第一報を受信した。時間が遅かったため、彼はマーシャル陸軍参謀総長を起こさなかった。より詳細な報告が届いたときに手近にいられるように、彼は自分の事務室で就寝した。午前四時十五分、その詳報が入った。三時間半後、マーシャルは秘密電話でロングアイランドの自宅にいるスティムソンにその情報を知らせた。陸軍長官は、原爆に関するトルーマン声明を、その朝、報道関係に発表することに同意した。

重要な陸軍の基地である広島に革命的な爆弾が落とされた、とその声明は伝えた。「それは原子爆弾である。それは宇宙の根源的な力を利用したものである。太陽がその力を得る原動力が、極東に戦争をもたらした者たちに対して放たれた」アメリカは日本のすべての工場、造船所、通信施設を破壊する用意がある。「七月二十六日、ポツダムにおいて最後通牒が出されたのは、日本国民を徹底的な破壊から救うためであった。日本の指導者は、直ちにこの最後通牒を拒否した。しかし、わが方の条件を受け入れないならば、地球上で一度も見たことのないような、空からの破壊の雨に見舞われることになろう」

トルーマンは〈オーガスタ〉号でポツダムからの帰国の途上だった。フランクリン・グレアム陸軍大尉は「強力爆弾」が広島に投下され、明らかに成功したというスティムソンからの短い電報を手渡すため、後部食堂で昼食中の大統領のところへ行った。トルーマンは顔を上げた。「グレアム大尉」と大統領は言った。「これは歴史始まって以来の最大のできごとだ」そして、次第に沈黙に陥った。数分後にもう一通の電報が届いた。それは、結果は「明瞭、あらゆる点で成功」というパーソンズの報告を引用したものであった。

トルーマンは最初の電報を自分で持っていた。椅子を無雑作に後ろに引くと、近くのバーンズのテーブルに大股に歩いて行った。「さあ、そろそろ帰ろうか」とぞんざいに言った。彼はフォークを取り上げるとグラスを強くたたいた。食堂は静かになった。大統領は新兵器について、水兵たちに話した。大統領は士官室に向かった。水兵たちの歓声が甲板昇降口まで追いかけてきた。「そのまま腰をかけていてよい」と彼はびっくりしている下士官たちに言った。「われわれは、たったいま日本に、TNT火薬二万トン相当以上の爆発力を持つ爆弾を投下した。大成功であった。われわれは賭けに勝ったのだ！」

同盟通信がトルーマン声明について電話をかけてきたとき、迫水内閣書記官長は、東京の自宅のベッドでまどろんでいた。「原子爆弾」という言葉で、彼ははっきり眼をさました。ショックを受けたが、同時に、戦争を終わらせるのには「またとない好機」だと気がついた。原子爆弾に対して防衛できる国はない。敗北を軍や財閥のせいにする必要もない。迫水は首相を呼びだすため受話器を取り上げた。

# 三十四部　長　崎

## 1　ソ連対日宣戦布告

広島では、八月七日の明け方には、放射能の測り知れない影響がしだいに明らかになっていた。以前、広島文理科大学（現・広島大学）の地質学者だった長岡省吾《ながおかしょうご》は、破壊の跡をかき分けて、大学に行こうとしていた。最近徴兵されたばかりの彼は、大学の運命が心配なあまり陸軍の持場を離れ、もう何時間も歩いていたのだ。長岡にはこの果てしない荒廃が理解できなかった。爆心地に近い護国神社の石灯籠に、疲れてへなへなとすわり込んだ。その瞬間、針で突かれたような痛みを感じて飛びあがった（高熱の影響で石の表面にトゲがあったのだ）。石灯籠に妙なシルエットがついていて、表面の一部が溶けているのに気がついた。恐ろしくも突然、はっきりと悟った――原子爆弾だ！　日本はいますぐ降伏しなければならない。

多くの救護所で医師たちが困惑していた。患者の症状があまりにも異様だったので、細菌性赤痢を伝染させるために悪性の毒ガスが使われた疑いがもたれた。何人かの被害者は、顔の半分だけが焼けただれていた。奇妙なことに、頬の上に鼻や耳の影が映っているものもいた。長岡と同様、赤十字病院の重藤博士も原子力について聞いたことがあり、被害者は一次放射能に冒されていると考えた。彼は病院の壁を簡単なＸ線測定器で調べてみた。放射線量は非常に低かったので、残っていても安心だと結論した。

後遺症は予測もつかないものだった。下山一等兵は爆心地に最も近いところにいた一人だが、彼は〝ピカ〟の前は近眼だった。いまは眼鏡をかけているのに、あらゆるものが少しぼけて見えた。失明しつつあるのか？　彼は眼鏡をとってみてはじめて、視力が完全に回復していることを知った。だが髪の毛が抜け始め、他の数千の人々を苦しめたのと同じ症状にさいなまれた。まずむかつきを感じ、吐いた。ついで下痢をし、熱がでた。その他の症状には一貫性がなかった。ある被害者たちは、赤、黄緑色、黒、紫などの鮮やかな斑点が体中に現われ、それでも生き残った。体に何の痕跡もない人たちがとつぜん死んだ。ある男は、手にちょっと火傷をしただけで助かり、血を吐き始めるまで、そのことを無視していた。傷ついた手をいやすため水につけると、「その手から、何か妙な、青味を帯びたものが、煙のように立ちのぼった」。

未知なるものに対する恐怖心が、罪と恥辱のぼんやりした感情で増幅されて、生存者に襲いかかった。彼らは親戚や近所の人が助けを求めるのを無視し、燃える残骸の中に見殺しにしたために生き残れたのだった。死んだ人の苦しみに満ちた声が生存者の耳から離れなかった。子供を失った両親たちは己れを責め、両親を失った子供たちは親の言うことを聞かなかったために罰《ばち》があたったと思った。この悲劇は、複雑で奥深い日本の家庭生活の構造を木端微塵に打ち砕いた。

　東京では、狂信的に降伏の責任を回避しようとする陸軍が、大都市の完全な破壊が持つ重要性を疑問視した。日本はポツダム宣言を受諾すべきであると東郷外相が主張し、また同外相が論理的に、原爆は「軍事情勢全体を根底から変え、陸軍にとって、戦争を終結する十分な理由となる」と指摘したときですら、陸軍関係者たちはそれになんの価値も認めようとはしなかった。

「そのような決定は必要ではない」と阿南陸相は反撃した。「そのうえ、われわれは爆弾がはたして原爆であったかどうかさえわからないのだ」彼らの情報源は、トルーマンの言葉だけであった。これは罠かもしれないのだ。日本の第一級の原子物理学者である仁科芳雄《にしなよしお》博士が調査のためにただちに広島に派遣されることになった。

　仁科博士と参謀本部第二部長の有末精三《ありすえせいぞう》中将が、ちょうど立川航空隊基地から飛行機に乗ろうとしたとき、空襲警報がけたたましく鳴りだした。有末は仁科博士に警報が解除されるまで待つように命じたが、自身と数人の随員たちはただちに出発した。その飛行機は日没直前に広島上空に到着した。有末中将はこれまでにも爆撃によって破壊された多くの都市を見て来た――くすぶり続ける残骸、炊きだしで食事をつくる煙や、何かしら人の動き回る様子が見られたものだった。だが、いま彼の眼下には、死の砂漠が広がっている。煙も、火災も、何もない。道すらも消えていた。

　飛行士が振り返って叫んだ。「閣下、この辺りが広島かと思われます。どう致しますか」

「着陸せよ！」

飛行機は港近くの芝生に着陸した。有末は機から降りると、奇妙な土色をした草が瀬戸内海の方になびいているのに気がついた。それは、まるで巨大なアイロンでプレスしたように見えた。一行は、きびきびと敬礼をする中佐に迎えられた。彼の顔の左半分はひどい火傷だったが、右側は無傷だった。有末はモーターボートで船舶司令部に向かった。岸壁で、陸軍士官学校時代からの友人の馬場《ばば》英夫《ひでお》少将に迎えられた。馬場は、広島には水も電気もないと報告した。二人の将軍は、ろうそくを点した野外の長テーブルの前に腰かけた。馬場は感情が高ぶって、平静さを保つのに苦労していた。彼は自分の娘が登校の途中、どんなふうに死んでいったかを語った。「自分の娘だけでなく、何千もの罪のない子供たちが虐殺された。この新型爆弾は悪魔のようなものだ。これを使うのは残虐でひどすぎる」そう言うと、両手で顔をおおった。

有末は友人の肩に手を回した。「われわれは軍人ではないか」彼はやっとの思いで言った。馬場はとり乱したことを詫びた。彼は有末に、アメリカ軍は新型爆弾を今度は東京に落とすという「しつこい噂」があると語った[1]。

人々は続々と広島に帰り始めていた。作業班は死体を集め、どんな木でも手当たりしだいに利用して、死体を焼いた。その悪臭は焼いたイワシのにおいに似ていて、吐き気をもよおさせたが、作業員のなかには、そのにおいをたまらなく好む倒錯的な欲望を持つ者も出て来た。それは事実、彼らの食欲を増進させたのだ。

仁科博士の飛行機は翌日の午後、広島上空に到達した。彼は空から広島を観察し、このような壊滅的な破壊をもたらすことができるのは原爆だけである、と即座に結論を下した。仁科博士は有末中将に対し、これは彼が開発しようとしていた爆弾に類似したウラン爆弾であると告げた。仁科は自分の爆弾の開発を続けるべきなのか？　と問うた。

有末は答えなかった。

広島が破壊されたことにより、日本は非現実的な希望ではあってもソ連を仲介にして、話し合いによる和平の達成をこれまで以上に急がねばならなかった。東郷はモスクワの佐藤大使に打電した。

情勢ガ非常ニ緊迫シテイルタメ　ソ連ノ態度ヲ明確ニ知ル必要アリ。直チニ回答ヲ得ルヨウイッソウ努力サレタシ。

八月八日午後、佐藤大使はモロトフに即時接見を要請した。ここ数週間、モロトフは佐藤大使を避けていた。佐藤大使はその夜八時の約束を得たが、そのすぐ後、説明もなく会見を五時に繰り上げるよう求められた。五時少し前、クレムリン宮の曲がりくねった内部に足を踏み入れたとき、佐藤はつとめて平静さを失わないようにした。彼はモロトフの書斎に請じ入れられたが、これまでどおりロシア語でモロトフ外相に挨拶をしようとすると、モロトフは手を振ってそれをさえぎった。「私はここに、ソ連邦の名において日本政府に対する通告を持っており、これを貴下に伝達したい」

佐藤は直感的に、これは宣戦の布告だと思った。彼はこのことを予期してはいたが、現実になってみると、やはり衝撃だった。モロトフは自分の机を離れ、長いテーブルの角に腰をおろした。佐藤はその向かい側の椅子を勧められた。硬い表情でモロトフは文書を読み始めた。


ヒトラー独逸《ドイツ》の敗北及《およ》び降伏後に於ては、日本のみが戦争を継続する唯一の大国たるに至れり。

三国即ち、アメリカ合衆国、英国及中国の日本軍隊の無条件降伏に関する本年七月二十六日の要求は、日本に依り拒否せられたり。因《より》て極東戦争に関する日本政府のソ連に対する調停方の提案は全く其の基礎を失いたり。

日本の降伏拒否に鑑み、連合国はソ連政府に対し、同政府が日本の侵略に対する戦争に参加し、以て戦争の終了を促進し、犠牲者の数を減少し、且急速に一般的平和の回復に資すべく提案せり。ソ連政府はその連合国に対する義務に遵《したが》い、連合国の右提案を受諾し、本年七月二十六日の連合国宣言に参加せり。

ソ連政府は斯《かか》る同政府の政策が平和を促進し、各国民を此れ以上の犠牲と苦難より救い、日本人をして独逸が其の無条件降伏拒否後なめたる危険と破壊を回避せしめ得る唯一の手段なりと思考す。

　以上の見地より、ソ連政府は、明日即ち八月九日より日本政府と戦争状態にあるべき旨宣言す。


　心の動揺を抑え、佐藤大使は、中立条約が期限切れになる一年も前にソ連がそれを破棄することは遺憾である、と礼儀正しく表明した。佐藤はソ連側の好意で、本国政府にこのことを打電させてもらえるかと頼んだ。モロトフは表情を和らげて、どんな電報でも、それも暗号で送ってもよいと言った。モロトフは、こんな事態になったことを個人的に遺憾に思うと述べた。

「私は過去数年間、あなたの日本大使としての活動にすっかり満足してきました。また、直面する困難にもかかわらず、今日まで両者が両国政府との間に友好的な関係を維持できたことをうれしく思います」

「私は貴政府の善意とおもてなしに感謝しています」と佐藤はたどたどしいロシア語で言った。

「それによって、私はこの困難な時期にモスクワにとどまることができました。われわれが互いに敵として別れなければならないのは全く悲しいことです。しかし、これもいたし方ありません。ともかく、握手をして別れましょう。これが最後になるかもしれません」

　彼らは握手を交わしたが、ほとんどただちに日本大使館の電話線は切られ、すべての無線機は没収された。佐藤は簡単な日本語でメッセージを書き、それを電報局に持って行かせた。

## 2　第二の原爆投下

広島の爆撃は、疑いもなくロシア人に戦争参加の日程を繰り上げる気を起こさせたが、A・M・ワシレフスキー元帥麾下の百六十万の軍隊は、何カ月も前からソ満国境に集結していた。この軍隊は、彼らの半分の兵力しかない関東軍と対峙していた。関東軍は、全機甲部隊と対戦車砲を南方や本土に引き抜かれ、その戦力は戦前の実戦部隊の三割にも達していなかった。

モロトフが宣戦布告文を佐藤に読んでから二時間後、ソ連陸軍の二隊が西側からソ満国境を越えた。同時にウラジオストクに駐屯していたもう一隊が東側から満州に侵入した。終日続いた土砂降りの雨で道路はぬかるみ、川の水は堤防からあふれた。しかし、ソ連軍の三つの隊列は、容赦なくチチハル、洮南《とうなん》、国際都市ハルビンに進撃した。

佐藤に会ってからしばらくして、モロトフはアベレル・ハリマン駐ソ米大使に対日戦は午前零時から始まると伝えた。ソ連は、ドイツ降伏後三カ月で太平洋戦争に突入するという約束をきっちり守ることにしたのだ。

その夜、ハリマンと米代理大使のジョージ・ケナンは、スターリンが饒舌になっているのを知った。スターリンは、ソ連の先頭部隊がすでに満州内部、十ないし十二キロの地点に前進したと語った。「この時刻までに情勢がこれほど進展すると誰が想像できただろうか」とスターリンは勝ち誇って言った。

ハリマンは、原爆が日本人にどんな効果をもたらすと思うか、とスターリンに尋ねた。スターリンは、敵が降伏を受諾できる新政権をつくるための口実を捜していると確信していた。ソ連が原爆を開発した側についていたことは、なんと幸運なことであったかとハリマンが言ったので、これがスターリンに愛想よく原子力の話をさせることになった。彼は連合国が科学上の成功を収めたことに心を乱されてはいなかった。スターリンは、その前日、五人のソ連最高の原子物理学者をクレムリンに呼び、費用を度外視してできるだけ早く、ソ連自身の原爆を製造するよう命じていたが、そんなことはおくびにも出さなかった。彼はこの最高責任者に秘密警察長官で、ソ連で最も恐れられていた男、ラブレンチ・P・ベリヤを任命していた。

アメリカ人が全般的に、原爆を主として四年間の金のかかる戦争からの解放だと考えたことはむりからぬことだった。しかし、ある人々は、一般的な喜び以上のものを感じていた。リーヒ大統領付参謀長は、すでに敗北し、降伏しようとしている国民に使うには、これはあまりにも非人道的な兵器だと考え、アメリカ人は「暗黒時代の未開民族と同じ倫理的水準を採用した」(2)と考えた。

スティムソンもまた大変心配していた。その日の午後、彼は大統領に、広島の完全な「壊滅」を示す生々しい一枚の写真を見せた。われわれは、できるだけ早く日本が降伏するよう説得するためにあらゆる努力をしなければならない。その大部分は、日本人に対するやり方いかんにかかっている、と彼は言った。「犬を叱るときに、叱ったあとも一日中つらくあたるようなことはしないでしょう。犬の愛情をつなぎとめておきたいなら、叱るだけで十分です。日本についても同じことが言えます。彼らは生まれつき温和な国民だから、われわれもそのようにふるまうべきです……」

しかし、トルーマンはポツダム宣言以上のことをする気はなかった。彼は広島の写真に心を動かされなかったわけではなかったし、そのうえ「このような破壊が、ここにいるわれわれと大統領自身にもたらした重大な責任」を認めた。だが、同時に、第二の原爆は間髪をいれずに使われなければならなかった。第二の原爆が必要かどうかを検討する首脳会談も開かれなかったし、第一の原爆、もしくはソ連の参戦が日本の降伏を早めさせたかどうかを見定めるいかなる試みも行なわれなかった。影響を与えることのできる指導者の中でスティムソン以外にも、誰か道徳的良心の呵責を感じていたとしても、それは大統領の耳には達しなかった。大統領も何も感じなかった。大統領は、もしそれがアメリカ人の生命を救うことになるなら、二つでも、三つでも――それ以上でも落とす決心がついていた。

グアム島では、二度目の爆撃の命令書のコピー三十二枚が謄写印刷されていた。今後、原爆をどのように、いつ使うかは、いまや統合参謀本部の決定にかかっていた。発進時間は、あす八月九日早朝の予定だった。九州に二つの攻撃目標があった。第一目標は「小倉造兵廠と小倉市街地」で、第二目標は「長崎市街地」だった。

近くのサイパン島では、陸軍情報部の印刷所で日本人に降伏するよう説得するための千六百万枚のビラが印刷されていた。いちばん最初の宣伝文は効果がなかった。時代遅れの古くさい文章が使われた。描かれた絵では、日本の男が左前に着物を着ていたし、写真では箸《はし》が、ナイフとフォークのように皿の両側に置かれていた。日本語といえば、こっけいなほど稚拙だった。「言論の自由」は「言葉の自由」になり、「欲求の自由」は「欲望からの自由」になるといったぐあいである。しかし、これらの誤りは修正され、その年の初め以来、アメリカのビラは日本国民にかなりの影響を与えていた。とくに、新しいビラは、国民の士気にぬぐい去ることができない影響を及ぼすことになった。

日本国民に告ぐ!!

このビラに書いてあることは最も大切なことでありますから良く注意して読んで下さい。(中略)

米国は今や何人もなし得なかった恐しい原子爆弾を発明し之を使用するに至った。原子爆弾はただ一箇だけであの巨大なB-29二千機が一回に投下する爆弾に匹敵する。この恐るべき事実は諸君が広島に唯一箇だけ投下された際如何なる状態を惹起したかはそれを見れば判るはずである。

此の無益な戦争を長引かせている軍事上の凡てをこの恐るべき原子爆弾を以て破壊する。米国はこの原子爆弾が多く使用されないうち諸君が此の戦争を止めるよう天皇陛下に請願される事を望むものである。米国大統領は曩《さき》に諸君に対して述べた十三ヶ条よりなる寛大なる条項を速かに承諾し、より良い平和を愛好する新日本の建設をなすよう米国は慫慂《しょうよう》するものである。随《したが》って日本国民諸君は直ちに武力抵抗を中止すべきである。然《しか》らざれば米国は断固この原子爆弾並びに其他凡《あら》ゆる優秀なる武器を使用しこの戦争を迅速且強制的に終結せしむるであろう。

〝即刻都市より退避せよ。〟

ビラがばらまかれる前ですら、日本の新聞は広島で「新型爆弾」が使われたと報じ、「これを軽視してはならない」と警告していた。日本タイムズ紙は、敵はいまや「この戦争を早期に終わらせたいため、罪のない人々をできるだけ多く殺傷しようとしているようである」と書いた。「人類に対する道徳的暴虐」と題する社説は、新型爆弾が「これまでに例をみない破壊力を持っていた」ことを明らかにし、「広島の大半が壊滅しただけでなく、異常に高い割合で住民が殺されるか傷つけられた」と述べた。

観測機の〈グレート・アーチスト〉を操縦して広島の爆撃行に参加したパイロットのチャールズ・スウィーニー少佐は、八日午後、別の飛行機で第二の原爆を落とすよう命令を受けた。この爆弾は広島で使われたものとは異なり、球形のプルトニウム爆弾で、長さ三・三メートル、直径一・五メートル。チャーチルにちなんで「ファット・マン」（太っちょ）と呼ばれた。ティベッツ大佐はスウィーニーと搭乗員に「ファット・マン」は、最初の原爆を時代遅れのものにしてしまうだろうと語った。「幸運を祈る」と彼は言った。

この飛行でスウィーニーと搭乗員は〈ボックス・カー〉（ボックの車）を使い、同機のパイロットのフレデリック・ボック・ジュニアは観測機の方に乗ることになった。[3]〈グレート・アーチスト〉は非公式に、予定外の二重の役割を果たそうとしていた。三人の若い科学者たち——ルイス・アルバレス、フィリップ・モリソン、ロバート・サーバー——は自分たちの署名した個人的アピールをデータ収集のため目標地点にパラシュートで投下する金属製容器につけていた。それぞれの封筒は、三〇年代にカリフォルニア大学放射線研究所でいっしょに研究し、三人ともよく知っていた日本の原子物理学者嵯峨《さが》根《ね》遼吉《りょうきち》教授にあてられていた。

　R・サガネ教授へ——あなたのアメリカ滞在中、いっしょに科学研究をした三人の同僚より。

　もし日本がこの戦争を続ければ、日本国民が恐ろしい惨禍を受けることを大本営に確信させるため、あなたが高名な原子物理学者としての影響力を行使されんことを願って、この手紙を私信として送ります。

あなたは、もしある国が必要な物質を用意するための膨大な費用を払う気さえあれば、原子爆弾は製造可能であることを数年にわたってご存じでした。あなたは、われわれが原爆製造工場を建設したことを知ったのですから、二十四時間操業のこれらの工場でつくられたものが全部、あなたの祖国の上で爆発することについて一点の疑いもお持ちでないものと思います。

この三週間で、われわれは原爆一個をアメリカの砂漠で実験し、一個を広島で爆発させ、三個目を今朝投下しました。

われわれは、これらの事実をあなたが指導者に知らせ、これ以上戦争が継続されるならば、帰するところは日本の全都市の全滅しかない破壊と人命の損失を終結させるため、最大の努力をされるよう懇望するものです。科学者として、われわれはすばらしい発見がこのように使われることを遺憾に思いますが、日本が直ちに降伏しなければ、この原子爆弾の雨が何倍にも激しくなることは確実です(4)。

午前三時四十九分、〈ボックス・カー〉は長い滑走路をすべって行った。最初の爆弾とは違って、「ファット・マン」は飛行中組み立てることはできず、離陸時にすでに信管が取りつけられていた。B29の地上滑走は、いつ終わるとも知れなかったが、それでもやっと機首を上げ、暗闇の中を北に向かって重そうに飛び立った。同機のすぐあとには、〈グレート・アーチスト〉と写真観測機が従った。飛行は初めから縁起が悪そうだった。スウィーニーは、弾薬庫のタンクにある六百ガロンのガソリンの燃料切換え弁が動かないことを発見した。この予備燃料が使えないため、〈ボックス・カー〉の航続距離は危険なまでに短縮された。しかし、スウィーニーは飛行を続けることにした。東京時間午前八時九分、予定より一分前、前方の雲の切れ目に一つの島が現われた。それは九州南岸沖の屋久《やく》島だった。ここで〈ボックス・カー〉は、随伴機と落ち合うことになっていた。

三分後、もう一機のB29が雲の中からぼんやり機影を現わした。〈グレート・アーチスト〉だった。二機は四十五分間旋回を続けたが、写真観測機は現われなかった。「なんということだ」とスウィーニーは副操縦士に言った。「もう待てない」彼は翼を振り、第一目標へ向かった。九州の北東海岸にある港町小倉は視界良好と報告されていた。しかし、小倉は煙ともやで部分的におおわれていることがわかった。肉眼で確かめて投下するように命じられていた爆撃手のカーミット・ビーハン大尉は照準点を見つけることができなかった。「別の方へ行くべきです」と彼はスウィーニーに伝えた。

「パイロットから乗員へ――」スウィーニーは言った。「投下しない。繰り返す。投下はしない」彼は急旋回すると二度目を試みた。ビーハンは、ノルデンMK15爆撃照準器をのぞき込んだ。見えたのは濃い煙だけだった。「照準点が見つからない」と彼は言った。スウィーニーはビーハンに「投下するな」と命じた。「繰り返す。投下するな」彼らは東から進入してみた。ここでも小倉は煙におおわれていた。燃料はやっと硫黄島に帰れるくらいで、「あぶなくなっている」と航空機関士が報告した。「了解」とスウィーニーは言ったが、「ファット・マン」の責任者である爆弾係のフレデリック・アッシュワース海軍中佐に向かって「中佐が賛成するなら、第二目標に向かいましょう」と言った。同中佐はうなずいた。「長崎に向かう」とスウィーニーは乗員に告げ、機首を南西に向けた。観測機は、長崎上空は十分の二、雲におおわれているにすぎないと報告していた。

人口二十万人の町、長崎は、サンフランシスコのように切り立った丘の上に広がっていた。湾は東シナ海に面している。それはすばらしく美しい港だった。とくに、秋の訪れが例年よりも少し早く、もう紅葉が始まっていたのでなおさらだった。町の中心部は湾に面しており、北から浦上川《うらかみがわ》がこの湾に注いでいた。長崎は何世紀もかかって、この核を中心にいくつかの盆地へ広がっていった。その一つは浦上川に沿ったもので、工業の中心地になっており、同市の労働力の九十パーセントがそこで働いていた。

一五七一年、ポルトガル人が長崎を漁村から日本の主要な貿易港に育てあげ、タバコ、火器、キリスト教などを持ち込んだ。新しい信仰があまりに広がりすぎたため、幕府はそれを弾圧するのに残酷な手段を使わねばならなかった。宣教師は殺されるか、あるいは国外に追放されたが、十七世紀には、三万七千人の信者がこの宗教的迫害に抵抗するため立ち上がった。彼らは長崎近くの城にたてこもり、数隻のオランダ船の大砲による支援で、ほとんど最後の一人が殺されるまで、三カ月間も討伐軍を寄せつけなかった。

しかし、彼らの信仰は生き残り、長崎は多くのキリスト教会や学校、数百の洋風住宅、

『蝶々夫人』の舞台とされる港を見おろすグラバー邸のような数々の観光名所を持ち、東と西の文化の融合する、最も欧風化され、最もキリスト教徒の多い町となった。

森本繁義《もりもとしげよし》は長崎の家に帰省の途中だった。神経質になり、ショックを受けていた。陸軍の防空気球をつくるため数ヵ月働いていた広島で、ほんの三日前、奇跡的に死を免れたばかりだった。原爆が爆発したとき、爆心地から一キロ足らずの地点でペンキブラシを買っていた。そのちっぽけな店が彼を〝ピカ〟から救ってくれたのだった。三人の助手といっしょに長崎行きの石炭車に乗って広島から逃れ、安全地帯へ向かった。ひと晩中、いやおうなしに彼らは「爆弾」について語り合った。日本は真珠湾を攻撃したお返しに、何か超自然的な力によって罰せられたのだろうか。貨物列車が急な坂を下って長崎駅に着くころには、森本は、爆弾がきっと自宅まで追いかけて来るに違いないという強い予感を持っていた。妻に警告しなければならなかった。町の中心部にあった彼の店の近くに来たときには、もう午前十一時になっていた。

〈ボックス・カー〉では不運が続いていた。目標に近づくと天候が悪化した。長崎上空はおそらく九分どおり雲におおわれているだろう。スウィーニーはアッシュワース海軍中佐に、残り少ない燃料では一度しか通過することはできないので、レーダーで「ファット・マン」を落としたらどうかと言った。アッシュワースはためらった。もし肉眼で目標が見つけられなければ、原爆を海上に投下するよう命じられていた。「なんとむだなことか」と彼は思い、命令に従わないことにした。「有視界でやれなければレーダーで落としてくれ」とスウィーニーに返事した。

長崎に最大の破壊をもたらすために選ばれた投下地点は、森本爪店《はた》近くの高台であった。この地点における爆発は、町の中心部、港湾地帯を全滅させ、さらに浦上川流域の工場地帯まで影響を及ぼすはずだった。午前十一時、レーダーに長崎が現われた。「捕えたぞ。町が見える」爆撃手のビーハンはスウィーニーに叫んだ。結局、有視界で爆撃できることになったのだ。雲の切れ目を通して、彼は浦上川ぞいに野外競技場の円形の縁を認めた。それは予定の爆心地より三・二キロも北西に寄っていたが、しかたなかった。照準器の十字線を競技場に合わせた。その数秒後の午前十一時一分、機は急角度で上昇した。

「爆弾（複数）を投下した」と機内通話装置でビーハンは報告、すぐ「爆弾（単数）を投下した」と言い直した。

爪職人の森本は、恐ろしい爆弾が広島に落とされ、次は長崎ではないかと思う、と妻にせき込んで話していた。彼は〝ピカ〟を説明し始めた。「まず最初に、すごい青い閃光が流れる――」そこまで言ったとき、目がくらみそうな青い閃光が言葉をさえぎった。森本は床の上げ板をはね上げ、妻と幼い息子を防空壕に押し込んだ。彼が重い蓋をおろすと、地震のようなものすごい地響きが伝わってきた。

もし上空に雲がなければ、投下予定地点の真下にあった森本の店は、跡形もなくなっていただろう。だが原爆は、競技場と川から北東数百メートル離れた三菱製鋼所と三菱長崎兵器製作所との、ほとんど正確に中間地点で爆発した。

翌日、十四歳の誕生日を迎えることになっていた岩永肇《いわながはじめ》は、魚雷工場近くの浦上川で水泳を楽しんでいた。黒い物体（計測器の入った罐）が飛行機から落とされ、落下傘が開くのを見た。「味方機だ」と友だちに言い、〝ピカ〟の閃光が光ったときには、水の中に元気よく顔を突っ込んでいた。数秒後、彼は目もくらむような世界に顔を出した。何か暖かいものが左肩にまつわりついた。黄色っぽかった。不思議に思ってさわってみると、ベロッと皮がめくれた。空が無気味に暗くなってきたので、肇は川岸に向かって泳いだ。服に手をのばそうとすると、野球のボールぐらいの二つの濃い緑色をしたタマが飛んできた。一つはシャツに当たって火をつけ、燃えてしまった。堤防をよじ登った。川の中で友だちが苦しそうに「おかあさん！」と大声で叫んでいるのを聞いた。しばらくの間、大粒の雨が彼を打った。

一つ年上の深堀妙子《ふかぼりたえこ》は、市民が防空壕に使っていた天然の大きな洞穴から、水を汲みだすのを手伝っていた。彼女は泥の中に吹き飛ばされた。そして、先週の空襲で造船所の人々が生埋めになったという話を聞いたのを思い出した。恐ろしくなって、出口に向かって手探りで進んだ。外に出てみると（洞穴は爆心地から二百メートルと離れていなかった）、自分が地獄のただ中にいるのがわかった。入口付近にいた労働者の死体はまっ黒に焦げていて、前も後ろもわからない。髪の毛のないどす黒い体をした人——男か女か見分けるのは不可能だった——が放心状態で、火のついた布切れを腰にまとっただけで歩いて行った。

妙子は家にいる母のもとに行くため、盆地の東側の丘陵を登り始めた。一人の兵隊が彼女を止め、その方向は通れないと言った。妙子は兵隊のあとについて、線路を渡り、川の方へ行った。顔の右側と右の肩に火傷を負っていることには気づかなかった。はっきり説明できなかったが、彼女は突然、丘の上の自分の一家は安全だと思った。

もっと丘の上、刑務所に近い、爆心地から二百五十メートルも離れていないところでは、十二歳の東海和子《とうかいかずこ》がひと休みするため、まだ未完成の家族用防空壕にもぐり込んでいた。頭の上の厚さ六十センチの土が、彼女を〝ピカ〟から救った。言葉では表わせないような感覚を体に感じ、ステーキが焼けるようなぱちぱちという音を聞いた。腹ばいになり、外に出た。闇だった。混乱して――夜だと思った――そしてものを感じることも、においをかぐこともできず、あてどもなく歩きだした。

埃がおさまってみると、和子は崩れ落ちた壁のそばにいた。浦上刑務所で残ったのはそれだけだった。彼女は家に帰るためめきびすをめぐらした。家はなくなっていた。和子は屋根瓦の下に埋まっていた母を救い出し、二人で父親を瓦礫の中から見つけ出した。引っぱり出そうとすると、彼の皮膚は手袋のようにつるりとむけた。

丘陵の頂上近くの七十床を持つ結核療養所――爆心地から千三百七十メートル――で秋月《あきづき》辰一郎《たついちろう》博士は、長い注射針を男の患者の脇腹に刺していた。このとき、まるで巨大な飛行機が彼らを目がけて、うなりをあげて突っ込んで来るような無気味な音を聞いた。病院がやられる！　「床に伏せろ！」と秋月は叫んだ。彼は注射針を抜いて、床にがばと伏せた。白い閃光が走り、破片が上から降り注いだ。彼はよろよろと立ち上がった。怪我はなかった。粉状になったしっくいが、息もできないほど立ちこめた。

秋月は二、三階の全患者が死んだのではないかと恐れた。そこで看護婦の一人を連れて階段の方に向かった。患者たちが階段を降りて来た。彼らはおびえてはいたが、わずかな傷を負っているだけだった。窓から浦上盆地に黄色の煙が上がるのが見えた。天主堂は燃えていた。職業訓練校もそうだった。空は赤く、また濃い黄色でおおわれていた。彼は庭に出てみた。ナスの葉とサツマイモの苗がくすぶっている。広島で使われた爆弾と同じものに違いなかった。長崎医科大学の学長が広島の廃墟を見てきて、前日、学生、教職員を前にその模様を興奮して話したばかりだった。

浦上盆地の先端部では小佐々《こささ》八郎《はちろう》が、金属部品をとりに魚雷工場の倉庫に入っていた。ぼんやりと、何か変だと感じたのはこのときだった。振り返ると窓にあざやかな色の閃光が見えた。ガスタンクが爆発したのに違いない。彼が伏せるのと同時に、天井が崩れ落ちた。頭や足、ももに深い切り傷があるのに気づかず、よろけながら工場の診療所に向かった。だが診療所はなくなっていた。薄明りの中で、人々はどうしようもなく、ただ右往左往していた。本能的にここから逃げ出し、家に帰ろうと思った。出血のため弱っていた小佐々は、止血帯として、ももに脚絆を巻いた。死体が親戚の人に発見されず、ちゃんとした葬式をだしてもらえないのではないかと恐れて、三菱製鋼所のある南の方に向かった。足はすぐ言うことをきかなくなり、四つんばいになって進んだ。

三菱製鋼所は、駅まで約一・六キロもつながっていたが、そこではその朝、十六歳の小幡《おばた》悦子《えつこ》は機械部品をやすりで磨く新しい仕事を二階で始めていた。爆発の震動で彼女は意識を失った。気がついたとき、一階から二メートルも上の残骸の中に宙づりになっていた。彼女は東側の丘陵にある大学病院行きのトラックに乗せられたが、火災のためその「救急車」は、南の駅の方に遠まわりさせられた。この道も延焼する火の手でふさがれ、患者はトラックを降りて歩くように指示された。悦子は必死の思いで道路に降りた。太陽は大きく、赤く――燃えるような赤色に見えた。日陰を求めてトラックの下にはって行こうとしたが、それもできなかった。ときならぬ大雨があり、雨は炎や熱い大地に、しゅうっと音をたてて降り注いだ。

上空では、二機のB29の乗員が「大地の内部から巨大な火の玉が、おびただしい白い煙の輪を吐きながら出現する」のを見た。〈グレート・アーチスト〉に乗っていたウィリアム・ローレンス特派員は、火の柱が三キロも天空に立ち昇るのを凝視していた。彼は火の柱が「生きもの――疑い深い目のまん前で生まれた新種の生きもの」になるのを見ると、狂ったように書きなぐり始めた。巨大なキノコ雲は、そびえ立つ火の柱より、もっと生き生きと頂上でうずを巻いた。それは千個の間欠泉《かんけつせん》のように白く荒れ狂い、沸きかえり、沸騰した。数秒のうちに、キノコ雲は幹から離れ、小さなキノコ雲がそれに代わった。それは首を切られた怪物から新しい頭がはえるみたいだとローレンスは思った。

〈ボックス・カー〉では、後部射手が機内通話装置でスウィーニーに叫んだ。「少佐、こんなとこから逃げましょうや」

スウィーニーがこの恐ろしい光景から機首をそらすと、副操縦士のオルバリーが爆撃手に話しかけた。「やあ、ビー。あそこに、きみがたったいま殺したばかりのジャップが十万人いるよ」

ビーハンは答えなかった。

兵隊たちは緊張から解放されはじめていた。わずらわしい戦闘服を脱ぎながら、彼らは互いに大声でおめでとうを言い合った。通信兵はスウィーニーの最初の報告をテニアン島に送った。

長崎ヲ〇九〇一五八Zニ有視界デ爆撃シタ。戦闘機ノ迎撃モ　対空砲火モナシ。結果ハ「技術的ニハ成功」トイエルガ　他ノ要素ノタメ　次ノ行動ニ移ル前ニ　会議ガ必要デアル。外見上ノ効果ハ広島ト同ジ。投下後ノ機内ノ故障ニヨリ　沖縄ニ向カウ必要アリ。燃料ハ沖縄マデシカナイ。

長崎の犠牲者は、日本人ばかりではなかった。三菱製鋼所にいた連合軍捕虜の作業班も爆風を受け、かなりの人数が死亡した。一・六キロ離れた捕虜収容所もひどい損害を受け、何人死んだかは誰もわからない。五、六キロ離れた捕虜収容所でも、バターンで捕えられた外科医のジュリアン・M・グッドマン博士は震動を感じた。爆風に伴って、ごろごろという大きな音が発生した。大地が震動した。しばらくするとまた震動があり、オーストラリア人医師のジョン・ヒギン博士は「これは大規模な艦砲射撃の始まりに違いない」と言った。衝撃波と震動は、ほとんど五分間も続いた。この説明しがたい現象が捕虜収容所を一変させた。捕虜たちは食堂に集められ、もう炭坑には作業班を送らない、と知らされた。

日本の水上機が一機、雲の間をぬって、高度三千メートルでまっすぐ長崎に向かっていた。十分前、佐世保の海軍航空隊基地へ、近くの長崎に「大爆撃」があったという報告が入った。二十歳の小松《こまつ》士官候補生は実情を検分するため無許可で飛び立った。彼は短波受信機で広島についてのトルーマンの発表を聞いていた。たぶん、これも原爆かもしれなかった。

機が雲を突き抜けると、黒い煙の巨大な柱が眼前にあった。「怪物の頭のような」てっぺんは、万華鏡のように色を変えながら膨張する巨大なボールだった。機を近づけてみると色の変化は太陽光線による幻覚であることがわかった。彼は雲のまわりを旋回しはじめた。下界のものは全部ぼんやり見えた。彼は二人の友人に叫んだ。「雲の中に突っ込もう！」

それはまるでかまどのようであった。小松は風防をあけ、手袋をした手を外に突き出した。熱い蒸気の中に腕を突っ込んだようだった。急いで手を引っ込め、窓をピシャッと閉めた。手袋には「ねばっこいほこり」がいっぱいくっついていた。戦友の一人が叫んだ。梅田《うめだ》兵曹長が吐いていたのだ。いっそう暗く、いっそう熱くなった。第三の男、富村《とみむら》候補生が換気で窓を開ける。熱風が彼の顔に吹きつけた。富村は大声をあげて窓を閉めた。そのとたん水上機は雲の切れ目に出て、再び太陽の光を浴びた。彼らの顔は灰色のほこりでおおわれていた。

くらくらする頭と吐き気をこらえ、小松は旋回しながら下降する。下方の長崎は炎とうず巻く黒雲のかたまりである。写真をとろうとして減速したが、熱気のため湾の方へ出なければならなかった。このあと彼は港に着水して、徒歩で町を調べることになる。(5)

## 3　長崎の惨劇

　モロトフの約束にもかかわらず、ソ連の対日宣戦布告に関する佐藤大使の東京への報告は、ついに送られなかった。何時間もの後、ロシア人自身がこのニュースを放送した。これはその早朝、外務省の無線室で傍受されたが、このとき〈ボックス・カー〉は、まだ長崎から数百キロの距離にあった。東郷のソ連を仲介とする和平交渉の最後のか細い望みは打ち砕かれた。彼は希望はないと十分知りながらこれを熱心に推進していたのだった。日本は警告もなく、背後を衝かれた。真珠湾の日のコーデル・ハルと同じぐらい東郷は激怒した。東郷は鈴木首相のもとにソ連参戦の情報を持って行き、前日、首相が緊急六巨頭会議を開かなかったことに文句をつけた。東郷は怒らなくてもよかった。なぜなら、今度は鈴木が議論したり、言葉をもてあそんだりしなかったからだ。鈴木の反応は単純明快だった。「戦争をやめよう」と彼は言った。しかし、鈴木はまず天皇が即時降伏を承認することを確かめたかった。御文庫で、彼は陛下が、平和のためならどんな条件でも受け入れることに賛成であることを知った。

　この保証を得て、鈴木は緊急六巨頭会議を召集した。午前十一時、長崎に「ファット・マン」が投下される一分前だった。「私は現在の状況下では、われわれのとりうる唯一の道はポツダム宣言を受諾し、戦争を終結することであると結論を下しました。この点に関し、各員のご意見を伺いたい」と鈴木は口火を切った。

誰も発言しなかった。

「どうして黙っておられるのか」と米内海相は言った。「率直に話し合わないかぎり、何一つ達成できないではないか」

他の三人の軍人は、米内が降伏について討論したがっていることに憤りを感じていたが、ソ連の満州侵入は、広島の爆撃よりも彼らの自信をぐらつかせていた。(6)

第二の原爆が投下されたという報告を携えて一人の将校が部屋に入って来た。この不快な知らせは満州からの知らせと重なって、阿南、梅津、豊田の鬱積した感情を爆発させた。彼らは心の底では降伏は避けられないと知っていたが、天皇の統治が許されるにしても、ポツダム宣言を受諾することは断固として拒否した。さらに彼らは、戦犯は日本人自身によって裁かれること、軍隊は日本軍将校によって武装解除されること、また占領軍の数は制限されることなどを強く主張した。

東郷はいらいらしながら現実の情勢を彼らに認めさせようと努めた。日本がいまや崩壊に瀕している以上、連合国は疑いもなくこれらの条件を拒否し、和平へのすべての努力は危険にさらされるだろう。軍は勝利へのなんらかの望みを示すことができるのか。阿南陸相にはできなかったが、それでも彼は日本が、本土でもう一つの大決戦をすることを欲していた。

「敵を上陸させないでおくことができるのか」東郷はねばった。

「運が良ければ、敵を上陸前に撃退することができます」と梅津は答えた。「とにかく、侵攻軍の大半を壊滅させうると自信をもって言えます。つまり、われわれは敵に非常に重大な損害を与えることができるのです」

東郷は追及した――それが何になるというのか？　敵は必要なら、第二、第三の攻撃をかけてくるだけである。最小限度の条件をつけて和平を求める以外方法がないではないか。三時間の会議の後、問題は未解決のままだった。鈴木は会議を解散し、木戸内府に会議の結果を報告した。「解決の道は一つしかありません」と彼は木戸に言った。「われわれは陛下の御聖断を仰がねばなりません」

それは大胆な進言であった。天皇の権能は強かったが、その役割は政策の立案までは含まなかった。しかし、木戸も天皇の特別な行為だけが日本を救いうると思った。木戸はためらうことなく、情勢を天皇に報告した。天皇もまた伝統を否定する必要を認められた。

その日の午後の閣議も、午前中の六巨頭会議同様、問題解決のためにはならなかった。戦争継続によって何も得ることはないと主張した米内を除いて、再び軍が団結して文官に対抗した。「だからわれわれは〝面子《メンツ》〟のことは忘れ、できるだけ早く降伏し、直ちにどうしたら国体を護持できるかを考えねばならない」と米内は述べた。

彼の言葉は同僚の将官たちをひどく怒らせた。阿南は憎しみを抑えておけなかった。「敵が日本に侵入するとき、軍が重大な損害を与えうることは明らかである」と彼は言った。

「また形勢を逆転し、敗北の中から勝利をつかむことも不可能ではない」そのうえ、前線の陸軍部隊は武装解除に応じないだろう。「皇軍将兵は絶対に降伏することを拒否するだろう。彼らは降伏することは禁じられていると知っている。戦争を継続する以外に方法は全くない」

四人の文官閣僚――農商、商工（商工省は一九四三年に農商省と軍需省に分割改組されているので、四五年のこの時点では存在しない）、運輸通信、軍需――の意見は違った。国民は疲労の極に達していた。米の生産は何年かぶりの大凶作で、国家はもはや戦う力を持っていなかった。

阿南はいらいらしてさえぎった。「それは誰でもわかっている。だがわれわれはどんなに不利でも戦わなければならない！」

浦上川の河口では、駅の近くのいくつかの丸いガスタンクが奇怪な火の玉のように空に持ち上げられ、地上に落ちてきて、また持ち上げられた。ドラム罐は、もっと高く舞い上がった。そのすぐ北側では、生存者たちが茫然自失、爆心地から離れようとあがいていた。無表情の裸の男が、内臓の飛び出した男の子をかかえていた。火傷でちぢれ毛になったネコが、馬からたれ下がっている腸をなめていた。

西田《にしだ》ミドリは製鋼所の給仕だったが、〝ピカ〟で髪の毛が焼けてしまっていた。彼女は破壊の中心部へ向かっているとも知らず、競技場のすぐ上の大橋《おおはし》鉄橋を渡って逃げようと思った。枕木は燃え尽きていた。彼女は曲がりくねったレールの上を、バランスをとりながらじりじり進んだ。下の川は死体で埋まっている。堤防近くの一人の女の尻は、風船のようにふくらんでいた。生々しいピンクの斑点のある白と黒のまだらの乳牛が、そのそばで静かに川の水に洗われていた。

一度ミドリはもう少しで落ちそうになり、反対側から来た少女に助けを求めた。それは同級生だったが、ミドリの焼けただれた姿は彼女を驚かせた。彼女はわっと泣き出し、ミドリにふれることを拒んだ。ミドリはぷりぷり怒りながら東岸へのろのろと向かった。彼女は黒焦げになった男が手と足を広げて、彫像のように突っ立っているのにぶつかった。その男は死んでいた。その向こうにたくさんの木炭らしいものが見えた。それが人間だと気づかず、もう少しでその上を歩くところだった。その顔は、ガスでふくらませでもしたかのように大きくて丸かった。建物は何もなかった。平たくくすぶっている瓦礫だけである。爆心地の近くで、ミドリはもう一人の同級生の男の子と会った。彼は、話しかけられるまで彼女だとわからなかった。「ほんとに西田さん？」と彼は聞いた。

二人の周囲で、苦しそうな声が助けを求めていた。ミドリはどうしてもその声の方に引き寄せられそうに感じたが、恐ろしくなってまた川岸の方に逃げ戻った。新しい連れといっしょにミドリは堤防に沿って南に向かい、歩いて渡れる浅瀬を見つけた。彼らは、焦げた蒲団の上にすわっている母娘のそばを通った。少女は前かがみになり、死んでいた。彼女の頭は水の中にたれていた。母親は娘をぼんやり眺めていた。どうして母親は娘を川から引き揚げてやらないのか？ミドリは不思議に思った。そして製鋼所を通り過ぎてさらに南へ向かった。ゴムのズック靴の底が焼けて穴があいているのには気がつかなかった。

夕暮れの薄闇が長崎の惨劇をおし包もうとするとき、数千人の生存者たちは怪我や吐き気のために爆心地から動くことができなかった。爆心地から二百五十メートルのところにあったうすっぺらな防空壕のために命拾いした幼い東海和子は、壊れた自宅の近くのからっぽの市の防空壕で、母と父の間にはさまっていた。星が出る少し前、和子の父は死んだ。母の声はしわがれ声になり、聞き取るのがやっとだった。「死なないで！」暗闇の中で和子は一所懸命頼んだ。答えはなかった。和子は母の目をさまさせることができなかった。母は死んでしまい、和子は待った。広大な無の世界のどこからも、何も聞こえてこなかった。生きているのは私一人になってしまった、と彼女は思った。[7]

# 三十五部　耐え難きを耐え

## 1　ポツダム宣言受諾

東京ではその夜、内閣が実りのない討議を続けていた。軍人の代表として、阿南陸相は相変わらず頑固《がんこ》だった。しかし、迫水内閣書記官長は陸相は腹芸を演じているのではないか、と思った。もし、阿南が口にしているとおりのことを実行に移そうとするならば彼は辞任するしかなく、内閣は解散されることになろう——そのあとを誰が継ごうとも、軍人に追随しなければならないだろう。十一時ちょっと前、この議論に慎重に巻き込まれないようにしていた鈴木首相は閣議を休会にした。内閣だけで結論に到達できないことは明らかだった。いまや、ただ一つ、残された頼みの綱は天皇にすがることだった。

鈴木首相は数分後、私邸で迫水書記官長にすぐに御前会議を準備するよう指示した。それにはまず参謀総長と軍令部総長の書判《かきはん》（花押《かおう》。手書の証印）を必要とするのが習わしだった。このことを見こして、迫水書記官長はすでに梅津参謀総長と豊田軍令部総長を説得し、会議のために必要なので、と彼らの書判をとりつけていた——迫水は彼らに、即座に召集しなければならないこともあるのだからと、当然至極の体で話しておいた。二人の大将の方は、天皇との会議は全員一致の決定に達したときだけ開かれるものだとばかり思っていた。迫水書記官長には、彼らが同意しないだろうということがわかっていたので、承認の確認は求めなかった。彼は書判をあらかじめ取っておいたのだということを首相にも知らせなかった。

　夜の十二時前に、面くらった面持の出席者たち——彼らは十分な説明も受けずに、あわただしく召集された——が御文庫に一人ずつばらばらに到着し始めた。彼らは明るい月光の中で車を降り、侍従一人に従われて、皇室の地下防空壕内の御文庫に通じる、長いトンネルへと急なゴザ張りの階段を降りて行った。丘の斜面につくられたこの防空壕は六室ほどからできていて、いちばん大きいのが会議室だったが、換気設備も貧弱で、暑苦しかった。天井は鋼材の梁で支えられ、壁は黒い板ではられた、そまつで陰気な部屋だった。

　迫水書記官長を含む四人の幹事を連れた「六巨頭」に加えて、枢密院議長の平沼男爵が呼ばれていた。控えの間で、彼らの怒りと狼狽のやり場は迫水書記官長に向けられていた。豊田、梅津ならびに軍部の二人の幹事（吉積正雄陸軍、保科善四郎海軍、両軍務局長）は彼を取り囲み、軍刀を気味悪くガチャつかせながら、ペテンにかけて書判をとったなと非難した。

　書記官長は「私たちはこの会議で何か決めようというのではありません」と、やむをえずうそをついても、みんなを静めることはできなかった。出席者が会議室の二つの、長い、平行に並んだテーブルにつくよう指示されたとき、やっと彼は追及から逃れた。上座の方、椅子とテーブルの先に、金で縁取られた緞子《どんす》のカバーをかけたやや小さなテーブルがあって、その後ろに六曲一双《ろっきょくいっそう》の金屏風が置かれていた。

午前零時十分前、天皇が入って来られた。陛下は疲れ、心痛の御様子に見えた。上座の椅子に重苦しく腰をおろされた。出席者は立礼し、着席し、天皇の御顔をまともには見ないようにしていた。年とった何人かは落ち着きのなさが昂じて、せき込みはじめていた。鈴木首相の要請で迫水書記官長がポツダム宣言を朗読した。読みづらい言葉にあたると彼は喉をつまらせた。

鈴木首相は手短に最高戦争指導会議と内閣での最近の討議を上奏し、それから「六巨頭」のそれぞれに、順に意見を具申するよう求めた。息苦しい暑さにもかかわらず、東郷外相は冷静だった。彼は国体が護持されるかぎり、ポツダム宣言は直ちに受諾するべきだ、と静かに言明した。米内海相も同様に感情を抑えていた。「私は東郷外相に同意します」と、彼は平静に述べた。

彼の率直な賛同ぶりが隣の阿南陸相を怒らせた。「私は外相の意見に反対です！」と、彼は叫んだ。陸軍は連合軍が日本にみずからの軍隊の武装解除と戦犯の処理をまかせ、占領軍の兵力を制限しないかぎり、降伏に同意することはできないとした。「もし、そうでなければ、われわれは勇気をもって戦い続け、死中に活を見出さねばなりません」彼の頬は涙で光り、本土での最後の決戦を主張したときには、その声はカン高くなっていた。「私は、われわれが敵に大損害を負わせうると確信しています。万一、われわれがこの戦いに敗れたとしても、一億国民は歴史に日本民族の輝かしいいさおしを書きとどめつつ、名誉のために枕を並べる覚悟であります！」

頭を兵隊刈りにした梅津参謀総長が立ち上がった。かくも多くの勇敢な人々が陛下のために死んだあとで、無条件降伏するなどということは考えられもしないことだと、彼はきびしく言い切った。

次は豊田軍令部総長が発言する番だった。だが鈴木首相は、とりまちがえてしまったかのように見せてその実おそらく故意に平沼男爵の見解を求めた。平沼が辛辣な一連の質問をし、最後に「戦争は継続できるのか」と軍部の直接回答を求めたときには、阿南と梅津はいぶかるような視線を彼に投げた——平沼は超国家主義者としてよく知られている——だが、彼もまたほとんどの「重臣」同様、おそらく「バドリオ」（ピエトロ・バドリオ。ムッソリーニ失脚後、イタリアの首相兼外相となり、ファシスト党を解体、連合国に降伏した）ではあるまいか。

梅津は、原子爆弾のこれ以上の攻撃は防空手段によって阻止できると保証し、「われわれは将来の作戦に備えて兵力を温存してきており、必要に応じて反撃に出られる」と述べた。法律を重んじるタイプの平沼は、無感動の様子だった。彼は多少とも東郷の意見に同意していたが、陸軍の要求については連合国と交渉すべきだと述べた。天皇の方に向き直って、「皇祖皇宗の遺訓に従い、陛下も国内の不安を防止される責任がございます。この点を御考慮のうえで御聖断を下されんことをお願いいたします」と述べ、この硬骨漢は着席した。

豊田総長がやっと発言したとき、彼は軍部の立場を再強調しようとした。しかし、彼の結論はあいまいだった。「最後の勝利が確実だとは言いきれません。しかし、同時にわれわれが完敗するとも思われません」

二時間以上にわたって、これまでの議論がほとんど逐語的にむし返されていた。豊田が語り終わったとき、鈴木首相がもう一度ゆっくりと、慎重に立ち上がった。迫水書記官長は、首相が非常に長い間抑えてきた結論をついにはっきりと述べようというのだなと思った。しかしながら、彼の発言は聞きいる者たちをもっと驚かせた。「われわれは長時間にわたって審議しましたが、結論をみることはできませんでした。事態はまことに重大であり、一瞬たりともむだには過ごされません。先例もなく、また心苦しいことではありますが、慎んで陛下の御聖断を仰ぐほかはありません」

彼は天皇の方へ向きをかえ、日本が直ちにポツダム宣言を受諾すべきか、陸軍の望む条件を要求するか、天皇が聖断を下されるよう求めた。知らず知らずに、彼は椅子から離れて天皇の方へ歩み寄った。多くが息を呑んだ。

「総理！」と阿南が叫んだ。が、鈴木は聞こえないらしく、陛下の小さな壇の方へ歩を進めた。年のせいで彼は猫背になっていた。彼は立ち止まり、深々と一礼した。天皇はわかったとうなずき、鈴木に着席するよう命じられた。年老いた総理はお言葉が聞きとれず、左の耳に手を丸くあてた。天皇は席に戻るよう手で合図された。

鈴木首相が着席すると、すぐに天皇が立たれた。ふだんは無表情なそのお声に、きわだってハリがあった。「国内の事情と世界の現状を十分考えて、これ以上戦争を続けることは、わが民族を滅亡せしめるのみならず、世界人類をいっそう不幸に陥れるものである」他の者たちは頭をたれて聞き入っていた。「私としては無辜の国民に、これ以上苦痛をなめさせることは忍びない。すみやかに戦争を終結せしめることが世界の平和を回復し、国家を苦難より救う唯一の道だと考える」天皇は一息おかれた。

迫水書記官長はちらっと天皇を見上げた。天皇は白い手袋の親指で眼鏡を拭きながら考え込むように天井を見つめておられた。書記官長は目に涙があふれるのをおぼえた。出席者たちはもはや椅子にかしこまってすわっていられず、うち伏し、何人かは手を投げ出し、テーブルに伏して、恥も外聞もなくすすり泣いた。その時には、天皇は落ち着きを取り戻しておられた。再び感きわまった声で話し始められたが、またとぎれざるをえなかった。迫水は「御聖意はすべていまや私たちにはわかりました。どうか、これ以上お言葉を続けないでください」と叫び出したい思いにかられた。

陛下は話し続けられた。「今日まで戦場にあって戦死し、あるいは内地にいて、非命に仆《たお》れたものや、その遺族のことを思えば、悲嘆に耐えないし、戦傷を負い、戦災をこうむり、家業を失った者の今後の生活については心配に耐えない。陸海軍の将兵にとって武装解除や保障占領ということは耐えがたいことであるのもよくわかる。私に忠誠を尽くした人たちが戦争犯罪人として処刑されるかもしれないと考えると、ほんとうにたまらない。しかし、私は明治天皇が三国干渉（一八九五年、露、独、仏による）のときの苦しいお心持をしのび、耐えがたきを耐え、忍びがたきを忍び、涙をのんで、外相が概略述べたところをもとに、連合国の宣言を受け入れるという提案に賛成する」[1]

天皇は話し終えられた。鈴木首相が立ち上がり、みなもそれにならった。「陛下のありがたきお言葉を慎んで拝聴いたしました」と彼は言った。

天皇は何か答えようとされたのをやめて、代わりに黙ってうなずかれた。ゆっくりと、あたかも何か、耐えがたい重荷を背負ったかのように天皇は退場された。

「唯今の思召しをもって、会議の全会一致の結論といたします」と、鈴木首相は言った。もちろん、それは西洋流の感覚でいう決定ではなくて、たんに天皇が希望を表明されたにすぎなかった。しかし、忠節なる日本人――会議室にいた十一人全員がそうだった――には天皇の希望は命令に等しかった。会議の議事録が書きとめられ、そして天皇のご心痛になお心を揺さぶられたままの出席者たちは、連合国が天皇の法的地位を認めるという条件のもとに、ポツダム宣言を受け入れることに同意し、署名し始めていた。

平沼男爵だけが例外だった。例によって、彼にはひっかかるものがあった。彼は「天皇の地位は神によって定められているものである」として、原案の字句に異議を唱えた。「天皇の国法上の地位を変更する要求を包含しおらざることの了解のもとに――は、天皇の国家統治の大権に変更を加うるがごとき要求は――に書き換えられねばならぬ」と固執した。

平沼は二時半に署名を追加した。重大会議は終了し、軍は無条件降伏に匹敵するものを受け入れていた。だが、天皇が退席されると、彼らの欲求不満、裏をかかれたという思いが鈴木に向けられた。「総理、約束が違うではありませんか」と、幹事としてすわっていた吉積《よしづみ》正雄《まさお》軍務局長がかみついた。「今日の結論でよろしいですか」阿南が中に割って入った。

もう一つの手続き――全内閣による承認、という手続きがあった。直ちに鈴木首相官邸で閣議が召集され、承認が行なわれた。そして、その場で閣僚たちは連合国各国に送る文章の作成にあたった。それは「右宣言が天皇の国家統治の大権を変更するの要求を包含しおらざることの了解のもとに」ポツダム宣言を受諾する、というものだった。(2)

長い夜であった。鈴木首相は就寝のため二階へ行った。迫水書記官長は帰らずに、ひじ掛け椅子に倒れ込み、すぐに眠り込んだ。他の者はくたくたになって、暗い、静かな東京の街を家路についた。東郷外相以外はみんなそうした。悪性貧血の彼は、おそらく誰よりもいちばん疲れきっていた。彼が心に焼きついていた天皇のお言葉を書きとどめておきたいと、外務省の仮庁舎の前で車を止めたときには、東の方からかすかに光が射し始めていた。彼は私設秘書で、女婿《むすめむこ》の東郷文彦に口述させた。文彦は親子の関係なのにもかかわらず、この老人を畏敬していた。彼は東郷が感情をむき出しにするのをめったに見たことはなかった。しかし、陛下の言われたことを暗唱したときの東郷の眼は涙でいっぱいであった。

八月十日、東京は朝から暑く、むしむししていた。市ヶ谷台上の大本営陸軍部では、陸軍省の五十人以上の将校が防空壕の中で阿南将軍がやって来るのを待っていた。これほど大勢の幹部将校たちが緊急召集されたことが揣摩《しま》憶測《おくそく》をひき起こしていた。陸相は陸軍と海軍の統合を発表しようとしているのだろうか？　原子爆弾についてのことだろうか、それとも昨夜の御前会議について報告するつもりなのか？

九時半に、二人の高級将校を従えた阿南陸相が大本営のビルから長いトンネルを大またで降りて来て壕へやって来た。彼が乗馬鞭を右手に小さな演壇に上がると、将校たちは半円形にそのまわりに集まった。静かな調子で、彼は昨夜の御前会議でポツダム宣言を受け入れることが決定した、と語った。

「そんな！」信じられないというように、何人かが叫んだ。阿南は静かに手を上げた。「おれはどう言ったら弁明できるかわからない。だが、ポツダム宣言を受け入れることが大御心《おおみこころ》だから、他に道はない」彼は陸軍の最低限の主張についても話し、それをのませることができなかったのをくやんだ。しかしながら、またやってみると約束し、そして、何が起ころうとも陸軍の秩序が保たれるよう彼らの協力を求めた。「諸君の個人感情、諸君の部下のそれも無視されねばならんのだ」

一人の少佐が前に出た。「国民を守る軍の義務はどうなるのです？」

ふだんは紳士の阿南であったが、少佐に向かってむちをふりかざした。「おれの命令に不服の者はおれの屍を越えて行け！」

大本営参謀稲葉《いなば》正夫《まさお》中佐が、軍の秩序保持のための計画をもって阿南陸相のそばへ寄った。「戦争をやめるかどうかにかかわらず、われわれは戦闘、とくに満州で進撃し続けているソ連軍に対して戦い続けるよう指示しなければなりません」と彼は言った。

「それを書け！」と、阿南は言った。

内閣にはなお、どのように国民に知らせるべきかを決める仕事が残っていた。軍は天皇の決定が国民の戦意をすぐにそこない、大混乱に陥ることを恐れて、それを公表することに乗り気でなかった。一つの妥協案が出された。つまり、国民に降伏への心構えをさせるのを助けるような、漠然とした声明を出そうというのである。それは下村宏《しもむらひろし》（海南《かいなん》）情報局総裁とその部下たちの手でつくられた。声明は勝利を呼号し、新型爆弾を残忍で野蛮だと非難し、敵は本土に侵攻しようとしていると警告していた。最後の一節だけが国民は予期せざる情勢に直面しかかっているという示唆を与えていた。

今や真に最悪の状態に立ちいたったことを認めざるをえない。正しく国体を護持し民族の名誉を保持せんとする最後の一線を守るため、政府はもとより最善の努力をなしつつあるが、一億国民にありても国体の護持のためにあらゆる困難を克服して行くことを期待する。

一方、稲葉中佐が書いた、陸軍の将兵に対する最後まで聖戦を戦えという布告には、降伏については全く暗示されていなかった。

断乎神州護持《しんしゅうごじ》の聖戦を戦い抜かんのみ。仮令《たとえ》、草を喰《は》み土を齧《かじ》り野に伏すとも断じて戦うところ死中自ら活あるを信ず、是即ち七生報国《しちしょうほうこく》「我一人生きてありせば」という大《だい》楠公《なんこう》救国の精神なると共に、時宗《ときむね》の「莫煩悩《まくぼんのう》、驀直進前《ばくじきしんぜん》」以て醜敵を撃滅せる闘魂なり。

稲葉中佐が許可を求めるためにこの布告を陸相に送ったすぐそのあとで、息せききった二人の中佐——一人は報道担当将校、もう一人は阿南の義弟竹下正彦《たけしたまさひこ》——が、内閣は降伏を示唆する公けの声明を出そうとしている、という情報を持って稲葉の部屋に駆け込んで来た。それは軍内に混乱を生むだろうから、彼らも直ちに稲葉の布告を放送しなければならぬ。稲葉は紙屑かごをひっくり返し、しわくちゃになった紙切れ、布告の原文を回収した。それは阿南の名において出されるべきものだったため、彼は陸相の承認を得ずに公表することをためらった。だが、二人の中佐は彼に時間がないのだと納得させ、布告の写しは直ちに全地元放送局と新聞社に送られた。

二つの相矛盾する声明がほとんど同時に出され、新聞社の編集者や放送局の管理者を当惑させ、そして東郷外相にあわただしい行動をとらせた。阿南の布告はまちがいなく、連合国に日本は戦闘行為を継続することに決したと信じさせてしまうだろう。日本の降伏意思を連合国に伝える公式通達は遅々とした外交チャンネルを通して進められていたし、あと数時間の遅れは第三の原爆投下を招く可能性がある。なぜ、公式の覚書を報道として直ちに電波に乗せなかったのか？　軍の検閲官が、声明の内容を知ってそれを抑えてしまう可能性が十分にあったのである。この裏をかくために、英文による日本の申し入れをモールス信号で送ることに決まった。検閲官が声明を翻訳したときには、望むらくはもう手遅れになっているように……。

同盟通信の長谷川才次《はせがわさいじ》報道局長は声明を伝達する冒険的な任務を引き受けるのに同意した。彼はそれを午後八時、送信機にかけ、まずアメリカに向け、ついでヨーロッパに向けて流した。彼は内容が傍受されないようにと祈りながら、緊張して回答を待った。

ほとんど同じころ、東京の市内各所では手榴弾の爆発が起こって通行が遮断された。稲葉中佐を含む陸軍の反対派が、一騒動起こして戒厳令布告に持ち込もうと図ったのである。東京が軍の支配下におかれれば、天皇もお心を変え、戦争を継続することにするかもしれない。しかし、爆撃にあまりに慣れっこになっていた東京は、ときどき思い出したように起こることの爆発を別に気にとめなかった。

長崎では、市民に疎開を呼びかける手遅れの警告ビラが荒廃した市の上にヒラヒラと降りかかっていた。

## 2　不平将校の企み

世界のもう一方の側では、なお八月十日の朝だった。午前七時三十三分、長谷川によって発信されたモールス符号のメッセージ——さいわいにも、日本陸軍の検閲官は気にとめようともしなかった——がアメリカ側の傍受者にとらえられた。トルーマン大統領はリーヒ大統領付き参謀長、バーンズ国務長官、スティムソン陸軍長官、フォレスタル海軍長官を執務室に呼び集め、メッセージを読んで聞かせた。それは非公式筋からのものだったので、彼はポツダム宣言は受諾されたものとみなしうるかどうか、順に彼らの意見をきいた。もしそうだとしたら、天皇に引き続き統治させるべきだろうか？　数週間にわたって、ハリー・ホプキンスやアーチボルド・マクリーシュ、ディーン・アチソンを含む多くの影響力ある人々が天皇制の廃止を求めていた。

しかし、この部屋に集まった四人の補佐官のうち、三人はそのような過激な方法には反対だった。心を痛めていたスティムソンにとっては天皇制を維持することは実利的な問題だった。彼は、連合国は各地に分散した日本軍を降伏させるためには裕仁《ひろひと》の助けを必要とするのだ、と指摘した。「中国その他の地域での、第二、第三の硫黄島や沖縄の流血からわれわれを救うためには、天皇を利用することが必要なのだ」リーヒは「裕仁には別に何の感情も持っていなかったが、スティムソンを支持した。

しかしバーンズは「無条件降伏というわれわれの要求から後退することには反対です。この要求は原爆が使用され、ソ連が参戦する前に日本に出されたものです。もし条件が容れられるとするなら、条件をつけるのは日本ではなく、アメリカであるべきです」と述べた。フォレスタル海軍長官は「降伏の言葉はアメリカ側の意向と見解に十分に合致するとみなしうる旨、われわれ側から肯定的な声明を出してやれば日本人は安心することができましょう」と反論した。

日本の降伏申し入れは人命の喪失が続いていることに対するスティムソンの憂慮をいや増した。彼は爆撃の停止——艦載機やマリアナ諸島からのB29は依然、日本の諸都市を爆撃していた——を命じるよう提案した。原爆を使用したことでアメリカ国内にも疑念が高まっていた。フォレスタルは「アメリカは日本人による憎しみの的とならねばならないことを忘れてはならない」とつけ加えた。

トルーマンは態度をあいまいにしたままだった。彼は外交チャンネルを通して、公式の降伏が伝えられるまで待つことに決めた。だが、バーンズにはすぐに回答の起草を開始するよう命じた。国務長官は彼が自分の国だけでなく、ソ連や中国、イギリスをも代弁しているのだと意識して言葉を吟味した。正午少し前、彼は在スイス米大使館が公式に日本の降伏申し入れを受け取ったところだ、との報告を受けた。メッセージが着くとすぐに、彼は日本への回答案といっしょにみずからホワイトハウスへ持って行った。トルーマンは緊急閣議を召集し、午後二時、バーンズの回答が朗読され始めた。スティムソンはその和解的な調子を喜んだ（「……それは、なかなか思慮に富んだ、周到な声明で、もっと歯に衣きせぬ調子のものよりも、いっそう受諾される公算が大であった」）。

回答はこう書かれていた。

降伏のときより天皇及び日本国政府の国家統治の権限は降伏条項の実施の為、其の必要と認むる措置を執る連合軍最高司令官に隷属するものとする。日本国政府の最終的形態は日本国民の自由に表明する意思により決定せらるべきものとする。

これは無条件降伏の基本的原則をあやうくすることなしに、日本国民に対しては天皇の将来の地位について安心させるはずのものであるという点で全員の意見が一致した。しかし、東京へのメッセージは、まず連合国によって承諾されねばならなかった。早急に承諾してくれるようにとの要請を添えて、コピーがロンドン、モスクワ、重慶《じゅうけい》の各アメリカ大使に打電された。

キング海軍参謀長は、真珠湾のチェスター・ニミッツ太平洋艦隊司令長官にこの交渉の知らせを発していた。あの「屈辱の日」の十日前に、海軍によって発せられた最初の警報を思い起こしながら。彼のメッセージはこう始まっていた。「コレハ平和警報デアル……」

阿南陸相は過去三十六時間の出来事を振り返れば振り返るほど、鈴木首相や東郷外相に対して腹立たしくなっていた。八月十一日の朝、自宅で弓の練習をしたあと役所へ車で出かけるとき、彼は秘書官の林三郎《はやしさぶろう》大佐に首相への不平をこぼした。彼の執務室に六人ばかりの不機嫌な将校連——義弟の竹下中佐も入っていた——が顔を出すと、不平はいっそうはっきりした形をとった。御前会議は東郷だけが天皇に自分の案を出す準備をしていたほど、即席なものだった。そして、また、なぜ平沼男爵が会議に列席したのだろうか？　阿南には出席者は降伏を承認するように図られたという印象が残っていた。

こうした非難は漠然と表明されたが、不満組を勇気づけて新たな下剋上の行動に走らせた。二十人ばかりがクーデターを計画するために、陸軍省にひそかに集まった。竹下中佐は先任将校として、彼らがやろうとしていることは死刑に値するものだと警告した。彼は提案した。第一に天皇を和平を求める者たちから離さなければならない。それから戦争の継続を天皇に助言するために、阿南の力を借りよう。食うか食われるかの本土決戦が名誉ある和平をとり結ばせるほどの大損害をアメリカ軍に負わせうるかもしれない。もし、そう運ばなかったら、山にこもって、ゲリラとして戦い続けよう。

陰謀者たちは熱心に計画にとりかかった。彼らは宮城《きゆうじよう》を包囲するために東京に駐屯する軍隊を使う。通信線を切り、放送局や新聞社や政府の主要建物を占拠する。それから鈴木首相や東郷外相や木戸内府のような「バドリオ」をひっ捕える。

竹下中佐は阿南陸相が最終的には彼らに合流し、続いて梅津参謀総長を引き込んでくれると信じていた。そのときには二人の現場司令官、近衛第一師団長の森赳《もりたけし》中将と東部軍管区司令官の田中静壱《たなかしずいち》大将とも協力しなければならなくなるだろう。参謀総長と陸相とがクーデターを支持すれば――一九三六年、東京を短時間占拠した小グループの将校が失敗したように――しくじることはなかろう。それは本質的にも、陸軍の作戦となるだろうし、彼らは国家のために最高の司令官たちの下で合法的に行動するということになろう。

こうした合法性の概念は、将校団に多大な影響力をもっていた平泉澄《ひらいずみきよし》教授の教えを曲解したものだった。平泉は一九二六年、三十一歳で東京帝大の助教授になった。彼の主な関心は国史で、主な目的は明治時代の指導者たちの精神を保持することにあった。共産主義の風が大学に吹きまくり始めると、彼は「青々塾」を創立してこれに立ち向かった。彼の教義の神髄はそれぞれの国家はみずからの伝統と歴史と道徳とをもち、他の国家はその違いを尊重すべきだ、というものであった。彼は日本の社会は国家と天皇に対する完全な忠節と従順を基《もとい》としてうち建てられていると教え、青々塾は神道をその骨、儒教をその肉、武士道をその血として、超国家主義の学校に発展した。

平泉は細っそりした、文字どおり穏やかな小男の歴史学の一教授だった。しかし、陸軍士官学校での初講義では彼は帯刀して演壇に闊歩して上がるという、ドラマチックな登場をした。彼は軍刀をそばに置いて、穏やかに、けっして効果を狙って手を使ったり顔をしかめたりせずに話した。どういうものか、燃えるような誠実さで、彼は聴衆の将校生徒すべてを感電したようにしびれさせた。彼らが皇道や国家について聴いたことで、天皇や国家への自己犠牲の精神にかぶれるようになったので、平泉教授のことばはしばしば、出撃しようとする神風特別攻撃隊員が格言として口にした。

　高級将校も彼の生徒であった。東条英機も首相だったころ、しばしば彼の助言を求めたし、阿南は依然、彼に最高の敬意を払っていた。竹下や共謀の他の者たちも青々塾に通っており、自分たちはいま、平泉の教えるところを行動に移そうとしているのだと信じていた。

　無条件降伏は大和魂や国体を破壊せずにおくであろうか？　そう考えると、天皇の和平決定はまちがった、無分別に基づく判断であるために、これに抵抗するのが全く正しいことになるのだった。事実、皇室への真の忠誠心が天皇の命令への一時的な不服従を生み出した。

## 3　降伏か徹底抗戦か

一国を除いて連合国はバーンズ米国務長官が提案した対日回答を即刻受け入れた。ソ連政府は日本の申し入れに「懐疑的」であった。モロトフ外相はそれを無条件でもなければ、固まったものでもないとみた。そこでソ連は満州での進撃を続行していた。

しかし、ハリマン駐ソ米大使は早急な回答を迫り、モロトフは一条件を付してこれに応じた。

「ソ連政府もまた、日本政府から肯定的な回答があった場合、日本の天皇および政府の隷属すべき連合軍最高司令部の代表候補資格または諸候補資格についての協定に参画するべきであると考える」というものであった。

ハリマンはこの条項に「強く異議」を申し立てた。アメリカ政府はけっして、それには同意しないだろう。彼は同条項がどんな意味をもつのかも正確にはわかっていなかった。モロトフは極東軍最高司令部は二人、アメリカの将軍一人とソ連の将軍一人から構成されるべきだ、と説明した。

ハリマンの反応は鋭く明確であった。アメリカは四年間にわたって太平洋戦争の主な負担を担い、そうすることによって、ソ連の背後に日本を近づけさせなかった。ソ連はこの戦争に二日間しかかかわり合っていない。そこで最高司令官が一人のアメリカ人以外の誰かであるべきだなどとは、考えられないことである。モロトフは激しく応酬した。しかし、ハリマンもがんとして態度を変えなかった。自分はワシントンにこの提案を送る。だが、受け入れられないことは自分にはわかっている、と。

ハリマンはぷりぷりしたままオフィスに戻った。彼は電話に呼び出された。それはモロトフの秘書M・パブロフからで、彼は外相がスターリン首相に照会し、考え違いがあったので、と述べた。つまり「協議《コンサルテーション》」はしたいと思っているが、必ずしも「承認《アプルーバル》」せよというのではないのだというのであった。ハリマンはそこで再び「諸侯補資格《キャンディダシー》」という字句はワシントンでは受け入れられないだろうと警告した。数分後、パブロフはまた電話をかけてきて、スターリンは不愉快な字句を喜んで削除するし、それを文書で確認するつもりだと語った。

平和は目前に迫っていたので、フォレスタル海軍長官とスティムソン陸軍長官は再度、トルーマン大統領に人道的なゼスチャーとして、日本に対するすべての空、海の軍事行動を停止するよう説得しにかかった。トルーマンはそれに耳を貸そうとはしなかった。彼は日本人がこれに力を得てもっと譲歩を要求してくるようなことのないようにするため、圧力はかけ続けるべきだと言った。彼は東京の回答が不満足なものでないかぎりは、今後原子爆弾を使うことは中止すると約束した。さらに二発の原爆がテニアン島に用意され、八月十三日と十六日に投下することが仮に予定されていた。スパーツ航空軍司令官は東京はたたきのめされ

ていて、通常爆弾の目標にはもの足りないものになっているが、なおもこの首都に原爆を落とすことを依然熱望していた。(3)

バーンズの回答がスイスを経由して公式に送られる一方、日本の一般市民へのPR効果を狙って、短波放送でもサンフランシスコから東洋に向けて放送された。ポツダム宣言への日本の回答を秘密裏に送信した人物、同盟通信の長谷川才次は十一日の深夜過ぎに連合国の逆提案を傍受施設から通報された。彼は外務省に知らせ、それから親友の迫水書記官長に電話した。眠り込んでいた書記官長は何と言ってきたのか、としきりに知りたがった。「まだ、われわれも完全なテキストをもっていないんです」と、長谷川は答えた。「しかし、どうもあまりぐあいのいいものには思えませんね」

二時間以上、迫水は英語の全文が届けられるまでいらいらして待った。

「ポツダム」宣言ノ条項ハ之ヲ受諾スルモ、右宣言ハ天皇ノ国家統治ノ大権ヲ変更スルノ要求ヲ包含シ居ラザルコトノ了解ヲ併セ述ベラレタル日本国政府ノ通報ニ対スル吾等ノ立場ハ左ノ如シ。

降伏ノ時ヨリ、天皇及日本国政府ノ国家統治ノ権限ハ、降伏条項ノ実施ノ為、其ノ必要ト認ムル措置ヲ執ル連合軍最高司令官ニ隷属スルモノトス。

天皇ハ日本国政府及大日本帝国大本営ニ対シ、「ポツダム」宣言ノ諸条項ヲ実施スル為、必要ナル降伏条項署名ノ権限ヲ与エ、且之ヲ保障スルコトヲ要請セラレ、又天皇ハ一切ノ日本国陸海空軍官憲及何レノ地域ニ在ルヲ問ワズ、右官憲ノ指揮下ニ在ル一切ノ軍隊ニ対シ、戦闘行為ヲ終止シ、武器ヲ引渡シ、降伏条項実施ノ為最高司令官ノ要求スルコトアルベキ命令ヲ発スルコトヲ命ズベキモノトスル。

日本国政府ハ降伏後、直チニ俘虜及ビ被抑留者ヲ連合国船舶ニ乗船セシメ得ベキ　安全ナル地域ニ移送スベキモノトスル。

日本国政府ノ最終的形態ハ「ポツダム」宣言ニ従イ、日本国国民ノ自由ニ表明スル意思ニ依リ決定セラルベキモノトスル。

連合国軍隊ハ「ポツダム」宣言ニ掲ゲラレタル諸目的ガ完遂セラルル迄、日本国内ニ留マルベシ。

それは長谷川が示唆したほど否定的なものではなかった。連合国は天皇を護持するという、日本の要請を公然と拒否してはいなかった。しかし、「最終的形態」の内容は示唆されていなかったし、それが主戦派に全提案を拒否するための拠りどころを与えることになろう。迫水は東京の街を駆け通して来た松本外務次官といっしょになった。彼の顔は覚書を読むにつれ曇っていった。

国体についての漠然性は、五段落目の二つのタイプミスによって一層ひどくなっていた。バーンズは“The ultimate form of government of Japan”(「日本国政府ノ確定的形態」)と書いたのだったが、傍受者は“The ultimate form of the Government of Japan”としていた。大文字のGは、文民の行政機構だけをさすと解釈すべきものか、それとも天皇を含むのだろうか？　そして“the”には何か特別の意味がこめられているのだろうか？　松本は“the Government”は天皇を除外しているのだという楽観的な見解をとった。いちばんよいのは軍国主義者たちが各部分について果てしない議論をしかけてくるようなことがないようにするため、覚書をひっくるめて「一息にのみ下す」ことであった。松本が東郷外相に進言をしている間に、迫水は鈴木の家に向かった。老首相は新提案と推論に耳を傾け、それからおごそかに言った。「いずれにしろ、戦争を終わらせねばならぬ」

御文庫では木戸内府が、覚書の天皇に関する問題点を説明申し上げていた。「それで少しも差し支えないではないか」と陛下は言われた。「たとえ連合国が天皇統治を認めてきても、人民が離反したのではしようがない。人民の自由意思によって決めてもらって少しも差し支えないと思う」天皇の平静さに木戸は「頭に一撃」を食らった思いであった。木戸内府をそれまでわずらわせていたものは、天皇の臣民に対する絶対の信頼のもとで霧散していった。

軍部の反応についての迫水の危惧は的を射ていた。参謀総長と軍令部総長はバーンズの回答の中に戦争を継続していくための十分な口実を見出し、まっさきに——東郷外相よりも先に——天皇に異議を奏上した。

天皇は彼らの結論は早計だと示唆された。連合国の正式回答はまだ来ていない。「それがついてから検討する方が確かだろう」天皇はそう言われて、彼らを思いとどまらせた。「われわれがなお疑念とする諸点については、別の照会もたぶんできるだろう」

しかし、天皇自身はすでに結論に達していた。二時間後、御文庫に参上した東郷に、天皇は連合国の提案は満足すべきもので、受諾すべきであると勧告された。天皇の反応は東郷にとってそうであったように、鈴木にとっても望ましいものだった。しかし、連合国の条件が最終的に受け入れられることが確実になるには、まだまだ道は遠かった。天皇に関する字句は平沼男爵のような保守主義者を動揺させ、「国体」についての心配から彼を鈴木の邸に走らせることになった。まず彼は「天皇及日本国政府ノ国家統治ノ権限ハ……連合軍最高司令官ニ隷属スルモノトス」という声明に激しく反対した。"subject to"という用語を彼は奴隷化と解釈した。彼はまた政府の確定的形態が国民によって決定される、という節にも異議をさしはさんだ。それはがまんのならないことだった。天皇は神であり、臣民の意思には従属されえないのであった。

その日の午後、全閣僚が集まってバーンズ回答を討議した。東郷は受諾できない理由はなんらないとした。第二段落は原則的に天皇の地位をそこなわずに残しているし、第五段落は日本国民にみずからの政府形態を選ぶことを許している。「日本国民の、天皇に忠節な圧倒的多数が、伝統的なわが国の体制を護持することを望まないなどと想像することはできない」と彼は論じた。そのうえ、もし字句上の修正を要求するとしたら、連合国側の天皇制に反対する人々が皇室の廃絶を要求することも十分ありうることだった。

しかし、阿南陸相（ほんの少し前まで、彼は自分の執務室で提案を拒絶するよう要求する、若い不満分子によって苦境に追いつめられていた。「もし、あなたがそうすることができないなら、腹を切るべきです！」と）は、がんとして譲らず、そして彼の抵抗は平沼男爵および同男爵の息のかかった二人の他の文官、内相と法相に支持されていた。東郷外相に賛成した者もいた。しかし、それをはっきりと口にしたのは米内海軍大将だけだった。一時間以上、実りない討議を重ねたあげく、鈴木首相――そのような強力な反対に立ち向かうことはおそらく気がすすまなかったのか、黙ったままでいた――がついにこう言った。「もし、武装解除が強制されるなら、われわれには戦争継続以外に道はない」

遠慮会釈のない東郷は鈴木の優柔不断ぶりに不信感を抱きながらも、つとめて自制していた。彼は決定を延ばす方法を見つけねばならなかった。彼はこういった（天皇が先に言われたように）。「連合国の正式回答がまだ届いていないので、それを受け取るまで討議を続けた方がいいと思う」反対する者は一人もいなかった。東郷は鈴木に不平をぶちまけながらその私邸について行った。どうして、いまどき武装解除の問題をもち出すのか！　彼は叫んだ。「和平交渉の決裂もやむなし、としないかぎり、回答をありのまま受諾する以外に道はないのです。陛下は戦争を終わらせたいと望んでおられる。そして、われわれが言い争っている問題が皇室の存在そのものを含んでいることに、首相はお気づきにならないのですか？　もし、あなたがそのような態度を続けるなら、私は単独奏上しなければならなくなるかもしれません」

東郷は憤りというよりは意気消沈して、自分の執務室に帰った。彼は松本に、やめなければならなくなるかもしれないと言った。次官の方は何事も早まられないように、と懇請した。

「連合国からの正式回答はいつ来るかわかりませんが、明日の朝までは来なかった、ということにしてもさしつかえはないでしょう。[4]どうぞ、今夜は帰宅し、休んでください」と彼は言い出した。かろうじて聞き入っていた東郷は、わかったとうなずいてみせ、しょんぼりと車へ向かった。彼は鈴木の「背信」について、木戸内府に知らせねばならなかったのである。

　木戸内府は首相官邸に電話し、会いに来てほしいと鈴木に求めた。首相はいまはだめだが、体が空いたらすぐに宮内省へ連絡する、と返事した。一時間、二時間が過ぎ、木戸の心配は高まった。午後九時半、やっと鈴木が到着し、国体論者をもって認ずる「平沼の輩」たちのことをブツブツこぼした。

「私は国体の護持を熱心に気づかう人たちの論議を軽んずるつもりはない」木戸は言った。「だが、慎重な検討のうえ、外相は問題の文節に異議をさしはさむべき個所はない、と保証している。……もし、ポツダム宣言をしりぞけ、戦争を続けるとすると、多数の無辜の日本人が爆撃や飢えで死ぬだろう」鈴木の受け身の姿勢は弱まり、木戸は言葉を続けた。「もし、われわれが平和をもたらせば、われわれのうち四、五人は暗殺されるかもしれない。だが、それもよかろう。迷わずためらわず、ポツダム宣言を受諾する政策を推し進めようではありませんか！」

「よし、やりましょう」鈴木は突然大声を出した。

阿南陸相は連合国の提案を受け入れることに対して、閣議でははっきりと反対してきた。しかし、個人的には疑心につきまとわれていた。聖旨にどうしてあらがい続けえようか？　その日の午後に彼を責めた不満分子と同様に、彼も日本にとっての光輝ある道は戦争を継続することだ、と信じていた。しかし、それは天皇のお許しのもとにであった。皇兄の心を変えさせる助力をしてもらうよう、三笠宮を説得することができるかもしれなかった。彼は秘書官の林大佐といっしょに、御殿が破壊されたあと三笠宮の住居となっていた防空壕へ車で向かった。

阿南は三笠宮の敵意を含んだ応対に当惑させられた。彼はその日の午後、皇族会議が開かれたことは知っていたが、三笠宮が他の親王同様、天皇の御決定を支持すると誓われたことは知らなかった。あわてた阿南は降伏に反対する、がんこな青年将校連を先んじて抑えることができるかどうかが心配だと言葉を添えた。

「満州事変以来、陸軍は陛下のご意思を、ときとして必ずしも体さずにふるまってきた。しかし事態がここまできていても、なお戦争を続けることを望め、というのは最も赦しがたいことだ」と、三笠宮は言った。どうして、このように責任のある将官が陛下の御指示を無視できるのか、といぶかる三笠宮を残して、消沈した阿南は戻っていった。こうした感覚は大本営陸軍部内に行き渡っているのだろうか？　そのあと、数人の陸軍参謀将校たちが三笠宮を訪れた。たまたま、その一人はかつての学友だった。防空壕の外の庭で彼らは話し合った。三笠宮が友人に阿南の要請を話されると、この友人はどうして殿下は天皇にそのことを話されなかったのですかと尋ねた。友人の、にわかに勢いづいた声や議論がましい態度が三笠宮には自分は脅迫されている、という印象を与えた。彼らの高声が壕の中の三笠宮妃を心配させ、夫の身の安全を気づかわせた。

三笠宮の反応に心をぐらつかせた参謀将校たちは三笠宮をなだめにかかった。阿南閣下は始末におえない将校連も制御できるし、そのうえ陸軍は陸相の指揮のもとに規律正しい軍隊としてとどまるでしょう。「反乱について、ご心配の必要はありません」

阿南は寝つけなかった。深夜もそうとう回ってから、彼は秘書官を起こして最も信頼する梅津参謀総長のもとへやり、梅津将軍が畑俊六《はたしゅんろく》元帥に天皇と陸軍の上級将校の間をとりもってくれるよう頼むことを提案した。「許してくれ」梅津は床を歩き回りながら、林秘書官に言った。「おれはいま、ポツダム宣言受諾に賛成なのだ」

梅津参謀総長が劇的に変心したあとでも、阿南はなお天皇を動かそうと、個人的な試みをした。八月十三日の朝早く、彼は無作法にも木戸内府の朝食をじゃました。文字どおり部屋に「おどり込んで」行ったのである。木戸は阿南がこれほど、取り乱した姿を見たことはなかった。阿南はまくしたてた。連合国の条件は大和魂をぶちこわしてしまうでしょう。最後の決戦を交えるべきです。「宣言の受諾を陛下が御再考くださるよう、もう一度だけでもお願いしていただけないでしょうか？」

「私にはできない」と、木戸は答えた。彼は、政府の選択を国民に任せることは国体の終焉を意味するという阿南の非難に反駁《はんばく》した。彼は続けた。「陛下が御心を変えられ、十日付の和平提案を取り消され、そして最後の決戦のための宣言をもしお出しになるとすれば……」連合国はまちがいなく天皇をばかか狂人だと思うだろう。「陛下がそんなぐあいに侮辱されるのは耐えられないことだ」

阿南は自制していた。「お気持はわかりました」と、阿南は言った。「あなたの立場では陛下をお守りしなければなりますまい」

「陸軍は非常に強力だ。あなたはそれを統制してゆくという難事をかかえている」と、木戸は同情をこめて言った。

阿南は無理に微笑した。「陸軍省の中がどうなっているのか、おわかりにはなりますまい」彼らは握手した。

午前九時、六巨頭は前日、閣議が解決できなかった討議を続行した。御文庫からの電話が議事を中断したあとも、会議は依然暗礁に乗りあげていた。天皇は阿南が木戸邸に激情的な訪問をしたことを耳にして、梅津、豊田両総長に会いたがっていた。

天皇は彼らに戦争を終わらせる話し合いが進行しているといわれ、そして遠まわしの言い方で、決定がなされるまで、自分はできるだけ流血を少なくしたいと希望している旨を暗示された。天皇は、交渉が行なわれているあいだの作戦はどう行なうつもりかと尋ねられた。発砲されたときだけ撃ち返す考えですと梅津は答えた。天皇はわかった、とうなずかれた。

二人の将校は敬礼して六巨頭会議の場へ戻った。もし、天皇が人命を救い、かつ討議に影響力を及ぼすという二つの目的で彼らを召喚されたのだったとしても、六巨頭の審議にはなんらの直接的な効果もなかった。しかし、その日の午後の閣議では閣僚の大半はいまや連合国の要求を受け入れる気持に傾いていた。そのうえ、反対派の筆頭、阿南将軍も典型的な日本的遠まわしの表現で、彼が外目に見えるほどがんこではないのだということを、こっそりわからせようとした。

彼は会議のテーブルから立って、迫水に次室について来るよう合図し、そこから彼は気短な陸軍省軍務局長吉積正雄《よしづみまさお》に電話した。「私は、いま閣議に出ているが」と阿南は言った。「閣僚みながきみたちの意見を了解する方向に向かいつつある。そこで、みな私が戻るまで、そこにとどまっていてほしい」何のことか、迫水にはわからなかった。状況はまさに逆だったからだ。阿南は目くばせした。「ここに書記官長がいる」と阿南は続けた。「それで、もし必要なら会議の進捗状況について、直接彼に聞いてもらうこともできる」迫水は一瞬で了解した。阿南は陸軍省の反抗的な不服従分子を鎮める腹芸を演じているのだ。

しかし、不満分子を抑えるつもりの阿南の言葉は逆効果を生んだ。午後三時四十五分、閣議は劇的な形でぶちこわされた。使者が、十五分以内に新聞や放送局によって発表されるという陸軍の声明の写しをもって来た――「皇軍は新たに勅命を拝し、米英ソ支四ヵ国軍に対し、作戦を開始せり」。

「私はこれについては何も知らない」と阿南は説明し、先に大本営に戻っていた梅津参謀総長にすぐに電話した。参謀総長も阿南と同様に、恥をかかされていた。大本営発表は陸相と参謀総長の二人の承認を必要とするのだが、梅津も阿南も了承していなかった。それは陸相が吉積将軍に何もするな、と電話で特別の指示をしたにもかかわらず、参謀次長および陸軍次官によって決裁されたに違いなかった。梅津はこの発表を取り消す命令を出し、放送予定の数分前にさしとめられた。

閣議は再開されたが、阿南はしばらく、議事への関心を失っていた。早急な降伏に反対していた二人の文官――司法大臣と内務大臣――が、もっと好条件でという主張に固執したときにも、陸相はわれを忘れ、夢想にふけっているかのようであった。

「バーンズの回答は」と東郷は言い張った。「間違いなく連合国数ヵ国の条件の最小共通分母を表わしています。もし、われわれが日本の再建と人類の幸福のために、平和を招来しようとすれば、ありのままに受け入れることが当然なのです」

語義についてのつまらない議論がまたもち上がった。鈴木が怒って仲に入った。「軍の指導者はバーンズ回答にわざと不満を述べたてることによって、戦争を終わらせようとするわれわれの努力を台なしにするお考えか？　なぜ、われわれはこれを妥当なものとして受け取れないのか？」最後の決着をつけねばならなかった。閣僚の多くは自分の意思表明を控えていた。鈴木は一人一人が明確にそれを口に出すことを希望した。彼は司法大臣を指名した。法相はもちろん阿南、豊田に同意し、内務大臣もそれにならった。数人は積極的な立場をとることをしぶった――鈴木自身がそうだった――が、鈴木は彼らに一人を除いては降伏を承認するまでつっけんどんに問いただしていった。いまや、鈴木自身もはっきり言わなければならなかった。

「私はこの難局に当たり、陛下の御希望に従って戦争を終結させることを決心しました。連合国の回答を検討してみると、受諾しがたいようにみえる部分もありますが、よく読むと、アメリカは悪意でこれらの条件をわれわれに出してきたものではないことがわかります。天皇の地位についての変更を考えているものでもないと感じます。私は御聖旨のとおり、戦争を終わらせるべきだと信じます。そこで私はここでの討議の模様を十分に奏上申し上げ、最後の御聖断を仰ぐ考えです」

御聖断がどうなるだろうか、という質問はなかった。しかし、立場上、戦争の成り行きの責任をその一身に負わされている阿南は、相いれない忠誠に心は千々に引き裂かれ、不可避の運命を受け入れることができないでいた。閣議が解散したあとで、彼は鈴木の執務室について行った。部屋には海軍軍医が首相と面会するために待っていた。「次の御前会議を召集されるまで、もう二日間の猶予をいただけませんか」と阿南はきいた。

「残念ながらそれはできない。いまが絶好の機会です。直ちにこの機会をつかまねばなりません」と鈴木は答えた。阿南が帰って行ったあと、首相は軍医の方へ向き直った。「もし、遅らせれば」と彼は言った。「ソ連は北海道を満州や朝鮮、樺太と同様に占領するかもしれない。それはわが国にとって致命的な打撃になるでしょう。交渉が主にアメリカとに限られているいま、ことを起こさねばならないのです」

「しかし、阿南将軍は自決されるかもしれませんね」

「わかっています。気の毒だが……」と、鈴木は言った。

陰謀者のあらたなリーダーは阿南の義弟、竹下中佐ではなく、彼より階級の低い、畑中健《はたなかけん》二《じ》少佐であった。畑中は外見上は革命家と正反対のように映った。静かで、学究的で、穏健であった。だが、国体に対する揺るぎなき献身と妥協を快しとしない態度が彼にあらがえない威信を与えていた。阿南の支持獲得が依然成功へのカギだった。あらゆる階級の指揮官が阿南を信じて身をまかせるだろうからだ。その日の夕方、陰謀者たちは阿南の家に招かれていた。畑中は以前に二度、陰謀に阿南を加担させるための仲介をおぜんだてした。最初に彼は竹下に義兄をとりなすよう説得した。しかし、中佐は特権的な地位の利用を渋る気持があまりに強いことがわかった。次に彼は平泉教授に、陸相に話してくれるよう頼んだ。教授の国家の光輝についての哲学は大本営に浸透していた（もっとも平泉は、畑中およびその他の反逆者たちが「自分勝手に性急に行動することはさし控え」阿南の指導を受けるよう求める書簡を畑中に書いていた）。たえず楽天家だった畑中は教授が阿南に陰謀に加担するよう助言してくれることを望んでいたが、実際には平泉は阿南に絶対的に天皇に従うよう勧告しようとしていた。畑中はみずから平泉につき添い、陸相の控えの間に行った。だが、教授は阿南には会えなかった。教授は長い間待たされたあと、阿南は御前会議に出ていて、しばらくは戻って来ないだろうと知らされた。

午後八時――八月の夜は静かで、暑苦しかった――陰謀者の内輪のグループが空襲以後阿南の公邸として使われていた、ささやかな平屋の木造家屋に群がり集まっていた。畑中はまず阿南将軍を、降伏を主唱する連中から遠ざけたいと思い、「バドリオ」どもが将軍を暗殺する計画を立てているといううわさを話した。阿南はおもしろがり、鷹揚に笑った。クーデターの計画自体は彼の心をひかなかったようであった。計画では、木戸、鈴木、東郷、米内は投獄され、戒厳令が布告され、宮城は孤立化される手はずだった。これを成し遂げるためには四人の将軍――阿南、梅津、田中（東部軍司令官）、森（近衛第一師団長）――が協力しなければならないだろう。阿南は計画の反逆的な性格は不問にふしたが、やり方をなじった。たとえば、彼らは通信連絡をどう処理しようというのか？

竹下は固執した。「われわれは計画を実行しなければならないのです」と、彼は叫んだ。その上、それは御前会議が正式にバーンズ覚書を受諾することに同意する前に実行されねばならなかった。阿南の、あたりさわりのない態度が陰謀者たちには彼の意向を不確かなものにしていた。荒尾興功《あらおおきかつ》大佐は失望させられた。だが、竹下はあきらめようとはしなかった。

グループを反抗させないため、阿南は「翌朝まっさきに」梅津とともに、自分の影響力を行使すると約束した――一方阿南は梅津が天皇を支持することを決意しているのを知っていた。だが、青年将校たちはもっと早急な行動を希望した。今度は、阿南は深夜にその一人の荒尾大佐と会うことに同意し、そのときにはクーデターについて深く考えてみることができるかもしれない、と示唆して、これを思い止まらせた。荒尾が他の者と一緒になって帰ろうとすると、阿南は玄関までついて来て、心配気にみなに呼びかけた。「気をつけろよ。きみたちは監視されているかもしれない。いっしょに帰るよりは、いくつかのグループに分かれて帰った方がいい」

竹下はみなが帰って行くまで義兄のそばにいた。阿南は彼らに合流しようとしているのかと、中佐は身内の気やすさできいた。「あんなに大人数の前では、真意は明らかにできないもんだ」と、将軍は答えた。彼はそれ以上は何も言わなかったが、竹下は楽観的な気持を新たにしながら帰って行った。

参謀総長と軍令部総長――梅津と豊田――は陰謀者たちから直接の圧力は感じていなかった。しかし、無条件降伏を受諾することに対して、よみがえる心の呵責を抑えられなかった。彼らは首相官邸の地下会議室で私的な会合を行ない、夕食会から東郷外相を呼んだ。しかし、東郷は土壇場になっての条件の考慮は不同意だ、という態度を変えなかった。「そういうことはできません」彼は何度も繰り返した。外がやかましくなり、この会合をとりなした迫水が申しわけなさそうに、神風特攻隊の創始者である大西滝治郎《おおにしたきじろう》海軍中将（軍令部次長）を案内して来た。大西は豊田大将に近づき、感情を押し殺した声で、彼がいましがた高松宮《たかまつのみや》に対して皇兄に戦争継続を求めるよう懇願して来たところだと打ち明けた。しかし、いうまでもなく、彼も阿南と三笠宮との場合と同様、成功はしなかった。かえって高松宮は言った。「あなたたち軍人はすでに陛下の御信頼を失っているのだ！」大西の両眼は涙でいっぱいだった。「われわれは陛下に勝利を得るための計画を提出し、御聖断を再考されるようお願いしなければなりません。われわれは敢然とこの計画に身を挺さねばなりません。もし、われわれわれが二千万人の日本人の生命をこの〝特攻〟に捧げる覚悟なら、勝利はわれわれのものです！」激情的な彼の訴えに返事はなかった。うちひしがれ、彼は東郷を見やった。

「もし、勝てるという現実的な希望がわれわれにあれば、いま誰も、ポツダム宣言を受諾することを考えないでしょう」と外相は言った。「だが、一回の戦闘で勝つことが、戦争に勝つことにはならないでしょう」

空襲警報が鳴り始めた。東郷にとって、それが散会のための口実となった。彼は灯火管制下の通りを車を走らせながら、大西が言った二千万人の生命を犠牲にすることについて思いをはせめぐらせていた。平和のための最後の断は翌日下さねばならなかった。後日、彼はこう書いている。「もしそれが何かの役に立つことがわかっていたら、われわれは何事も堪え忍べただろう。だが、軍人たちが言っている弓矢や竹槍では何の望みももてないことがわかっていた」

# 三十六部　日本敗る

## 1　降伏の決断下る

八月十四日、東京の東の空が白み始めたころ、上空高く一機のB29が鈍い爆音をたてながら市の中心部に向かって飛んで来た。何かを投下しているらしく、尾部から尾を引いていた。この投下物は途中で一つ一つ爆発し、ひらひらと舞うビラの雲となって地上に降ってきた。その内容は、ワシントンの陸軍広報部で大急ぎで起草され、日本文に訳されて、サイパン島まで電送されてきたものだった。

日本の皆様

私どもは本日皆様に爆弾を投下するために来たのではありません。お国の政府の申し込んだ降伏条件と、アメリカ、イギリス、支那並びにソ連を代表してアメリカ政府が送りました回答を、皆様にお知らせするためにこのビラを投下します。戦争を直ちにやめるか否かは、かかってお国の政府にあります。

ビラには日本がポツダム宣言を条件付きで受諾したことが書かれていた。バーンズ米国務長官の回答も載っていた。

木戸内府は、宮城のなかに落ちたビラを一枚拾って、御文庫へ参上した。そして天皇に、もしこのビラが各部隊の手に入ると、彼らは和平交渉の内容については知らないのだから、決起する可能性があると言上した。直ちに御前会議をお召しになり、出席者に対して、直ちに戦争を終わらせたいとの御決意を伝えられるようにとも奏請した。

天皇はビラにざっと目を通されたあと、木戸内府に対して、すぐに鈴木首相を見つけるよう命じられた。うまいぐあいにそのとき、首相は次の控えの間まで、参内して来ていた。首相はいまの状況では、時間がかかりすぎて両統帥部長の判が得られない、という意見だった。そしてその代わりに天皇が、御自身の権限で御前会議をお召しになるという、未曾有の措置をとられるよう奏請したいといった。木戸内府としても、そうした緊急措置が必要であることを認めた。内府はさらに、いま一つ未曾有の措置をとることを決めた。つまり鈴木首相に同行して、天皇に拝謁申し上げようというのである。首相が天皇に拝謁する際に、内府が御前に出るというようなことは、かつてなかった。陛下は、会議を午前十時三十分に召集することに同意されただけではなかった。会議が暗礁に乗り上げるようなときには、内閣に「命令」して、バーンズ覚書の条件を受け入れさせようとも言われたのだった。

この日の朝、阿南陸相は決起の計画について、再び態度を決めることを迫られていた。昨夜の深更におよんだ荒尾大佐との会議では、陸相は、はっきりしたことは何も言っていなかった。この会議にあたっては、秘書官の林大佐は陸相に、荒尾大佐と率直に話し合うよう進言していた。しかし陸相の態度がはっきりしないので、林大佐は端的に、「大臣のお話からでは、大臣が決起の計画に賛成なのか反対なのか、判断できません」とまで言っていたのである。いまや決起まであと数時間を残すだけとなり、決起派は陸軍省の阿南陸相に対して、直ちに支援してくれるよう、要求を突きつけてきた。にもかかわらず、陸相は今度もまた、はっきり否と言えないでいた。陸相は、決起派を自室に残して、参謀総長の意見を聞かねばならないからと言って、出て行った。

これに対して梅津参謀総長の態度ははっきりしていた。彼は阿南陸相に対して、宮城内で軍隊を使うのは冒瀆であると断言した。阿南陸相は自室に帰る途中、決起派の将校たちに取り囲まれた。彼には、もはやこの問題を避けて通ることは許されなかった。そこで言った。「この問題について、参謀総長と話し合った結果、私はきみたちの行動を支持しないことを決めた」陸相は、それ以上議論することを拒んだ。そしてすぐ、大股歩きで建物を出て行った。そこには、一台の車が待っていた。陸相は、首相官邸の地下壕内の会議室で開かれる閣議に出席することになっていた(1)。

しかし閣議は開かれず、全員そろって御文庫の別館に席を移すことが発表された。緊急御前会議のためだった。天皇の御臨席を仰いで、最高戦争指導会議と閣僚合同の御前会議が開かれるのは、あの一九四一年十二月一日の歴史的な御前会議以来、初めてのことだった。しかも、礼服に着替える余裕さえ与えられなかった。このため軍需相などは、宮内省の式部官からネクタイを借り、厚生相に頼んで結んでもらわねばならないありさまであった。またこれによって陸軍は、なんの用意もないままにこの五日間で二度目の対決に引き込まれるはめに陥った。そして鈴木首相が、この陸軍の怒りの矢面に立つことになった。

一同は、地下壕内の狭い会議室に入ったとき、テーブルが運び出されていることに気がついた。その代わりに、椅子が二列に長く並べられていた。構成員がふえたためだった。一同は不安な様子でこのうだるような密室で待った。十時五十分ごろになって、天皇は軍服を着、純白の手袋をはめ、蓮沼蕃《はすぬましげる》侍従武官長を従えて出御された。

まず鈴木首相が立って、内閣が一致してバーンズ覚書の受諾を承認できなかったことを天皇に詫びた。そして、それに反対したのがおもに豊田軍令部総長、梅津、阿南の両大将であったことを示し、この三者に立って直接、陛下にその理由を説明申し上げるようにうながした。まず梅津参謀総長が、戦争を続けることを主張した。もし降伏が国体の最後を意味するものなら、全国民を犠牲にしても、最後の決戦をいどまねばならないというのである。この主張には、豊田軍令部総長も同意した。阿南陸相は、こみあげてくる激しい感情に声を詰まらせながら、連合国側が天皇の身の安全を確実に保障するまでは、戦いを続けるべきことを希望した。この戦争に勝つ機会はなお残されており、そうでないにしても、少なくとも、もっと良い条件で戦争を終わらせることができる、というのだった。

天皇は待たれた。しかしもう、天皇以外には立ち上がって意見を述べる者はなかった。最後に天皇がうなずき、口を開かれた。「ほかに別段意見がなければ、私の考えを述べる。皆は私の結論に同意してほしい。日本が連合国側の回答を受諾することに反対する意見は、それぞれよく聞いたが、私の考えはこの前申したことに変わりはない。私は世界の現状と国内の事情とを十分検討した結果、これ以上戦争を続けることは無理だと考える」天皇は手袋のまま、両頰の涙をぬぐわれた。参列者一同は沈みきって、ここかしこから嗚咽の声がもれた。「連合国の回答を検討したが、それは数日前に送ったわが国の通告の立場を事実上認めておる。この際、先方の回答を受諾してよろしいと考える。天皇の統帥権について、連合国側の意図を疑う者もあるが、私は外相と同じ意見である。先方の回答文は、国体を毀損せんとして書かれたものとは思えない。忠勇な陸海軍の将兵にとって、武装解除なり保障占領というようなことはまことに耐えがたいことで、その気持は私にはよくわかる。戦争犯罪人として訴えられる者もあろう」天皇の声は、とぎれがちだった。「今日まで陣没した者、またその遺族については……私の深く憂慮するところである」ここで天皇はまた、手袋を頰にあてた。「それらはまことに耐えがたいことである。しかし国民にこれ以上の苦悩をなめさせることは、私としては実に忍びがたい。自分はいかになろうとも国民の生命を助けたい。これ以上戦争を続けては、結局わが国が焦土となりはて、さらに数十万の者が生命を失う。私としては実に忍びがたい。私は明治大帝が涙をのんで思い切られた三国干渉当時の御苦衷をしのび、この際耐えがたきを耐え、忍びがたきを忍び、一致協力、将来の回復に立ち直りたいと思う」天皇はちょっと休まれた。二人の閣僚が耐え切れなくなって、床の上にくずおれた。

「この際、先方の申し入れを受諾してよろしいと考える。どうか皆もそう考えてもらいたい。一般国民には今まで何も知らせずにいたのであるから、突然この決定を聞く場合動揺もはなはだしかろう。この際、自分としてなすべきことがあれば何でもいとわない。国民に呼びかけることがよければ自分はいつでもマイクの前に立つ。陸海将兵には、必要とあらば自分が親しく説き諭《さと》してもかまわない。この際詔書を出す必要もあろうから、政府は早速その起案をしてもらいたい」

苦しみと悲しみのなかで、参列者一同は互いに抱き合った。鈴木首相は、ようやく立ち上がって、再びお詫びした。御前に歩み出て、深く頭をたれた。天皇は立ち上がり、疲れた様子で扉の方に向かわれた。

この会議に出席するため梅津参謀総長が大本営を出る直前に、二人の決起将校が参謀総長室に飛び込んで来て詰問した。梅津参謀総長は二人をなだめようとして、自分は決起を「すべて」いけないとはしていないと言った。これを聞いて二人は、廊下をまっしぐらに竹下中佐の執務室にとんで行った。「梅津参謀総長が参加してくれることになった」と一人が叫んだ。このことは、直ちに阿南陸相に伝えておかねばならなかった。そこで竹下中佐は、首相官邸へ車をとばした。だが驚いたことに、閣議は中断され、緊急御前会議に切り替えられていたのだった。宮城でも竹下中佐は、待たねばならなかった。そして宮内省で延々と待ったあげくの果てに、また全員が首相官邸の地下会議室に戻り、閣議を再開したと聞かされた。

首相官邸でも、中佐はまた待たねばならなかった。閣僚たちは昼食をとっていた。

食事が済んで、阿南陸相は便所へ行った。秘書官もいっしょだった。陸相は、妙にいきいきしていた。彼は林大佐に向かって大きな声で言った。「たったいま、情報があった。アメリカ艦隊が東京湾の外に来ている。総力をあげて艦隊を攻撃することをどう思うか」林大佐は、阿南陸相が相も変わらず迷っていたのでいらいらした。「それはだめです」と彼は言った。「まず第一に、アメリカ艦隊が東京湾外に来ているというのは、うわさにすぎません。第二に、天皇は終戦を御希望になったばかりです」

信念の人、阿南陸相の心を千々に乱していたのは、事実のすべての面に理非をみる、彼自身の能力であった。彼は、閣議が再開される前に二、三分、陸軍省へ戻り、決起将校に会ってみようと決心した。そして控え室を通りかかったとき、そこで待っていた義弟の竹下中佐とばったり会った。「梅津閣下が、決心を変えられました」と竹下中佐は勢い込んで叫んだ。阿南陸相は急に顔を輝かせた。「それはほんとうか」と、急に興味をもった様子で尋ねた。だがすぐに、すべてが終わってしまったことを思い出し、肩を落として言った。「もう何もかも決まってしまったのだ」

中佐は陸相に、閣議で影響力を行使してほしいと嘆願した。だが阿南陸相は、首を横に振るばかりだった。「それなら大臣、このさい思い切って辞職してください」と中佐は食い下がった。もし陸相が辞職すれば、鈴木内閣は総辞職に追い込まれ、戦争を終わらせることができなくなる。

「墨をくれ」と阿南陸相が、熱意を新たにして言った。「辞表を書くから」だが、このとき陸相はまた考え直した。自分が内閣を去ろうとどうしようと、和平は避けられないのだ。「もし辞職したら」と陸相は言った。「もうお上にもお目にかかれなくなる」

阿南陸相が市ケ谷台上に戻ったとき、大臣室には少なくとも十五人の決起将校が詰めかけて来ていた。もはや、陸相にとって言いわけのしようもなかった。「先ほど、陛下の御臨席のもとに、御前会議が開かれた」と彼は言った。「そこで陛下はついに、終戦の御聖断を下された」陸相は当惑したような表情で沈黙した。将校たちの期待に添えなかったことを、詫びる気持からだった。そして、言葉をついだ。「全陸軍は、ただただ大御心のままに進むほかはない。日本は困難な時代に直面することになる。だがどれほど生活が苦しくなろうと、国体の護持に全力を尽くしてほしい」

井田《いだ》正孝《まさたか》中佐が抗議した。陸相はなぜ決心を変えたのか。

阿南陸相は目を閉じ、けさの、御文庫の別館での、あの痛ましい体験を思い浮かべた。「陛下がいったん決定されたからには、自分としてはもはやこれ以上反対を申し上げることはできない」陸相はまた将校たちに、天皇が両眼に涙をたたえられて、わざわざ自分に「阿南、お前の気持はよくわかる。苦しかろうが、がまんしてくれ」と言われたことを話した。彼は、自分のまわりの将校たちの悲痛な顔をじっと見つめたが、今度はなだめようとはしなかった。「御聖断は下ったのである。いまはそれに従うばかりである」彼は威厳と決意をもって言った。「不服の者はまずおれを斬れ」

もはや、言うことは何もなかった。畑中少佐は泣き伏した。涙は両頬をつたい、彼はすすり泣いた。阿南陸相は動揺したが、一言も言わずに、きびすを返して部屋を出て行った。ほかの者もそれに続いて、一人ずつ部屋を出た。みんな頭をたれていた。

阿南陸相は閣議に戻った。この閣議は、記憶にあるどの閣議よりも、重々しいものだった。鈴木首相は、二度まで御聖断をあおがねばならなかったことについて、閣僚たちをきつくしかった。それは陛下に対して、あまりにもおそれ多いことであった。このきびしい鈴木首相の言葉に対しては、誰も反論する者はなかった。天皇の意思の前にただただ頭を低くし、十五人の閣僚は一人一人、ポツダム宣言を無条件に受諾する文書に署名した。

さて、ここで残った重要な問題は、どのようにしてこの決定を全国民に示すかということだった。情報局の下村宏総裁は、天皇が詔書を放送されることを提案した。それは不適当なことではあったが、降伏についての声明は、天皇の口からじきじきに出たものでなければ、一般には信用されないに違いない。この提案に、内閣は一致して賛成した。ただし、一つだけ条件がつけられた。それは陛下に直接電波を通じて、臣民に呼びかけるようお願い申し上げるのは、あまりにも畏れ多いから、録音を通じて行なうべきだということだった。

## 2　国体護持の不安

阿南陸相が耳にしていた、アメリカ艦隊が東京湾沖に迫っているといううわさは、すでに陸軍省内にも広がっていた。敵部隊が上陸の準備中で、落下傘兵が、主要な飛行場のすべてに降下しようとしているとも伝えられた。このうわさにおびえて、将校たちは書類のとじ込みを中庭に運び出し、機密文書に火をつけた。ある沖縄出身の大佐は、礼装のときに使う陣太刀式の佩刀《はいとう》を振りかざして、英語放送や英字新聞の翻訳室に押し入った。翻訳官たちが敗北主義を宣伝したと非難しようというのだ。彼は、刀を振り回しながら叫んだ。「おれたちを誤らせたのは貴様らだ。殺されても当然だ」だが、その目からあふれる涙は、どうしようもなかった。いきなり、ドアをバタンとしめて、どこかへ走り去った。

森赳中将は、近衛師団長として宮城の警備にあたっていたものの、彼は、どうしようもない挫折感を情報部長にぶつけたのだった。彼は有末精三中将の執務室に飛び込み、大声でどなった。

「貴様は腹を切れ。それを見届けたら、おれも腹を切る」有末中将は森中将に向かって、貴様の任務は、天皇をお守り申し上げることだと注意した。森中将は、また叫んだ。「それはおれの務めだ。おれは陛下をお守りする。それから貴様を殺してやる」この剣幕におされて、有末中将は参謀本部長のところへ行った。宮崎周一《みやざきしゆういち》中将も、森中将におどされていたのだった。有末中将は言った。「あの男は、気が狂ってしまったのだ」

規律は、軍のどのレベルでも、乱れはじめていた。この建物に配属されていた憲兵の下士官たちは、衣類や食糧をかかえて逃げだしてしまっていた。下級将校たちは、上官を侮辱した。上級将校のある者は、自室に閉じこもってウイスキーや酒をあおった。この混乱にも、一つだけ確かな効用があった。それは、これによって陸軍の指導層が結束を固めたことだった。阿南、梅津、畑、杉山元《すぎやまはじめ》、土肥原賢二《どひはらけんじ》の各将軍は、一通の短い宣言にそれぞれ署名・捺印した――「皇軍ハ飽迄御聖断ニ従イ行動ス」ついで各部門の責任者に対して、第一会議室に集合するよう通知が出された。そこで阿南陸相が訓示することになっていた。

午後三時三十分、阿南陸相は小さな演壇に登った。「天皇陛下におかせられては、終戦の御聖断を下された」陸相は、直立不動の幹部たちに言った。「したがって、御聖慮に沿い奉って、行動するのが至当である。陛下は〝国体〟護持に確信ありと言われ、その確信を各元帥に表明された。今後、皇国の苦難はいよいよ加重するであろうが、諸官においては過早の玉砕はけっして任務を解決する途でないことを銘記し、たとえ泥を食い、野に伏しても、最後まで皇国護持のため奮闘していただきたい」

この阿南陸相の訓示によって、高級将校を含む決起の可能性はすべて封じられた。なおも決起の決意を変えなかったのは、あの意思堅固な畑中少佐と、数人のがんこな同志たちだけとなった。彼らには、なお宮城を占拠する可能性が多分に残っていた。森師団の二人の少佐――そのうちの一人は東条元首相の女婿《むすめむこ》の古賀《こが》秀正《ひでまさ》少佐だった――が彼らの主張に同調していたのだ。彼らには、まずなんとしてでもやり遂げなければならない新しい目標があった。それは、天皇がじきじきに吹き込まれた録音盤を、日本放送協会（ＮＨＫ）のビルに運ばれる前に奪い取ることだった。

この日の午後、畑中少佐は汗が吹き出す暑さの中を、自転車で東京中を走り回って、計画を復活させようとした。彼は案内もうけずに第一生命会館の六階まで行った。そこには東部軍管区司令官田中静壱大将が陣どっていた。畑中少佐はなんの挨拶もせずに、つかつかと田中大将の執務室に入って行った。田中大将は、退去するように命じた。将軍の怒りは激しく、畑中少佐は口もきけなかった。彼はさっと敬礼し、回れ右をして引き下がった。

だが、畑中少佐は決意を変えたわけではなかった。彼は自転車で市ヶ谷台上に引き返し、計画に加わることをやめた人々を、再び説得しようとした。まず、井田中佐のところへ行った。しかし井田中佐は、阿南陸相の訓示を聞いたあと、すでに決心を固めていた。陸軍省の主だった将校がそろって集団自決し、天皇と国民にお詫びしようというのである。だが、これに同調しようという者はほとんどなかった。

畑中少佐は井田中佐を屋上に誘った。そこでなら、誰に遠慮することもなく話せる。畑中少佐は、「重要なこと」を言った――その夜、宮城を占拠することを計画しているというのだ。「すでに近衛師団では、ほとんどの大隊、中隊の指揮官がこれに賛成しています」と彼は説得的な口調で言った。

「それはだめだ」と井田中佐が答えていった。「陛下はすでに御聖断を下されておられる。ところで、近衛師団長の考えはどうなのか」

「森中将についてはよく知りません」と畑中少佐は一歩譲った。「しかし中将にはなんとかして参加してもらわなければなりません」井田中佐は、森中将を味方に引き入れられるかどうか疑いを示した。「それはわかっていますが、私の気持は変わりません。おそらく陛下御自身、ポツダム宣言の受諾が国体の護持を意味するかどうか、よくおわかりではないでしょう。その結果がどうなるか確かでないときに、どうして陛下の御命令に従うことができるでしょうか」そして——と、少佐は理屈をつけた——こうした疑問をもっていながら、この歴史の最も重大な瞬間に決起しないならば、日本人は国家の体面を汚《けが》すことになる。「だから、いま行動を起こすことによって、それを確かめなければならないのです。もし決起が失敗すれば、御聖断の正しさを示すことになります。成功すれば、私がまちがっていなかったことになります。何かしなければならない。坐視することはできません」

井田中佐は、このような推論にはついていけなかったが、畑中少佐が主張を貫き、それに命を賭けていることをたたえた。「貴様がそれほど真剣に考えているのなら、やれ。おれには止めることはできない」

だが、畑中少佐は承認以上のものを求めていた。「ご協力をお願いします」これに対して井田中佐は、よく考えてみようと答えたが、自分の決意を変えるつもりはなかった。

階段のところで畑中少佐は、稲葉正夫中佐にばったり会った。稲葉中佐は全軍将兵にあてた、断固戦い抜かんのみという、非公式の布告を起草した人である。だが彼は、支持することを考えてみようとさえしなかった。「内閣はもう降伏文書に署名した」と彼は言った。「陛下のお言葉はあす放送されることになっている。そんなことはむだだ。やめたまえ」

この放送、つまり詔書の中で天皇がどのような言葉を使うかは、なお閣内で議論されていた。阿南陸相は「戦勢日ニ非ニシテ」という字句を認めようとはしなかった。このような文句を、どうして承認することができようか。これまでの大本営発表が、すべて虚構だったということになる。それに、まだ戦争に負けてしまったわけでもない。

米内海相の方は、あのビルマと沖縄の壊滅的な損失をもって、これに対峙した。長びく議論を避けさせたのは、迫水内閣書記官長だった。彼はうまくなかをとって、「戦局必スシモ好転セス」と改めることを提案した。

休憩のとき、阿南陸相は副署の儀式に備えて、礼服に着替えるためいったん議事堂わきの官邸に戻った。陸相が彼の質素な官邸を出ようとしたとき、畑俊六元帥と東条元首相が現われた。この二人は降伏後、戦争犯罪人として裁かれることは明らかで、東条元首相は、お互いに自衛のために戦ったのだと証言することを望んだ。畑元帥は違っていた。彼は元帥の地位を返上することを望んだ。

閣議では、詔書の字句を最終的に承認する作業が続けられ、一方宮内省では、二人の係官が筆で詔書の写しをとっていた。一つは公式文書とし、いま一つは天皇が録音の際お読みになることになっていた。陛下はできあがったものを読んで、五ヵ所の大きな変更を求められた。詔書は約八百字もあって、新しく写しをとるには、数時間が必要である。(2)そこで係官は、この訂正を細長い紙片に書き、オリジナルの方にのりではりつけた。そのとき鈴木首相から電話があった——阿南陸相の要求で訂正を申し入れてきたのである。そのあと、またやっかいなことが見つかった。写しの一枚から、ある一節が落ちていたのだった。

午後八時半、天皇は鈴木首相の立会いのもとで、ようやくつぎはぎの詔書に署名し、これに御璽を押された。だが連合国に対して、降伏を公式に通告するには、全閣僚の副署が必要である。それから一時間半ほどの間に、全員の副署が集められた。午後十一時ごろになって、最後の署名者の運輸通信相が首相官邸の会議室に到着し、完了した。これによって、降伏が公式のものとなった。一人の書記官が外務省に電話を入れ、英文のものが電報で在スイス、および在スウェーデンの日本公使に送られた。同時にこれら公使に対しては、次の通告をアメリカ、イギリス、ソ連、中国の四国に伝えるよう、訓令が出された。

ポツダム宣言の条項受諾に関する八月十日附帝国政府の申入並に八月十一日附バーンズ米国国務長官発米英ソ支四国政府の回答に関連し帝国政府は右四国政府に対し左の通り通報するの光栄を有す

一、天皇陛下におかせられてはポツダム宣言の条項受諾に関する詔書を発布せられた

り
二、天皇陛下におかせられてはその政府及び大本営に対しポツダム宣言の諸規定を実施する為必要とせらるべき条項に署名するの権限を与え且つ之を保障せらるるの用意あり又陛下におかせられては一切の日本国陸、海空、軍官憲及右官憲の指揮下に在る一切の軍隊に対し戦闘行為を終止し武器を引渡し前記条項実施の為連合国最高司令官の要求することあるべき命令を発することを命ぜらるるの用意あり

閣僚たちは呆然として、テーブルを囲んですわっていた。もはや、決定すべきことは何もなかった。鈴木首相が席をたって、部屋を出た。礼服の阿南陸相は立ち上がって、以前からの好敵手だった東郷外相の方に歩み寄った。そして姿勢を正して、重々しく言った。「先ほど占領と武装解除について、連合国側に申し入れる外務省案を拝見しましたが、あのご処置はまことに感謝にたえません。ああいう取り扱いをしていただけるのでしたら、御前会議で、あれほど強く言う必要もなかったのです」

これを聞いて東郷外相は、あまりにも慇懃《いんぎん》だと思った。それでやや堅くなって、自分はこれまでも、軍が提案していた降伏条件に常に同情的だったと答えた。

阿南陸相は軍刀を腰につけ、帽子をこわきにかかえて、鈴木首相の執務室に入った。彼は首相に挨拶をした。「終戦の議が起こりまして以来、これまでずいぶんご迷惑をおかけしたことと思い、ここにつつしんでお詫び申し上げます。そんなことをしたのも、ただ〝国体〟

を護持せんとするにあったのでありまして、あえて他意あるものではございません。この点は何卒ご了解くださいますよう、とにかく深くお詫びいたします」

「そのことは、よくわかっております」と鈴木首相は言って、涙で目をしばたたかせている阿南陸相の方へ行った。首相はその手を握った。「しかし阿南さん、どうかご安心ください。日本の御皇室は絶対に御安泰です。なんとなれば、今上陛下は春と秋のご祖先のお祭りでいつも平和を祈願されていますから」

## 3　阿南陸相自決

八月十四日のこの日、宮内省では午後三時ごろから日本放送協会の係員四人が天皇の降伏の発表を録音するため待機していた。荒川大太郎《あらかわだいたろう》が必要な機械類を、二階御政務室の隣の部屋にとりつけた。これまで陛下の声が放送されたことはたった一度しかなかった。一九二八年十二月二日、天皇が軍に対して詔書を読まれていたとき、五十メートルほど離れて置かれていた放送協会のマイクが、音響の気まぐれでたまたま、まだお若かった天皇の声を捉えてしまったのである。

午後十一時半になって、天皇は二曲一双の金屏風の正面にしつらえられたマイクの前に案内された。天皇の声にちょっと似ている戸田康英《とだやすひで》侍従が、マイクに向かって二言、三言吹き込んでみた。天皇の音量をどの程度に調節すべきかを、技術員たちに知らせるためだった。

「声はどの程度でよろしいのか」と天皇がきかれた。

下村情報局総裁が、普通のお声でけっこうでございますと答えた。天皇の声は大きかったので十分だと思われたのだ。しかし、あの独特の皇室用語で書かれた詔書を読み出したとき、天皇は無意識に声を低められた。

詔　書

朕深ク世界ノ大勢ト帝国ノ現状トニ鑑《カンガ》ミ非常ノ措置ヲ以テ時局ヲ収拾セムト欲シ茲《ココ》ニ忠良ナル爾臣民《ナンジシンミン》ニ告ク

朕ハ帝国政府ヲシテ米英支蘇四国ニ対シ其ノ共同宣言ヲ受諾スル旨通告セシメタリ

抑々《ソモソモ》帝国臣民ノ康寧《コンネイ》ヲ図リ万邦《バンポウ》共栄ノ楽ヲ偕《トモ》ニスルハ皇祖皇宗ノ遺範ニシテ朕ノ拳々《ケンケン》措カサル所曩《サキ》ニ米英二国ニ宣戦セル所以モ亦《マタ》実ニ帝国ノ自存ト東亜ノ安定トヲ庶幾《ショキ》スルニ出テ他国ノ主権ヲ排シ領土ヲ侵スカ如キハ固《モト》ヨリ朕カ志ニアラス然ルニ交戦已《スデ》ニ四歳《トセ》ヲ閲《ケミ》シ朕カ陸海将兵ノ勇戦朕カ百僚有司ノ励精朕カ一億衆庶ノ奉公各々最善ヲ尽セルニ拘ラス戦局必スシモ好転セス世界ノ大勢亦我ニ利アラス加之《シカノミナラス》敵ハ新ニ残虐ナル爆弾ヲ使用シテ頻《シキリ》ニ無辜《ムコ》ヲ殺傷シ惨害ノ及フ所真ニ測ルヘカラサルニ至ル而モ尚交戦ヲ継続セムカ終ニ我カ民族ノ滅亡ヲ招来スルノミナラス延《ノベ》テ人類ノ文明ヲモ破却スヘシ斯《カク》ノ如クムハ朕何ヲ以テカ億兆ノ赤子《セキシ》ヲ保シ皇祖皇宗ノ神霊ニ謝セムヤ是レ朕カ帝国政府ヲシテ共同宣言ニ応セシムルニ至レル所以ナリ

朕ハ帝国ト共ニ終始東亜ノ解放ニ協力セル諸盟邦《ショメイホウ》ニ対シ遺憾ノ意ヲ表セサルヲ得ス帝国臣民ニシテ戦陣ニ死シ職域ニ殉シ非命ニ斃《タオ》レタル者及其ノ遺族ニ想ヲ致セハ五内《ゴダイ》為《タメ》ニ裂ク且戦傷ヲ負ヒ災禍ヲ蒙リ家業ヲ失ヒタル者ノ厚生ニ至リテハ朕ノ深ク軫念《シンネン》スル所ナリ

惟《オモ》フニ今後帝国ノ受クヘキ苦難ハ固ヨリ尋常ニアラス爾臣民ノ衷情《チュウジョウ》モ朕善《ヨ》ク之ヲ知ル

然レトモ朕ハ時運ノ趨《オモム》ク所堪ヘ難キヲ堪ヘ忍ヒ難キヲ忍ヒ以テ万世ノ為ニ太平ヲ開カムト欲ス
朕ハ茲ニ国体ヲ護持シ得テ忠良ナル爾臣民ノ赤誠《セキセイ》ニ信倚《シンイ》シ常ニ爾臣民ト共ニ在リ若《モ》シ夫《ソ》レ情ノ激スル所濫ニ事端ヲ滋クシ或ハ同胞排擠互ニ時局ヲ乱リ為ニ大道ヲ誤リ信義ヲ世界ニ失フカ如キハ朕最モ之ヲ戒ム宜シク挙国一家子孫相伝ヘ確《カタ》ク神州ノ不滅ヲ信シ任重クシテ道遠キヲ念《オモ》ヒ総力ヲ将来ノ建設ニ傾ケ道義ヲ篤クシ志操《シソウ》ヲ鞏《カタ》クシ誓テ国体ノ精華ヲ発揚シ世界ノ進運ニ後レサラムコトヲ期スヘシ爾臣民其レ克ク朕カ意ヲ体セヨ
昭和二十年八月十四日

天皇は振り返り、「どんなぐあいであるか」と尋ねられた。別室にいた技術員の一人が当惑したように、残念ですがお言葉が二つ、三つ、不明瞭でしたと答えた。この録音の手続きにしだいに興味を深められていた天皇は、朗読の途中、数回口ごもったことをご存知で、もう一度読むと言われた。今度は声の調子が高すぎ、また文字を一つ飛ばした。「もう一度朗読してもよいが」と天皇は申し出られたが、それは天皇に対して「あまりにも畏れ多い」ことだった。

結局、二度目のものを公式の録音とし、最初のものは、緊急のときだけ使うことが決められた。この二組各二枚の十インチ録音盤は、それぞれていねいに別々の厚紙の容器に収められ、さらに誰かが部屋の中で見つけた木綿《もめん》の袋にしまわれた。さて、ここで問題だったのは、これをどこに保管したら最も安全かということだった。放送局のように目立つ場所では、決起のうわさがほんとうだった場合、安全ではないように思われた。宮内省内の方が確かに違いない。というわけでこの録音盤は、二階の軽金庫の中に保管されることになった。

こうして予防策は十分にとられた。だがこのとき、宮城は決起部隊によって、外界から遮断されようとしており、すでに一人の将軍が殺されていた。陸軍省であっさり拒否された畑中少佐は、近衛歩兵第二連隊長の芳賀豊次郎《はがとよじろう》大佐のところへ行って、阿南、梅津、田中、森の各将軍がこの計画に加わったと称し、芳賀大佐から渋々の支持をとりつけた。それから畑中少佐は、井田中佐を起こすために、先週から多数の将校が泊り込んでいる市ヶ谷台上に自転車で引き返した。再び、畑中少佐はたくさんの支持をとりつけたと誇張した。「近衛師団の連隊長が、みな加わることに賛成しました。これから納得させなければならないのは、師団長一人だけです」畑中少佐は、森師団長が耳をかすかどうか疑っていた（森中将は畑中少佐の陸大時代の教官の一人で、いまだに少佐を「学生」扱いしていた）が、井田中佐が話してくれれば、森中将も聞いてくれるかもしれない。畑中少佐は、もし森師団長が参加を拒んだら、そのときは計画をあきらめると誓った。

井田中佐は、まだこの決起の目的を支持していて、畑中少佐といっしょに行くべきだと考えた。もし森中将が参加の説得に応ずれば、「われわれが正しいことを証明するのに役立つ」わけだ。また、面倒が起これば、自分はそばにいて、それを抑えることができる。

二人は自転車に乗って、暗い街を近衛師団の兵舎へと急いだ。兵舎は宮城のすぐ外、御文庫から二、三百メートルのところにあった。タイヤがパンクしたので、二人が森師団長室に着いたのは、午後十一時になっていて、師団長は少し前に、宮城内の巡視に出たところだった。やがて師団長は戻って来たが、二人はなおも当番兵室で待たされた。中将は、やって来た義弟の白石通教《しらいしみちのり》中佐と話し込んでいたのだ。十二時をちょっと回ったとき、畑中少佐がしびれをきらして立ち上がった。「お客なんかかまうな。入って師団長に会おう」井田中佐が畑中少佐に続いて、師団長室に入ろうとしたとき、畑中少佐がドアのところで立ち止まって言った。「井田さんだけ入ってください」彼はこれと同時に竹下中佐を通じて、その義兄の阿南陸相の協力をとりつけようと思ったのだった。井田中佐は激怒し、いったんそのまま大本営に戻ろうと考えた。だが中佐はドアをノックして、師団長室に入った。

森中将（学者ふうのまじめな人柄で、「和尚《おしょう》さん」というあだ名をつけられていた）は、この日午後大本営で、貴官たちも戦争に負けたのだと言って、二人の将軍にあたりちらしたばかりだった。彼は愛想よく井田中佐を迎え、なぜやって来たのかを聞きもせずに、いきなり人生と宗教について長話をし始めた。そんなわけで、井田中佐が話を切りだす糸口をみつけたのは三十分もたってからだった。これまでは——と、中佐は話をはじめた——忠義の日本人は、天皇の御命令にはすべて従ってきました。服従は美徳です。しかし今日ばかりは、陛下に御聖断の再考をお勧めするのが、忠義な臣民の義務である。「盲目的に従い申し上げるのは、陛下に対する真の忠義とは言えません」森師団長は、不安な面持で聞いていたが、しだいに興味を示してきたようだった。井田中佐は強調した。「もし連合国が、国体の護持を保障したと絶対に確信されるなら、天皇にお従いするのがいいでしょう。だがもし確信がなければ、陛下にそうお勧めすべきではないでしょうか」とはいえ、もう手遅れになっていた。いまとなっては、陛下の録音盤を奪い取る以外に方法はなかった。井田中佐は森師団長に、直ちに近衛師団を動かすよう求めた。

「何が正しいのか、どうもよくわからない」森師団長は疑わしげに言った。「明治神宮に行ってみたい。そこでなら、不純な考えをいっさい払いのけることができる。そうすれば、きみか私か、どっちが正しいかを判断することができる」そのとき、師団参謀長である水谷一《みずたにかず》生《お》大佐が入って来た。「いいところに来た」と森師団長は言って、緊張のあまり、汗をぽたぽたとたらしている井田中佐の方を振り向いた。「彼の考えはどうか、聞いてみたまえ」

水谷大佐は、二人はここで話しているから、その間、師団長は服を着替えて、明治神宮に行かれる服に着替えられたらどうかと提案した。廊下に出たところで、戻って来た畑中少佐――説得のおかげで、竹下中佐がもう一度、阿南陸相に会うことに同意したのだ――と数人の首謀者に出くわした。

井田中佐は、自分と森中将が、明治神宮に行くところだといったが、まず水谷大佐にちょっと会う必要があった。

「そんなことはいっさい時間の無駄だ」と畑中少佐が興奮して叫んだ。

明治神宮に行くとはいっても、それほど時間がかかるわけではなかった。井田中佐は畑中少佐に、森師団長室で待っているように命じた。

だが畑中少佐は、遅くなることに我慢ならなかった。彼のいらだちは、向こうみずと言ってもいいほどになっていた。もし拒否されたら、その場で森師団長を斬るつもりになっていた。彼はつかつかと師団長室に踏み込んだ。そのあとに数人の喧嘩ごしの同調者が続いた。敬礼もせずに、畑中少佐はいきなり、森中将の参加を要求――というより強要した。だが、森中将は急ぐつもりはなかった。明治神宮に行ったあとで決めるつもりだった。

この態度が癇《かん》にさわった。陸軍航空士官学校の上原重太郎《うえはらじゆうたろう》大尉は、抜刀して中将に詰め寄った。白石中佐が、義兄の森中将をかばおうとして飛び出した。上原大尉が、白石中佐を殴り倒した。決起派の一少佐が、うつぶせになった白石中佐に激しく斬りつけた――ほとんど打ち首だった。上原大尉の発作的な攻撃が、日ごろこらえていた不満が爆発する導火線となった。畑中少佐は、拳銃の狙いを森中将につけて、引金を引いた。中将は、白石中佐の死体から流れる血の海の中に倒れて死んだ。

この拳銃の音と、激しい足音を聞きつけて井田中佐と水谷大佐の二人が廊下に走って来た。そこには放心したような畑中少佐が拳銃を手にして立っていた。井田中佐は、とっさに事態を見抜いて「ばかやろう」とどなった。なぜ畑中は待てなかったのか。明治神宮に行ったあとなら、森中将はきっと加わってくれたに違いないのに。

「時間がなくなったのです。それでとうとうやったのです」畑中少佐は言った。「申しわけありません」彼は頭を下げたが、決意を変えたわけではなかった。彼は井田中佐に、あらためて田中大将に訴えてくれるようにと頼んだ。森中将が死亡したいま、師団は田中大将の指揮下にあった。

井田中佐はやむをえず、畑中少佐について近衛師団に行った。それは暴力を避けるためだったが、いまや事態は最悪だった。井田中佐は事実上、この暗殺の幇助者となり、これまで反対してきた道に踏み込んでしまっていた。森中将の死で、近衛師団には決起に対する強い反対はなくなった。同師団の部隊はまもなく宮城を占拠するだろう。井田中佐は、ほとんど狂乱状態の水谷大佐とともに、司令部の自動車で東部軍管区の司令部がある第一生命会館へ急いだ。水谷大佐はすぐに奥の田中大将の執務室に飛び込んだ。井田中佐は森中将の暗殺をふせたまま、田中大将の参謀長の高嶋辰彦《たかしまたつひこ》少将に対して、決起に協力してくれるよう求めた。だが高嶋少将の反応は、困惑したものだった――それは「火の中から、氷水の中にとび込む」ようなものだった。井田中佐の、一夜づけの決心はぐらついた。

そのとき電話が鳴った。東条元首相の女婿の古賀少佐からのもので、近衛師団がさきほど決起し、降伏しようとしない、と言って来た。東部軍管区もこれに加わるに違いない。高嶋少将は田中大将の執務室に行った。井田中佐はあとに残って、参謀の一人と議論を続けた。だがこの参謀は、田中大将が天皇に反抗する見込みは全くない、と強く主張した。この確信に動かされて、井田中佐は現実に目ざめた。中佐は冷静さを取り戻して言った。「私は明け方までに、部隊を退かせるのに、全力を尽くします」

すでに一通の命令が、近衛師団の連隊長たちに対して発せられていた――それには森中将の判があったが、それは畑中少佐が押したものだった。その内容は、実際には古賀少佐が書いたもので、各部隊に対して宮城を占拠し、陛下と「国体」を「守る」べしという趣旨のものだった。一個中隊が、放送を阻止するために、放送会館に派遣された。一千人を超える分遣隊が、宮城を取り囲んで哨兵線を張った。とはいえ、大多数の兵士たちは、二・二六事件のときのように、反乱を起こしているのだということには全く気づいていなかったのである。こうして起こった事態は、見たところ、衛兵が緊急にふだんより増強されているといったところだった。数分のうちに主要な門がすべて閉められ、天皇は外界から孤立した。

誰も、その地位にかかわらず、畑中少佐の許可なしには宮城を出られなかった。宮内省では天皇が録音を終え、下村総裁と放送協会の職員が車で出て来た。この車が百メートルほど走って坂下門に近づいたとき、着剣した兵士が現われ、車を止めた。兵士の一人が、先頭の車の中をのぞき込んだ。彼は情報局総裁を捜していたのだった。下村総裁の秘書官は自分たちがそれであることを認め、全員、尋問のため小さな木造の衛兵所に連行された。一行のなかの一人が、録音盤を保管するため、侍従の一人にあずけたことを明らかにした。このため、直ちに捜索隊が宮内省に送られた。

宮内省の四階では、木戸内府が仮の床にやすんでいたところを、戸田康英侍従に揺り起こされた。木戸内府は、続けざまの騒音[3]のなかで、うつらうつらしていたのだった――空襲警報のサイレン、遠くに爆弾の落ちる音、損害を告げる廊下の拡声器の声、そしてつい先ほどまでは砂利の上を行進するザクザクという音が、うるさく聞こえていた。

戸田侍従は木戸内府に、反乱兵がこの建物の中で、内府と録音盤を捜しており、御文庫が包囲されたと注進した。だが内府は落ち着きはらっていた。「そうか。やっぱり心配していたとおりだったか」と彼は言った。「陸軍はしようのないやつらだ」木戸内府がここにいることは、宮内省の職員以外にはほとんど知られていなかったので、戸田侍従は内府に、宮内省侍医の夜勤室に行き、そこで医師をよそおうように勧めた。木戸内府は侍医の寝室に入るやいなや、四十七士の芝居の吉良《きら》のように隠れて殺されるのが、自分にとってどれほど恥であるかを考えはじめた。内府は執務室に引き返し、急いで極秘文書をかき集め、それを細かく引き裂いて、便所の中へ投げ捨てた。

そのときまた、安全な場所へ逃げるようにと言って来た人があった。今度は徳川義寛《とくがわよしひろ》侍従だった。宮内相といっしょに地下の物置に隠れたら、というのである。兵士たちの靴のがたいう音が廊下に響き、木戸内府も導かれるままに暗い階段を降りて行った。

木戸内府を無事に侍医室に逃したものと思っていた戸田侍従は、歩いて御文庫に行き、廷臣たちに急を告げようとした——電話はすべて断たれていたのだ。戸田侍従は、御文庫への近道である地下道はすでに監視されているのではないかと恐れてまわり道をしはじめたが、そのとき暗闇の中から、六人ほどの兵士たちが現われた。戸田は、自分が侍従であることを説明したが、指揮をとっていた将校は耳をかさなかった。拳銃を戸田侍従の胸に突きつけて、「帰れ、道は封鎖された」とどなった。

戸田侍従は宮内省に戻った。ちょうど入口のところで、徳川侍従に出くわし、二人は今度は地下道を通って、御文庫の方へ引き返した。予想していたように、出口のところに歩哨が立って、警備についていたが、担当の将校はいなかった。そこでとっさに、自分たちは侍従であり、いま執務中だと言って、そこを通り抜けることを許された。御文庫に着いて、二人は女官たちを起こしたが、お上のお休みをさましてはならないと申し渡した。背の低い徳川侍従が、窓の鉄のよろい戸をおろそうとしたが、戸はさびついていて、おろすには数人の力の強い随員の手が必要だった。徳川、戸田の両侍従が宮内省の方に引き返し始めたとき、一人の少尉が現われて、大声で止まるように言ったが、二人は走ってその場を逃れた。

宮内省の正面入口は重機関銃を構えた兵士たちによって固められていた。そこで二人は、わきのドアから別々に中に入った。二階に上がったところで、戸田侍従は、銃剣をかまえ、放送協会職員の一人をしばって連行してくる決起部隊の兵士たちにつかまった。「誰だ」と兵士の一人が尋ねた。

「私は侍従です」と戸田侍従は答えた。

するとその兵士は、連行中の放送協会職員の方を振り返った。「おまえが録音盤を渡したのは、この侍従ではないのか」

「いや、もっと背の高い、鼻の大きい人だったと思います」

彼が録音盤をあずけた徳川侍従は、実際は背が低かった。徳川侍従は、宮内省に戻ってまもなく、先ほど御文庫わきで彼を誰何《すいか》した少尉につかまった。少尉は兵士たちに、この侍従を警備所まで連れて行くように命じた。

しかし、かつて祖先が二百五十年以上にわたって日本を統治していた徳川侍従は、傲然と同行を拒んだ。「用があるならば、ここで聞こう」と言い放った。この騒ぎを別の二人の決起将校が聞きつけた。「斬ってしまえ」とそのうちの一人がどなった。「私を斬っても、何にもならんだろう」と徳川侍従はびくともせずに突き放した。

「おまえなどを斬っても、刀がさびるだけだ」とくだんの少尉はあざけったが、明らかに徳川侍従の態度に気圧《けお》され、決起を正当化しようとした。宮城を占拠しなければならないのは――と、彼は言った――天皇の側近の者が天皇を迷わせたからだ。「あいつらは、けしからん」徳川侍従は、ただ黙って彼らをにらみつけていた。少尉は怒って、「貴様は大和魂をもっているか」とわめいた。

「私は侍従だ」と徳川侍従は堂々と言った。「きみたちだけが国を守っているのではない。国を守るためには、われわれみなが力を合わせていくべきだ」

一人の下士官が徳川侍従に、ぴしゃりと平手打ちをくらわせた。あまりひどくなぐったので、侍従の眼鏡が曲がり、片方の耳からたれ下がった。徳川侍従は一人の皇宮警察官に「侍従武官に連絡するよう」に求めた。（皇宮警察は小人数で、反乱部隊の前で公然と抵抗するには無力だった）。例の少尉が警察官の腕をつかんだが、徳川侍従は、あたかも自分がその上官であるかのようにふるまい、激しい口調で「彼は勤務中だ」と言って、少尉を抑えた。警察官は放免された。いま一人の決起将校が、徳川侍従に内府の執務室に行く道をていねいに尋ねた。

徳川侍従は道を教えたが、「そこでは内府は見つからないと思う」とつけ加えた。それから大またで引き返した。誰も止めようとはしなかった。徳川侍従は、侍従武官の部屋に入って行った。

「彼らは問答無用の連中だから、お気をつけください」と侍従武官の中村俊久《なかむらとしひさ》海軍中将が徳川侍従に注意した。彼は木戸内府がどこにいるのかを知りたがっていた。

「内府がどこにいるか、場所は誰にも言えません」と徳川侍従は言った。この非常事態にただ部屋に引きこもっている高級将校を、徳川は信用できなかったのだ。「内府は無事ですから、安心してください」

畑中少佐は、天皇を孤立させることには成功したが、録音盤は発見できなかった。さらに、大事な任務のために送りだした井田中佐が、困った報告をもって帰って来た。外部の協力は得られそうにないというのである。「東部軍は、まったく起《た》つ気配がない」事実、井田中佐自身も、もはや決起が可能だとは思っていなかった。「近衛師団の兵たちは、師団長が殺されたことに気づけば、行動を続けることを拒むだろう。もし貴様が強行しようとすれば混乱が起こる。選択は一つしかない。夜があけるまでに、全部隊を引くことだ」畑中少佐がさえぎろうとしたが、井田中佐は、手を振り上げて、なおも言った。「事実を直視したまえ。決起は失敗したのだ。だが全部隊を早く引き揚げれば、何があったか、国民に知られることはない」すべて「真夏の夜の夢」に終わってしまうだろう。

畑中少佐は、面を伏せた。「承知しました」とぽつりと言った。
「このことを、陸相に報告して来る」と井田中佐は言って立ち上がった。畑中は兵を退くことを約束するだろうか。たしかに畑中はうなずいた。だが井田中佐の説得の効果も、彼が出て行くやいなや消しとんでしまった。畑中少佐の決起の決意は以前にもまして、赤々と燃え上がった。畑中少佐は、この決起の指揮所となった近衛師団の兵舎へと引き返した。そこでは第二連隊長の芳賀大佐が、森師団長の不在があまりに長いので、しだいに疑惑をつのらせていた。畑中少佐は芳賀大佐の質問をそらそうと努力したが、古賀少佐は、もう黙ってはいられなかった。彼は上官に、森師団長は死亡したと言い、師団の指揮をとっていただきたいのですと頼んだ。

森師団長はどのように死なれたのか、と芳賀大佐は詰問した。畑中少佐も古賀少佐も、知っているとは言わなかった。芳賀大佐は動揺しているので、しぶしぶではあるが、いっしょに行動してくれるに違いない。だがそのとき、電話が鳴った。東部軍管区司令部からだった。いったい宮城で何が起こったのかくわしく知りたいと、田中大将の参謀長の高嶋少将が言ってきた。芳賀大佐ははっきりとは答えることができず、受話器を畑中少佐に回した。
「畑中少佐です、参謀長閣下」と少佐は震え声で言った。「どうかわれわれの熱意をくんでください」

この電話の主が高嶋少将だったことは、好運だった。素朴で頭のいい、理想主義に燃える青年だった畑中を、彼の陸大在学中から知っている高嶋少将は、「穏やかに彼をいましめ、命令したり叱ったりしないで、説得する」[4]ことにした。きみたちの気持はよくわかるが、すでに天皇陛下が命令を出していて、東部軍は、それに従うばかりだとさとした。「いまは軍隊は、いっさい使ってはならない。成功する見込みはない。不必要な犠牲をふやすだけだ。……日本では、大命に従うことが、最も正しい道理であり、最高の道徳なのだ」ここで、ちょっと息をついで少将は言った。

「わかってくれたか」

事態はまさしく、井田中佐が予想した方向に進んでいた。畑中少佐は答えた。「よくわかります、閣下。考えさせていただきます。だが一つ、お願いがあるのです。陛下の御放送のある前に、十分間だけわれわれに放送させてください」畑中少佐は、なぜ若手将校が決起したかを、国民に聞いてもらいたかった。

高嶋少将は、それは「未練」というものであり、できるだけ多くの生命を救わねばならないと言った。「大勢はすでに動かしがたいところにきているのだ。畑中少佐、それがわからないのか」答えはなかった。ただ受話器を通して、高嶋少将のところに、かすかなすすり泣きの声が聞こえてきた。

このやりとりを聞いていて、芳賀大佐は自分が抱いていた疑惑が、正しかったことを知った。大佐は、ぬけぬけと東部軍管区の支援を求めてきた畑中と古賀に激怒し、直ちに反乱を終わらせるよう二人に命じ、もしこれ以上反乱を続けたいのなら、私を殺せとどなった。

畑中少佐はこれまでもそうであったように、相手に強く出られると、口先では譲歩したが、内心ではなおあきらめてはいなかった。彼は新しい戦術を考えていたのだ。自分の部隊が占拠している放送会館で、天皇の御放送を阻止し、自分から国民に訴えよう、と。

竹下中佐は、議事堂わきの質素な官邸に帰っている阿南陸相を見つけた。中佐が駆けつけて来たのは、義兄がみずからの命を絶ってまで、決起派のために約束を果たすのを恐れたからだった。陸相は居間のテーブルの前に正坐して、遺言をしたためていた。そばには蒲団が敷かれていた。その上には蚊帳がつるされていた。将軍は、あわてて遺書を折りたたみ、少々とがめるような調子で、「何か用か」と尋ねた。

竹下中佐は、将軍が死を覚悟しているのがわかった。いまとなっては、決起について話すのは無意味だった。そこで竹下中佐は阿南陸相としばらくの間、酒を汲みかわしながらつまらない雑談をした。最後に将軍はさりげなく、「私は今夜、自刃する」とあっさり言った。「あえておとめいたしません」と竹下中佐は答えた。「だが、今夜でなくてもいいのではないでしょうか」

阿南陸相は、安心したようだった。「きみは、おれを妨げに来たのかと思っていた。だが賛成してくれてうれしい」将軍は竹下中佐に、八月十四日付になっている遺言状を見せた。「十四日は、おれの父の命日にあたり、二十一日は、息子が戦死した日だ。どっちにしようかと考えたが、二十一日では遅すぎる。明日、陛下の御放送を拝聴するに忍びない」

二人は個人的な事柄について、午前二時まで話し合った。はるか宮城の方角から一斉射撃の音が聞こえ、竹下中佐は畑中少佐にした約束のことを思い出した。彼は最終的な決起の計画を、あらまし説明した[5]。だが阿南陸相は、自分の死を第一に考えていた――陸相からみれば、決起の失敗はわかりきっていた。竹下中佐は、義兄の自決をなんとか遅らせようとした。そこで、そんなに酒がはいっていては「切腹」できないのではないかと注意した。

「おれは剣道五段だから、仕損じるようなことはない」と陸相は自信ありげに言った。「酒で出血は早くなるから、死ぬことは確かだ。もし、死にそこなったときは、きみが始末してくれ」彼は前をひろげ、腹に白い木綿布を巻きつけた。だがこの儀式の準備は、井田中佐が畑中少佐のことを知らせにやって来て、一時中断された。だが井田中佐は、いままさに自刃しようとする人の心を「乱し」たくなかったので、何も言わなかった。

「入りたまえ」陸相は言った。「死ぬ用意はできた」井田は認めてくれるか。

「けっこうであると思います」と井田中佐は陸相に向かって言い、井田自身が集団自決を主張していたばかりでなく、閣下の自決によって軍の混乱がすべておさまり、謀略がめぐらされるのを阻止できましょうとつけ加えた。井田中佐は頭を垂れ、涙をこらえた。「私も後から、お供いたします」と彼は言った。

阿南陸相は手をのばして、井田中佐の頬を打った。「おれ一人死ねばいいことなのだ。おまえは死んではならんぞ」と言って、中佐を長い間、抱きしめた。二人は泣き崩れた。「死んではならん」と阿南陸相は、まためささやくように言った。「日本の将来を頼むぞ。どうだ、わかったか」

「はい、わかりました」と答えながらも井田中佐はなお自決を考えていた。

「それでは、最後の酒を汲もう」と阿南陸相が急にきげんよく言った。こうして、三人が酒をくみかわしていると、また人が来た。今度は将軍の上着を腕にかけて持って来た林大佐だった。彼は無愛想に言った。「閣下、本省の方から緊急の呼び出しがありました。すぐに出かけなければなりません」

いらいらした阿南陸相は振り向くと言った。「おまえはうるさすぎる。出て行け」

三人はまた杯をかわし続けた。阿南陸相は井田中佐に、二枚の巻紙を見せた。その一つには「陸軍大臣阿南惟幾」の署名があり、次のような文句があった。

　一死以テ大罪ヲ謝シ奉ル
　神州不滅ヲ確信シツツ

いま一つは「辞世の歌」だった。

　大君《おおきみ》の深き恵に浴《あ》みし身は
　　言ひ遺すへき片言もなし

「大臣、まもなく夜明けです」と竹下中佐が言った。

くれ、と。

「いまゆく」と阿南は言った。「さらば」

井田中佐が敬礼をして部屋から出ていくとすぐ、阿南陸相は竹下中佐に、もしうまくゆかないときには介錯《かいしゃく》してくれと、もう一度頼んだ。彼は自分の軍服をきちんと床の間に置き、義弟と抱き合い、いま一つ、最後の頼みをした――自分が死んだら、この軍服を体にかけてくれ、と。

午前四時ごろになって、またじゃまが入った。憲兵司令官の大城戸《おおきど》三治《さんじ》中将が、陸相に会いに来たのである。阿南陸相は竹下中佐に、なんとか相手になってくれと言った。彼は座を立って縁側へ行き、宮城の方に向かって足を組んですわった。「切腹」の作法によると、自分の血で畳を汚した場合、その男は、自分が潔白だと考えていたことを意味する。阿南陸相はゆうゆうと短刀を腹に深く突き立てて、二度、かっさばいた――まず右に切り、それから上に引いた。それは「割腹」で、苦痛があまりに激しいので、やった者はほとんどない。陸相は、なおまっすぐすわっていた。血が床の上に流れ、そばに置かれていた二つの巻紙に浸みこんだ。誰かが近づいて来るのを聞いた陸相は大声で言った。「誰だ」

それは林大佐だった。阿南陸相がうめき声をあげ、林大佐は、竹下中佐を連れて来ようと応接間にとんで行った。「私の姉に、陸相が腹を切ったと伝えてください」と竹下中佐が叫んだ。彼が廊下にとび出したとき、将軍はやや前の方にのめっていた。その右手には、血のしたたる短刀がにぎられていた。左の手は頸静脈をさぐっていた。いきなり、右頸に短刀を押しあてて引いた。奇妙に血はほとんど流れ出なかった。竹下中佐が尋ねた。「介錯いたしましょうか」

「無用」阿南将軍はうなった。「あっちへ行っておれ」

竹下中佐はいったん引き下がった。だが将軍のうめき声に、またとって返した。「お痛みでは」と尋ねた。阿南将軍はすでに意識を失っていた。竹下中佐は将軍の短刀を取り上げ、ぐいと首を切った。彼は勲章で重い将軍の上着を、このいまわのきわの男の体に静かにかけてやった。

## 4　玉音放送

八月十五日は明けた。この日もむし暑い日であった。決起部隊はなお、宮城を占拠していた。初めの命令は、まだ取り消されてはいなかった。

午前六時十五分、戸田侍従は再び御文庫に入ろうと試みたが、今度は成功しなかった。若い将校が、相手が誰であろうと入れてはならぬ、と厳命していたのである。戸田侍従は、空襲警報はまだ解除されていないので天皇を壕にご案内しなければならないと言ったが、さっぱりきき目はなかった。そうこうしているうちに、もう少し年上の将校がやって来て、結局その命令で入ることを許された。まだ見つかっていない録音盤を捜すためにいずれ決起派が御文庫にどっと押しよせるのだから、いまたった一人入ったところでどうだというのだ、とその将校は考えたのである。

御文庫の中で、戸田侍従は藤田《ふじた》尚徳《ひさのり》侍従長に、暴徒がいつなんどき押し入って来るかもしれないし、そうなれば、おそらく乱闘になるだろうと報告した。二人は、天皇を起こさなければならなかった。六時四十分に、天皇は部屋着で姿を現わされた。昨夜来のできごとで、悩んでいる様子だった。「あの者たちには、私のほんとうの気持がどうしてわからないのであろうか」天皇は、涙を浮かべておられた。「近衛師団の兵を庭へ集めるがよい。私が出て行って、じかに兵を諭《さと》そう」

ものごしの柔らかい三井安彌《みついやすや》侍従が選ばれて、哨兵線を越えて部隊に連絡しに行くことになった。侍従は五十メートルほど行ったところで年輩の将校に会い、その将校が尋ねた。

「あなたは侍従ですか」

その将校こそ東部軍管区司令官田中大将であった。彼はオックスフォード大学で学んだ教養人であり厳格な人柄で、かつて、東条元首相と同様に、関東軍で憲兵隊を指揮したこともあった。将軍は秩序を回復するために、みずから宮城にやって来たのである。すでに彼は、決起を企てた少佐の一人を逮捕し、芳賀大佐に対しては、全部隊を原配置に帰すよう命じていた。

「もう心配することはありません」と大将は侍従に言った。彼は頭を下げ、一枚の大きな名刺を差し出した。三井侍従も自分の名刺を渡した。二人はまた挨拶した。「こんな面倒をひき起こして申しわけない」と大将は言った。「一時間もすれば万事おさまります。ご憂慮あそばされるにおよびません。全部隊は撤収します」(6) これを聞いて安心した三井侍従は、御文庫へ飛んで帰った。

畑中少佐はもう二時間の間、放送会館を掌握していた。少佐は早朝の報道を流すところだった館野守男《たてのもりお》放送員に拳銃を突きつけて、マイクを渡すように命じた。全国民に訴えようとしたのである。館野放送員は、空襲が迫っているので、東部軍管区の許可なしには放送できないとか、全国中継のための準備をするよう地方局に連絡するには時間がかかる、といった拒絶の口実をこしらえた。

館野放送員は調整室に行き、田中大将の執務室につないでほしいと言った。技術員はその意味を了解した。館野放送員は、すでに決起部隊によって線が切断されている電話機をとってしゃべり始めた。彼は、電話が通じているふりをしてみせた。畑中少佐は待ち、成り行きにまかせることにしたが、中尉の一人が遅れが続くので腹をたて、技術員に拳銃を突きつけ、急がなければ射殺するぞとおどかした。畑中少佐が間にはいった。「おれは自分の気持を国民に伝えなければならないのだ」と彼は館野に言った。要求するというより、嘆願しているような口調だった。少佐は鉛筆で走り書きしてある紙を差し出した。館野放送員は初めの部分を読んでみた。「わが部隊は、宮城を守備中である……」

館野放送員は、彼らに、もう少しがまんするように求めた。「私たちは、東部軍管区と連絡するために、最善を尽くしていますから」このお芝居を終わらせたのは、同じ室内にある別の電話のベルの音だった。技術員がこの音を聞いて、不安げに館野放送員の方を振り向いた。電話は東部軍管区からで、「スタジオの中の将校」と話したいと言って来た。

畑中少佐は受話器をとり、耳を傾けた。決起をやめるという約束を破った少佐は、いま決起の放棄を直接命令されていた。それでもなお少佐は、国民に向けて最後の釈明をする機会を与えてほしいと嘆願していたが、それが拒否されたことは、そばで聞いていた館野放送員にもはっきりとわかった。畑中少佐は落胆して受話器を置いた。すべては終わった。

午前七時二十一分、館野放送員は全国に向けて、特別発表を流した。「かしこくも天皇陛下におかせられましては、本日正午おんみずから詔書を御放送あそばされます。国民は一人残らず、つつしんで玉音を拝しますように。昼間送電のない地方には、特別に送電いたします。また官公署、工場、停車場などにおきましては、手持ち受信機をできるだけ活用するよう、ご手配願います。放送は正午でございます」事態は一巡したと館野放送員は思った。この同じマイクの前で、一九四一年十二月八日の朝、彼は開戦の最初の発表を伝えたのであった。

降伏に対する組織的な抵抗は終わったが、数多くの非妥協的な個人、団体には、なお降伏阻止に命をなげうつ用意があった。宮城では職員たちが、天皇の録音盤破壊の新たな企てがあるものと心配していた。この録音盤を二階の金庫から宮内省内を抜けて内庭へ運ぶことさえ危険だった。「副」と書かれた一組の録音盤は、天皇の御紋章の入った四角のうるし塗りの箱に収められ、宮内省の筧素彦《かけいもとひこ》庶務課長の手で、暗い迷路のような廊下を通ってうやうやしく運ばれた。「正」と書かれたもう一組は、侍従の弁当入れの雑嚢の中に入れられ、侍従が肩からつるした。この二人のお使いは、無事に一階まで降りて来た。雑嚢の方は、いま一人の箱を紫のふくさに包み、宮内省の御用車でスタジオへと向かった。筧課長がうるし塗りの職員に渡され、警視庁差しまわしの車で運ばれた。録音盤は途中何の事故もなく、放送会館の地下の予備スタジオまで届けられた。「正」の方は、放送協会の会長室に運ばれ、金庫の中にしまわれた。

畑中少佐と東部軍管区との間の電話によって急派されて来た憲兵隊が放送会館に到着すると、決起部隊は全員、黙って会館を出た。畑中少佐は、陸軍省へは戻らなかった。彼は自分の誠意のあかしを立て、みずからとった過激な行動に対して、しかるべき終止符を打つことを考えていた。少佐は、はじめからいっしょだった仲間の一人、椎崎二郎《しいざきじろう》中佐とともに引きつけられるように宮城前の広場に向かった。そこで、人々に降伏阻止を呼びかけるビラをまいた。それは無駄ではあったが、最後の意思表示だった。午前十一時二十分、畑中少佐は森中将を撃ちぬいたあの拳銃を取り出して、一発の弾丸をひたいに撃ち込んだ。椎崎中佐は軍刀を腹に突き刺し、さらに拳銃を頭に当てて、引金を引いた。

あとになって、畑中少佐の軍服のポケットの中から、辞世の歌が発見された。

今はただ思ひ残すことなかりけり
　暗雲去りし御世となりなば

玉音放送は、陛下の臨席がなくともそのまま儀式であった。第八スタジオには放送協会の職員のほか内閣、情報局、宮内省、それに軍からの立会人が参集した。畑中少佐が自決したのとほとんど同時刻に、放送協会会長が「正」と書かれた録音盤を自室の金庫の中から取り出した。まずテストした方がよいという意見が出されたが、天皇の声をテストすることが許されるだろうか。皆の意見は、事故を皆無とするためには、あらかじめテストした方がよいというものだった。

天皇のお言葉は、第八スタジオの外にいた一人の憲兵中尉を驚かせた。軍刀を抜いて中尉は叫んだ。「これが降伏の放送なら、やつらを全部たたき斬ってやる」彼は、居合わせた陸軍中尉にとり押さえられ、警備隊員に追い払われた。

スタジオの中では、日本で最も人気のある放送員の和田信賢《わだしんけん》が、緊張で青ざめてマイクの後ろのテーブルにすわり、時計の秒針が他の針と重なって、十二時になるのを見守っていた。ちょうど十二時、和田放送員は口を開いた。「ただいまより重大な放送があります。全国の聴取者の皆さま、ご起立願います。天皇陛下におかせられましては、全国民に対し、かしこくもおんみずから大詔を宣《の》らせ給うことになりました。これよりつつしみて玉音をお送り申します」

うやうやしい国歌〈君が代〉の調べが流れ終わってから、ちょっと間をおいて、これまで聞いた者のほとんどない声が聞こえてきた。「朕深ク世界ノ大勢ト帝国ノ現状トニ鑑ミ非常ノ措置ヲ以テ時局ヲ収拾セムト欲シ茲ニ忠良ナル爾臣民ニ告ク……」

# 三十七部　平和への道

## 1　最後の抵抗

全国民は、かん高く、現実感のない声に、畏怖感を抱きながら精神を集中して聞いていた。不可思議な宮中の言葉と受信の悪さのために、天皇が何を言われているのか正確にわかった者は臣民の中にはほとんどいなかった。ただ降伏あるいはこれと同様の恐ろしいことが起こったことだけは明らかだった。

総力ヲ将来ノ建設ニ傾ケ　道義ヲ篤クシ　志操ヲ鞏クシ　誓テ国体ノ精華ヲ発揚シ　世界ノ進運ニ後レサラムコトヲ期スヘシ。

沈黙があった。直立し、あるいは静かに座して聞いていた者は、顔は苦痛にゆがみ、もはや感情を抑えることができなくなった。何百万人もが、おそらく史上いかなる時点にもなかったほど多くの人が同時に泣いた。だが、その恥辱と悲しみの底には、まちがいなく救われたという気持があった。何年もの戦争、死、そして破壊の恐るべき苦難は、ついに終わりを告げたのだ。

天皇は御文庫で、戦前のアメリカRCA社製のラジオで、注意深く自分の言葉に聞きいっていた。宮内省では、木戸内府が、懸命に努力してきたことが、とうとう成就したという勝利感を味わいながらも複雑な気持でいた。

大本営では、白手袋、勲章、軍刀で軍服を飾った梅津将軍はじめ数百の将校が直立不動で立ち尽くしており、その頬を涙が流れ落ちた。しかし一部の将校にとっては、まだ戦争は終わっていなかった。東京からほど遠くない厚木基地では、第三百二海軍航空隊司令小園安名《こぞのやすな》大佐が、滑走路近くの台に上がりパイロットに訓示した。降伏の命令は――と、彼は言った――国体の精華を破壊するものであり、これに従うのは反逆である。おれといっしょに敵を撃滅しよう、と彼は叫んだ。この言葉にあおられて、何十人もが「万歳」と叫び返した。そして九州東北部の大分基地では、山本五十六提督の元参謀長で、いまは海軍の全神風部隊の司令長官（第五航空艦隊司令長官）である宇垣纏《うがきまとめ》中将もやはり戦って死ぬ決意を固めていた。彼は山本の死に責任を感じていて――司令長官が死に向かって突入して行く光景を忘れることができなかった――つい最近、渡辺安次大佐にこう手紙を書いた。「私はこれをつぐなわねばならない」天皇のお言葉はますます彼を恥じ入らせた。宇垣にとって、いまこそ死に送り出したすべての特別攻撃隊員の後を追うときである。

鶴の一声は本土から何千キロも離れた、遠く満州のハルビンの日本軍にも届いた。山本友《やまもととも》巳《み》参謀は現人神《あらひとがみ》の言葉が、口ごもり、震えるのを知って無念だった。なぜ、あんなに何度も宮城を遙拝《ようはい》したのだろう。しかしまわりのすすり泣きに動かされて、彼も思わず泣かずにはいられなかった。彼はいつものように司令部建物の入口の上にある御紋章に向くと、帝国軍人として最後の敬礼をした。それから近接しつつあるソ連軍の捕虜にならぬように民間服に着替えた。

沖縄では、前田高地を頑強に死守してきた部隊の大隊長志村常雄大尉が、なおゲリラとして戦っていた。彼が北方へ脱出するためアメリカの自動車を盗もうとしていたとき、突如、空いっぱいに曳光弾が飛んだ。それは花火のように美しかった。一瞬、夢にみた日本軍の反攻だと思った。しかし斥候は、アメリカ軍の勝利の祝賀という報告を持って帰って来た。アメリカ兵はビールを飲み、空に向けて発砲していた。どんな新たな惨害が日本に起こったのだろうか？

言葉のみでは、たとえ天皇のお言葉でさえも、四年近くの間、戦争が植えつけてきた感情を突然断ち切ってしまうことはできなかった。九州の福岡では、捕虜になったB29の乗員約十六人が火葬場——ここで四日前に彼らの仲間の八人が首をはねられた——の近くの丘にトラックで連れて行かれた。アメリカ兵は服を脱がされ、一人ずつ森に連れ込まれ処刑された。

日本の降伏受諾に対しアメリカからまだ何の回答もなかったが、日本海軍部隊は、夜半前に停戦するよう命令を受けていた。しかし陸軍はワシントンからの正式な回答なしに措置をとるのを渋っていた。その日午後、鈴木内閣の最後の閣議で、ニューギニアおよびフィリピンの孤立した部隊に命令を伝達するには十二日もかかることがわかった。この通信連絡の問題を連合軍に知らせねばならなかった。

　鈴木は「陛下の御聖断を仰ぐため、二度にわたり宸襟《しんきん》を悩ませた」ことを恥じると述べた。だがいまやできるだけ早く新内閣を組閣する必要があった。三時少し前、鈴木は内閣総辞職の辞表を天皇に提出した。木戸内府は天皇の命令で新首相の選定を要請された。これは木戸にとって最後の首相選考であった。彼はすでに「重臣」との協議のうえ、東久邇宮《ひがしくにのみや》が最良の候補と決めていた。しかし東久邇宮はこの打診を断わっていた。政治は彼の父親を財政的に破滅させたからである。そのうえ、まれにみる独立心の持主だった。陸軍大学少尉学生だったとき、明治天皇のある夕食会の招待を断わったことがある。皇太子（後の大正天皇）と喧嘩したこともある。また彼が皇族の地位を捨てないように、陸軍の元帥が説得せねばならないこともあった。数年後、彼は明治天皇の娘聰子《としこ》内親王と結婚したが、なお何よりもまず自由な一平民であることを熱望していた。

　しかしこの日、天皇は木戸の決定に同意された——この天皇の義理の叔父は、皇族の一員として政治を超越しており、非難攻撃を免れることができるだろう。

「昨晩、あなたに言ったように」と東久邇宮は木戸の使者に言った。「現況のもとでは、私は総理を引き受ける気は毛頭ありません。しかしきわめて危険な情勢に鑑み、よく考えることにしましょう」

九州の大分基地では、宇垣中将が最後の神風攻撃の準備をしていた。彼は、日記で報復を呼びかけた。

事ここに至る原因については種々あり。自らの責また軽しとせざるも、大観すれば、これ国力の相違なり。独り軍人たるのみならず帝国臣民たるもの今後に起るべき万難に抗し、ますます大和魂を振起し皇国の再建に最善を尽し、将来必ずやこの報復を完うせんことを望む。余また大楠公精神をもって永久に尽すところあるを期す。

宇垣は階級章をすべてむしり取った制服をつけ、双眼鏡と山本から与えられた小刀を持って、飛行場にやって来た。計画では三機による攻撃だったが、十一機の小型爆撃機が待機していた。宇垣は小さな台に上がると、集まった航空隊員に「皆、それほど、私といっしょに征《い》ってくれるのか」と問いかけた。いっせいに手が上がった。宇垣は先導機の飛行士の後部座席にのぼって入った。彼に座席をとり換えられた遠藤明義《えんどうあきよし》兵曹長が抗議した。「長官は私の座席をとってしまわれました」

「貴様はクビだ」宇垣は意味ありげに微笑して言った。遠藤は負けずに、よじ登り、宇垣のわきに割り込もうとした。宇垣はよしよしと体をずらした。

四機がエンジンの不調で引き返さねばならなかったが、その他はそのまま沖縄に向かって行った。午後七時二十四分、遠藤は宇垣の感動的な別れの言葉を打電した。

過去半歳ニワタル麾下各隊ノ奮戦ニカカワラズ　驕敵ヲ撃砕シ　神州護持ノ大任ヲ果スコト能ワザリシハ本職不敏ノ致ストコロナリ。本職ハ皇国無窮ト天航空部隊特攻精神ノ高揚ヲ確信シ　特攻隊員ガ桜花ト散リシ　沖縄ニ進攻　皇国武人ノ本領ヲ発揮シ　驕敵米艦ニ突入撃沈ス。指揮下各部隊ハ本職ノ意ヲ体シ　来ルベキアラユル苦難ヲ克服シ精強ナル国軍ヲ再建シ　皇国ヲ万世無窮ナラシメヨ。天皇陛下万歳。

数分後、遠藤は機が目標に突入しつつあると報告してきた。(1)

阿南陸相と、反乱将校二人、畑中と椎崎の遺体は、通夜のため陸軍省将校集会所に運ばれた。何百人もの弔問者が彼ら、とくに国の秩序維持のため一命をささげた阿南を弔うために列を作った。

その夕刻、消極的ながら畑中の一味だった井田中佐が弔問にやって来た。彼は遺書をしたため、妻には別れを告げて来ていた。すべてが静まりかえると、井田は立ち上がり、暗くなった廊下を阿南の大臣室へ歩いて行った。ふさわしい場所であるそこで、彼は自決するつもりだった。戸口に酒井という少佐がいた。

「何をしてるんだ、酒井」

「あなたこそ」

「心配するな」と井田は言った。「ほっといてくれ」

酒井は井田中佐から「目を離さぬよう」命令を受けていると告げた。「もしあなたが自決しようとなさるのなら、まず私を殺してください」

井田は気を悪くした。「貴様は武士の情《なさけ》がわからんか」しかし酒井はねばり、議論しているうちに井田の決心は消えてしまった。切腹は時機を失すると、その時は二度と来ないものだ、と彼は悔やんだ。

彼らは井田の事務室に戻り、簡易ベッドにひっくり返って何時間も語り合った。翌朝、井田はあと味の悪い要求で起こされた。彼の妻とその父親（彼も井田といい、井田中佐は養子である）が井田の遺体を引き取りに来たのだ。井田はきまり悪そうに事情を説明しようとしたが、妻の顔には「なぜあなたはまだ生きているのですか」と問うているかのようないぶかしげな表情があった。

東京の、また別のところでは神風隊の創始者である軍令部次長大西滝治郎中将が、自宅でみずからの手による傷のため瀕死で横たわっていた。彼は同志であり、友人である児玉誉士夫《こだまよしお》を呼びにやった。児玉の刀を前夜借り受けたのだった。大西は腹を切り、胸と喉を刺していたが、児玉が見た大西はまだ意識があった。大西は児玉の手をつかんだ。「きみに言いたいことは机の上にある遺書に書いてある。そこに女房への手紙もある。女房はいま田舎だ」

彼は弱々しく笑った。

「きみの刀はもっと鋭利だと思った。あんまりよく切れんな」

刀は床の上にあった。児玉はそれを拾い上げた。「中将」と彼はささやいた。「お供します」

「ばかやろう」大西は驚くべき力強い声でどなった。「いま死んで、何になるのか。それよりも――。机の上にもう一通手紙がある。すぐ厚木基地に持って行ってくれ。そして、あのがんこ者どもを抑えつけてくれ。その方がここで死ぬより御国の役に立つ」大西の額には汗が吹き出てきた。あえぐように言った。「国家主義者が大ぜい立ち上がるだろう。それを阻止してくれ」

手紙は机の上にあった。その中で、数日前には豊田軍令部総長と東郷外相に、祖国の最後の防衛のため二千万人を犠牲にすべきだと訴えていた男が、勝利をもたらすことに失敗したことを詫びていた。大西は日本の若者たちが彼の死に教訓を見出すよう望んだ。「軽挙は利敵行為なるを思い、聖旨に副《そ》い奉り、自重忍苦するの誡《いまし》めとならば幸なり。隠忍するとも日本人たるの衿持《きょうじ》を失う勿れ。諸子は国の宝なり。平時に処し、なおよく特攻精神を堅持し、日本民族の福祉と世界人類の和平のため、最善を尽せよ」

手紙のかたわらには辞世の句が書かれてあった。大西の絶句である。

すがすがし暴風のあと月清し

児玉は血を吐いている提督に向き直ると、大西の妻を連れて戻るまで生きていてほしいと乞うた――それには約五時間かかる。大西は弱々しく微笑した。「軍人たるもの、自決しておきながら、女房が来るのを待つためだけに生きながらえようとは、これほどばかげたことがあろうか」彼は児玉の手をとろうと手をのばした。「さようなら」

## 2　東久邇宮終戦内閣

東久邇宮は、天皇が自分を「御自らお選び」になったと知ると、辞退はできなかった。「こんな重大な情勢では自分の幸福のことなど考えられない」と八月十六日朝、木戸に言った。「お国のために何かお役に立つなら、喜んでお受けしましょう」しかし決心する前に彼は現在の情勢がどうなっているかを知りたがった。

木戸はマッカーサー元帥が日本政府を代表する連絡官をすみやかにマニラに送れと要求していると宮に伝えた。「ですからできるだけ早く組閣するのが得策です。現在私どもには、アメリカ側と交渉する手段がありませんし、連合軍はどんな遅れでも疑いの目で見るでしょう。私どもの立場はさらに困難になるでしょう」前夜のクーデターの企図からみて、陸軍が敬意を表する人物の選定を必要としていた。「もしあなたが辞退されたら、陛下にたいそうご心配をかけることになりましょう」

東久邇宮は考えた――敗戦国を指導するのはやっかいなことだが、陸軍の異端者の反乱行動は陸軍――彼は大将の位を持っていた――の同僚たちを通じて鎮圧できるだろうし、日本の将来が決まれば辞任すればよいのだ。「組閣の大命を謹んでお受けいたします」

昼前、日本の降伏を受諾する旨の覚書がワシントンから到着、大本営は全陸海軍に対し敵対行為の停止命令を発した。さらに天皇は皇族三人を外地にある軍司令部に派遣し、降伏を決定したのは天皇自身の自由意志によるものであることをはっきり納得させるよう指示した。陸軍中佐竹田宮恒徳王《たけだのみやつねよしおう》は朝鮮軍および関東軍へ、陸軍中佐朝香宮鳩彦王《あさかのみややすひこおう》は支那派遣軍と支那方面艦隊へ、元参謀総長だった閑院宮《かんいんのみや》の息子、閑院宮春仁王《はるひとおう》は上海、広東、サイゴン、シンガポール、インドシナおよび南京を回ることになった。三人は同じように白く塗った陸軍の三菱製五七式双発輸送機で羽田を出発した。

公然たる反乱行動が本土ですら広がっていた。厚木航空隊の飛行士たちは重臣と鈴木内閣を、天皇を欺いたとして糾弾するビラを何千枚も東京地区の上空でまき散らした。そのリーダーである小園安名《こぞのやすな》大佐はある提督の説得に対しても、相変わらず頑固だった。彼は、降伏するとは天皇は正気とは思えないと非難攻撃し、戦争継続を主張した。しかしこの反乱はつぶれた。その夜、錯乱した小園は天照大神《あまてらすおおみかみ》の名をわめき、とり静めねばならなくなった。モルヒネを注射され、拘束服を着せられ、海軍病院に運ばれた。

宇垣が日本最後の神風出撃をした大分基地でも反乱気運が現われてきた。宇垣の後任である真珠湾、ミッドウェー歴戦の草鹿龍之介《くさかりゅうのすけ》中将が高級士官を召集した部屋に、招かれざる敵意に満ちた若い士官連中がどやどやと入ってきた。草鹿は言った――諸君の中には愛国心から戦争を継続すべきだと思っている者がいることは知っている――だが、「おれの眼の黒いうちは無分別な行動は許さん」反乱の意志を抱いている者は、まず「おれを八つ裂きにせよ」。彼は殺されるのを覚悟で眼を閉じた。永遠と思われるほどの時間、沈黙があった。草鹿はすすり泣きを聞いて眼をあけた。

「長官のお言葉で私たちの頭が冷やされました」と若い士官の一人が言った。その士官とほか数人が部下を統制することを約束した。草鹿は部屋を見回して言った。「年輩の士官連中についてはどうだ。おれに同意できないやつはいるか」誰も口を開かなかった。「気が変わったらいつでもおれに会いに来い。おれに警備の兵はいらない。暑いから、おれは裸で寝る」

その夜草鹿は、「長官！　長官！」という叫び声で目をさました。拳銃を持ち、刀を抜いて興奮している一中佐だった。この男はいま「天啓を得た」のだ——最後の戦闘を行なわなければ、日本に未来はない。「神のお告げでは、長官こそただ一人の指揮官です」

草鹿はじっと男を見すえた。「貴様は神のお告げを信じているが、おれには信じられん。きっとおれの信心が足りんのだろう。とにかく陛下御自身、おれに義務の遂行を命じられた。おれには神は信じられん。信じるのはおれ自身だけだ」時間がたてば、この若い士官の問題は解決すると彼は思い、東京へ飛び、連合艦隊司令長官、海軍大臣、および総理大臣にこの「天啓」を報告してはどうかと勧めた。[2]

新首相は望まざる重荷を負わされて、その夜まんじりともしなかった。東久邇宮は二十五年も前のフランスでのできごとを思い出した。彼が年老いた女占い師に、自分は一介の画描きだというと、彼女は彼の手のひらから眼をあげて、「うそです。あなたは日本の総理大臣になるでしょう」と言った。彼は笑って、皇族で陸軍将校だと白状した。「日本では皇族と軍人は政治家になることは許されていないのだ。それなのに、いったいどうして私が総理大臣になれるのかね」

「日本には革命か、何か大変事が起こります。そうしてあなたが総理になるのです」

翌朝八月十七日の午前十一時、彼は閣僚名簿を天皇に提出した。留任は米内海相一人だった。東郷外相は留任を断わり、彼の前任者重光葵が名簿にのっていた。近衛公は無任所相になるはずだった。こうした候補は天皇の気に入った。

新内閣の第一の仕事はマニラに使節を派遣し、戦場での日本軍の降伏をマッカーサー元帥と取り決めることだった。使節団長に選ばれたのは梅津の下で働いていた参謀次長河辺《かわべ》虎四郎《とらしろう》中将だった。反乱飛行士たちが一行を妨害する恐れがなおあったので、緻密な事前警戒の措置がとられた。八月十九日の夜が明けてまもなく、十六人の使節団は羽田に到着、何機かの小型機に分乗した。東京湾を数分飛行した後、木更津基地着陸のため下降した。木更津では、戦い疲れ、銃弾の穴があいた葉巻型の三菱製一式陸攻――連合軍には「ベティ」として知られていた――が二機、待機していた。マッカーサーの指示に従い、両機は白ペンキで塗られ、緑の大きな十字が描かれてあった。

一行が機上の人になってからはじめて操縦士は開封時指定命令を開封した――行先は、アーニー・パイルが戦死した小さい島である伊江島。両機は南に飛行して行った。九州上空で使節たちはまっすぐ向かって来る編隊を心配げに見守った。しかしこれらの飛行機はアメリカのマークをつけており、護衛するように取り巻いたのでやっと気が楽になった。日本機が合言葉「バターン」を送ると、安心させるように応答がかえってきた。「わが方、バターンの番犬。後について来い」このちぐはぐな編隊が一時間半、東シナ海を飛び続けると、伊江島の隆起の頂上が眼に入ってきた。一式陸攻の一番機はなめらかにバーチ滑走路に着陸したが、二番機の操縦士は着陸フラップを下げるのを忘れ、滑走路をすいと通り越し、ガタガタと音をたててサンゴ礁上に止まった。同機はよたよたと駐機場へやって来た。日本側の使節が機から現われると、何百人ものアメリカの陸海軍兵士が押し寄せ、写真をパチパチとった。

十六人の使節団はアメリカ軍の四発輸送機C54に乗り換え、そこで携帯用の昼食が与えられた。二人のアメリカ兵がオレンジ・ジュースを渡すと、外務省の先任代表岡崎勝男《おかざきかつお》は秘書官に手で合図し、十ドルずつ二人にチップをやった。

C54は日暮れ少し前、マニラのニコルス飛行場に到着した。一行は河辺中将が先頭に立ち、タラップを降り、すぐ近くにいたアメリカ人、マッカーサーの翻訳官の長シドニー・マシュバー大佐に近づいて行った。マシュバーが挙手の礼をすると、岡崎が手をのばして彼に向かって来た——彼らは戦前の知り合いだった。マシュバーは打ちとけた挨拶として親指を立てた右こぶしを振り上げた。敵と握手する義務を避けるため、鏡の前で二十回もこれを練習したのだった。マシュバー大佐は一行をマッカーサーの情報部長チャールズ・ウィロビー少将のところへ連れて行った。数千人の兵、一般人、新聞記者が押し寄せてきて、岡崎にはカメラのシャッター音が「奇妙な動物に向けられた機関銃の音」のように聞こえた。

ウィロビーは河辺と車に同乗し、マニラに行く途中、愛想よく、会話には何語がよいかと尋ねた。河辺はドイツ語がいいと言った――偶然にもドイツ語はウィロビーの母国語だった。親密な感じがすぐ生まれた。これは河辺が予期しないものだった。

デューイ大通りに通ずる細い道路には物見高い群衆が集まっていた。アメリカ兵はお人好しげに「万歳」と叫んだが、フィリピン人は敵意に満ちていた。「バカ」の叫び声。投石が車に当たり、はね返った。そのなかで日本の使節はまっすぐ前を見つめたきりだった。

一行がマニラ・ホテルに近い二階建のロザリオ・アパートに落ち着くと七面鳥の夕食が出された。それは何年たった後でも「あれはうまかったなあ」と彼らに思い出されるものだった。その後、一行はマニラ市役所に連れて行かれ、大きな会議テーブルをはさんでアメリカ側の代表と向かい合う席に案内された。河辺はマッカーサーの参謀長サザランドの正面に着席した。サザランドは「連合国最高司令官命令第一号」を読み上げた。その中には散在する日本軍が誰に降伏すべきか列挙してあった。中国、台湾、インドシナ北部の日本軍は蔣介石に、満州、南樺太、北朝鮮の部隊はソ連に、その他の地域はアメリカおよびイギリスが管理することになっていた。正式の降伏は九月初め東京湾でアメリカ軍艦上で行なわれる。日本側は全軍隊および軍艦の配置、飛行場、潜水艦と人間魚雷回天の基地の所在地、弾薬庫、地雷原の位置を明らかにするよう命令を受けた。

翌朝、会議が再開された。サザランドは河辺に対し、天皇が公布すべき降伏に関する文書の案文を手渡した。河辺はそれをテーブルに落とし、アメリカ軍将校の観察によれば、まるで猛毒物にふれるように、おずおずとつまみ上げた。彼は副官の大竹貞雄《おおたけさだお》少尉――ニューヨーク大学卒業生でロイと呼ばれていた――に押しやり「訳せ!」と言った。

冒頭の言葉、「私、日本国天皇裕仁」で、大竹はまっさおになった。天皇は、自分のことを言うのに「私」という言葉を絶対に使わない。彼は天皇だけの用語「朕」を用いるのだ。河辺は腕組みし、苦しげに眼をきつく閉じて翻訳を聞いていた。河辺が「終わり」の言葉とともにテーブルをたたき、「オシマイ!」と叫んだ。

日本通のマシュバー大佐には、天皇への赤裸々な言葉が、日本人にどれほど侮辱になるかがわかった――「日本側は会議の椅子にすわったまま死にかけている」ことは明らかだった。ロザリオ・アパートで、日本使節団が帰国の荷物をまとめている間、マシュバーとウィロビーは河辺と岡崎を安心させるようけんめいになった。「天皇を日本人の眼の前で、おとしめることが最高司令官の意志でないことは確信をもっています」とマシュバーは日本語で言った。文書の言葉づかいは無視してほしい――マッカーサー元帥には直接話すと彼は言った。マシュバーは「皇室の詔勅の通常の形式にのっとり、認められた、慣例的な末尾で終える」よう自分たちで書き上げてくれと告げた。彼はウィロビーに、この日本使節団に対する約束を説明したが、ウィロビーにはなぜ日本側がそれほど動転したのか理解できなかった。

「ウィロビー少将閣下」と岡崎が英語で言った。「これはいちばん大事なことです。それがほんとうにどれだけ大事なことかあなたにはとうてい説明できません」

一行がロザリオ・アパートを出発するとき、大竹は警備に立っていた二世の兵士に自己紹介した。二世兵は高村という名だと言った。大竹は同じ名の二世とアメリカで結婚していた。

「きみには悦代という姉妹がいませんか」とき、二世兵がうなずくと、大竹は言った。

「私は彼女の夫です」彼らは握手した。「ぼくに会いに日本に来てください」と、大竹は車が出るとき義兄弟に言った。

サザランド将軍はマシュバーが日本側に文書の書き直しを許したことは正しい措置だと賛成したが、それをマッカーサー元帥に説明してほしいと述べた。マッカーサーはマシュバー大佐の肩に手を回して言った。「マシュバー君、きみのしたことは全く正しい。事実、私は彼を（天皇を）彼の国民の前でおとしめる気など毛頭ない」裕仁によってのみ秩序ある政府が維持できる。マッカーサーは東京で天皇が自分を訪ねて来るだろうか、と考えてみた。

「もし天皇が訪ねて来るなら、日本の天皇が人を訪ねる初めてのことじゃないか」

「そうです。そして私は彼がきっとやって来ると思います」

伊江島で、一行は乗って来た陸攻の一機が日本に向け離陸できないことがわかった。一行の中には妨害行為のためかもしれないという者がいたが、大竹少尉はあざ笑ってとり合わなかった――それは来るとき、失速着陸した機だった。河辺、岡崎、および六人はもう一機の陸攻に乗り込み、本土への長い飛行の途についた。岡崎は部下の竹内春海《たけうちはるみ》（戦後フィリピン大使となる）に覚書を口述しはじめた。河辺は、アメリカ人が彼らに示した敬意に驚き、想念にふけっていた。

「人類がお互いの関係で誠実に正義と人間性を行使するならば」と彼は後に書いている。「戦争の恐怖は避けられるに違いないし、不幸にして戦争が起こっても、勝者はおごらず、敗者の苦しみは直ちに軽減されるだろう。真に偉大な文明国たることが第一の必要条件である」

日没後の暗黒の中で、冷たい空気が機体の弾痕からヒューヒュー入って来た。乗っている者は寒さしのぎにウイスキーを飲みはじめ、そのうちに寝こんでしまった。十一時ごろ、彼らは飛行士に起こされた。燃料がタンクからもれ、もよりの陸地に向かっていた。もし陸地に到達できず着水したら、機はほんの短時間しか浮上していない。救命衣をつけねばならなかった。

最大の関心事は文書であった——文書をなくしたらアメリカ側は降伏の諸措置を引き延ばす策略と解するかもしれない。文書類は、一九二四年のパリ・オリンピックで日本代表選手だった岡崎に預けられた。

エンジンが不調になり、機は下降した。竹内は窓から、海が月明にきらめいているのを見た。救命衣を結ぼうとしたが、指が冷えきっていた。岡崎以外はみな手を前の座席の背に突っぱり頭を下げた。岡崎は両腕で貴重な書類をかかえていた。陸攻は海面上をはね、水しぶきが窓にかかった。平たい石のように海面をバウンドしながら、何かにぶつかり、急停止した。

油の罐が竹内に倒れかかってきた。誰かが「みんな大丈夫だ」と言うのが聞こえた。顔に何かねばねばしたものを感じた。血かと思ったが、油だった。飛行士がドアを開けた。白波が機体に当たって砕けた。機が沈む前に脱出できるだろうかと竹内は思った。そのとき、おかしなことに、飛行士が膝まで水につかりながら海に立っているのに気がついた。

額を打ってめまいがしていたが、岡崎は自力で機内からよろめき出て、海中を歩いて海岸に上がった。前方には月明の中に富士山があった。

# 3　ソ連と北方領土

アメリカは日本よりも連合国とやっかいなことを起こしていた。スターリンは戦争の分け前をもっと多くくれと要求していた。トルーマンあての電文で、ヤルタ協定でソ連に「与えられた」千島とともに、北海道の北半分の日本軍もソ連極東軍司令官に降伏すべきだと提案した。

……コノ提案ノ後者ハ、ソビエト世論ニ特別ノ意味ヲ持ッテイル。日本軍ハ一九一九年―一九二一年ニワタリ　ソ連ノ極東地域ヲ占領下ニオイタ。ソビエトノ世論ハソビエト軍ガ日本本土ノイズレカニ占領地域ヲ持タナケレバ　重大ナ侮辱トウケトルダロウ。右ニ述ベタ私ノ謙虚ナ提案ガイカナル反対ニモアワヌコトヲ切ニ希望スル。

不快感を抑えて、トルーマンは千島についての提案には同調するが、アメリカは千島列島のうちの一つに常設空軍基地を望んでいる旨を了解させようとした。しかし北海道についてはトルーマンは強硬だった。日本本土四つの島の全部の日本軍の降伏取決めは順守すべきであると。

スターリンは怒った。二日後の八月二十二日、彼は北海道に関しての「そのような回答は歓迎しない」と応じた。ヤルタでは、千島列島のアメリカ空軍常設基地について触れられなかった。

……カカル性質ノ要求ハ通常　征服サレタ国家マタハ自国領土ノ一部ヲ自力デ防衛スル立場ニナク　シカルガ故ニソノ同盟国ニ適宜ナル基地ヲ提供スル用意ガアル旨表明スル同盟国ニ対シナサレルモノデアル。ソビエト連邦ハカカル国家ニハ含マレナイト信ズル。……貴電ハ常設基地提供要求ノ根拠ヲ述ベテイナイノデ　私ナラビニ私ノ同僚ハイカナル情況ノモトニソビエト連邦ニ対シカカル要求ガナサレタカ　了解デキナイ旨率直ニ申シ上ゲネバナラナイ。

トルーマンは「はじめこの反抗的な強い底流が流れている電文には無回答にしておきたかった」が、考え直して、アメリカはたんに日本占領中、緊急の場合にのみ千島の仮設飛行場を使用したいだけであると説明し、この議論を打ち切った。

しかし中国の問題は簡単には片づかなかった。日本がポツダム宣言を受諾する四日前、中国共産軍の総司令朱徳《しゅとく》は、日本が無条件に降伏したと誤った発表を行ない、できるかぎり多くの都市や町を占領するよう麾下の紅軍部隊に命令した。蔣介石はこれは「突然の不法行為」であると非難し、日本軍に対するかってな単独行動を控えるよう朱徳に命じた。共産軍の放送は直ちにファシストの烙印《らくいん》を蔣介石に押した。「わが偉大なる三同盟国（米英ソ）、中国人民および世界に発表したい。重慶司令部は日本軍に対し、真の抵抗を行なった中国人民と中国軍を代表することはできない。中国人民は、朱徳総司令の麾下にある解放中国の抗日軍に、連合軍による日本の降伏受諾に列席する代表を直接派遣する権利がある旨要求する」

中国共産党の戦後の支配計画はモスクワのイデオロギー上の盟友によって妨害された。日本降伏の前日、モロトフ外相は国民党政府との協定に調印した。これは、その後何十年もソビエト――中共の関係を害することになる侮辱であった。

一方、ソ連はアジア大陸に武力支配を確立する意志をいだいていた。ソ連軍は、弱体化した関東軍からほとんど抵抗なしにすでに満州の大部分を奪っていた。占領された都市はいずれも略奪された。大量の小麦、小麦粉、米、高粱《コーリャン》、大豆が、機械類、鉄道車両、紙、印刷機、写真、電気器具とともにソ連に送られた。どの事務所からも椅子、机、電話、タイプライターがきれいになくなった。こわれた家具、われたガラスも、まるでこうした廃物がソ連人には宝物であるかのように大量に西方に送り出された。

日本人の捕虜は歯につめた金までも含めて貴重品はすべてはがされた。暴行、略奪、殺人はあたりまえになった。しかしこうした残虐行為は、憎悪や復讐心から発したのではなかった。この征服者たちは、彼らの先駆者、アッティラ率いるフン族のように戦争の獲物を楽しんでいたのだ。

## 4　アメリカ軍進駐

降伏を受け容れない理不尽な精神状態は、畑中や宇垣の死とともに死滅したわけではなかった。八月二十二日の午後おそく、白い鉢巻をしめた尊攘義軍《そんじょうぎぐん》と称する十人の若者がアメリカ大使館から見える愛宕山を占領した。彼らは拳銃と手榴弾をかざして、追い払いにやって来た警察の警戒線を脅した。滝のような雨中で彼らは手をつなぎ合って「君が代」を斉唱、「天皇陛下万歳」を三唱した。それから五発の手榴弾がほぼ同時に爆発し、いくつもの轟音が起こった。全員が死んだ。その首謀者が訣別の辞を残していた。「敗戦の山河に空し蟬《せみ》時雨《しぐれ》」数日後、死んだ反乱分子三人の妻が愛宕山の頂上に登り、彼女らも自決をはかった。二人が死んだ。自己破壊の津波の中で、仏教の一宗派に属する十一人の輸送隊の将校が宮城前で自決、十四人の学生が代々木練兵場で切腹した。

この他反乱分子が散発的に通信施設を襲撃した。川口の日本放送協会ラジオ放送所は通信学校の一少佐と六十六人の兵士の手で短時間占拠された。十人の女性を含む約四十人の民間人が松井の放送局を占拠、郵便局、変電所、地方新聞社、県庁を襲撃した。

アメリカ軍が近く日本を占領するという発表は新たな恐怖と不安を呼び起こした。でたらめなうわさが日本人全体を恐慌状態に陥れた。いわく中国軍が大阪に上陸している。いわく数千のアメリカ兵がすでに横浜で略奪、暴行を働いている。少女と家宝は田舎や山に隠された。新聞はアメリカ軍とうまくやってゆく方法について忠告の欄を設けた。女性には「夜は絶対に外出するな。腕時計その他の貴重品は家におけ。暴行される危険にあったら、堂々たる態度でのぞめ。まけるな。助けを求めて叫べ」と告げられた。またタバコをすうとか、靴下をはかないで外出するなど「挑発的な行動」を避けるよう警告を受けた。一部の工場では女子従業員に毒薬のカプセルを配った。

八月二十八日、夜が明けてまもなく、マッカーサーの幹部の一人チャールズ・テンチ大佐指揮のアメリカ軍先遣部隊をのせたC47四十五機が富士山に近づいて来た。厚木基地に先導機が着陸し、日本の土を踏む史上最初の征服者がテンチ大佐を先頭に現われた。タラップの端から一群の日本人が叫び声をあげながらやって来て、一瞬テンチ大佐は狂信者にやられるのかと思った。そのとき、飛行機のかたわらに出迎えの小グループが眼に入った。背の低い将校が進み出て、有末精三中将と名乗った。(3)二人が歓迎場の天幕の方に歩いて行くと、日本のカメラマン、アメリカ軍通信隊の写真班はほとんど一歩あるくごとに記録におさめた。天幕の中で有末がオレンジ・パンチを勧めるとテンチ大佐は青くなった。毒が入っていないことを示すために有末がぐっと飲み干してみせると、テンチはおずおずとすすった。

四十八時間のうちに厚木は第十一空挺師団により軍事占領された。その四発輸送機が何時間にもわたって、二分おきに次々と着陸した。この航空基地が確保されるや、遠方にまたC54が現われた。ダグラス・マッカーサー元帥をのせた〈バターン〉号であった。彼は、日本を何回も訪れたことがある彼の軍事秘書官ボナー・フェラーズ准将と日本の行く末について議論していた。

「簡単だ」とマッカーサーが言った。「われわれは占領を実施するうえで、日本政府の力を活用する」とりわけ、彼は日本女性に参政権を与えようと考えていた。

「日本の男はそれを好まないでしょう」

「かまうものか。私は日本の軍隊への信頼感をなくしてしまいたいのだ。女は戦争が嫌いだ」

この大型輸送機は午後二時十九分、着陸した。最初に機外に出たマッカーサーははしご段のいちばん上で立ち止まった。「これでけりがついた」フェラーズ准将はマッカーサーがこうつぶやくのをきいた。マッカーサーはコーンパイプに火をつけ、パイプを口にくわえてはしご段を降りて行った。数時間前、先着していたロバート・アイケルバーガー中将が進み出て、二人は握手した。「ボブ（ロバートの愛称）」とマッカーサーが言った。「メルボルンから東京までは遠い道だった。だが、どうやらこれで道は終わりらしいぜ」

がたがたの車の列がマッカーサー一行を横浜の仮設司令部に運ぶために待っていた。列の先頭にはまっかな消防自動車がいた。これを見てコートニー・ホウィットニー少将はトゥーナービルの市内電車を思い出した。この消防車は恐ろしい爆発音を立ててとび出した。自動車はがらんがらん音を立てながら横浜への二十四キロをのろのろと進んで行った。道路の全行程をほぼ三万人の日本兵がマッカーサーに背を向けて、警備に立哨していた。

アメリカの一行の宿舎は、一九二三年の地震（関東大震災）後に建てられた豪華な建物、ホテルニューグランドだった。夕食の時、ホウィットニーはステーキに毒が入っているかもしれないと警告したが、マッカーサーは笑って、「誰も永遠に生きられはしないよ」と取り合わなかった。その夜、マッカーサーは自室に集まった幹部将校に向かい、こう言った。

「諸君。これは戦史の中でも最大の冒険だ。われわれは敵国の中におり、たった一握りの部隊しか持っていない。外には完全武装の十九師団と七千万人の狂信者がいる。一つでも誤った動きをすれば、アラモ砦のみな殺しなど日曜学校のピクニックみたいに易々たるものだ」

翌日、満州の捕虜収容所からジョナサン・W・ウェーンライト中将が飛んで来た。夕食をとっていたマッカーサーはウェーンライトがロビーに来ていると聞くと、すぐ降りて行き、バターンの最も有名な生存者を迎えた。降伏によってアメリカの司令官の誰よりも多くの兵を失った将軍ウェーンライトはやせこけて、年齢よりもはるかに老けてみえた。毛髪はまっ白、服は骨がうき出た体にぶかぶかで、杖にすがっていた。笑おうとした。マッカーサーは彼を抱きかかえたが、ウェーンライトは言葉が出なかった。「どうだ、やせっぽち《スキニー》」とマッカーサーはウェーンライトの両肩に手をおき感動して言った。

ウェーンライトは一言しぼり出すように言った。「将軍」カメラマンが撮影している間に彼は声を取り戻した――ウェーンライトは自分がフィリピンでの降伏で名誉を汚した人物とされていると信じていた。(4) しかし、マッカーサーは彼を元気づけた――きみには何でも望むものを与えよう、と。

「将軍、私がいまほしいのはただ一つ、軍団を指揮することです」ウェーンライトはかすれ声で言った。「これこそ初めから望んでいたことです」

「もちろんだとも、ジム、きみのもとの軍団はほしいときにはいつでもきみのものだ」

破壊し尽くされた東京には形だけの占領軍が送られた。同行した記者団は何よりもまずアナウンサーの東京ローズにインタビューしたい一心だった。ついに彼女の居場所が山下という日本人の記者を通じてハリー・ブランディジ、クラーク・リーの二人の特派員に突きとめられた。山下は九月一日、東京ローズを帝国ホテルに連れて来た。彼女はスラックスをはき、髪の毛は束ねていた。彼女といっしょにむっつりした若いポルトガル系日本人がいた。

「彼女がアイバ・戸栗・郁子。あなた方の東京ローズです。こちらが夫のフィリップ・ダキノ氏」

「あなたがほんとうに東京ローズですか」ブランディジがきいた。

「その本人です。ただ一人の……」と彼女は微笑した。

ブランディジは、彼が代筆で書いているコスモポリタン誌への特ダネ手記を二千ドルで持ちかけた。ただしこの手記が掲載されるまで、ほかのアメリカ新聞記者全部、アメリカ陸軍情報部およびCICとは接触しないことを条件につけた。彼女は承諾し、ブランディジは彼の携帯タイプライターで十七ページの手記を打ち上げた。でき上がったものは皮肉な物語だった。カリフォルニア大学ロサンゼルス校（UCLA）の動物学の学位を持つ知的な学究肌の若い女性が、対敵宣伝放送をしなければ弾薬工場で働けといわれ、憎んでいる国のために、愛する国を月に六ドル六十セントで売ったのである。

大学卒業後、アイバは周囲の反対を押しきって母親の妹の病気見舞いに日本に来た――母親は病が重く日本へ旅立てなかった。アイバは日本の米も親類も、日本のほとんどすべてが嫌いだったが、アメリカに帰る前に戦争が始まった。彼女は秘書になって自活したが、これが縁で日本放送協会にタイピストの職を得た。アメリカ陸軍の大尉――もとラジオ解説者で日本側に説得されて寝返り、ラジオ放送に従事していた――の命令でアイバは毎日十五分間連合軍向け放送をすることを承知した。彼女はディスク・ジョッキーとして同じく日本側のために宣伝放送をしていたアメリカ人捕虜と会い、知り合いになった（これら捕虜は後に「直接的な生命、身体に対する脅威下」で強制的に従事させられたとの理由から赦免された）。アイバは食糧品、薬品、タバコなど、アメリカ人捕虜のためにけずってやれるものは何でも持って来てやった。彼女は後に「私と同じように考え、感じる人たちの中にいられたのは天の恵みであった」と言っている。

だが、コスモポリタン誌の編集者は、ブランディジが祖国の裏切り者と取引きしたことに驚き、説明を求める返電をよこした。いやになったブランディジはスクープをリーにやってしまった。リーは自分で書き直し、INS通信に送った。INSはすぐにこれを流した。(5)

## 5 〈ミズーリ〉号上の調印

正式な日本降伏の式典は、マッカーサー元帥の日本到着三日後の九月二日、フォレスタル海軍長官の提案で、東京湾のアメリカ戦艦〈ミズーリ〉号上で行なわれた。トルーマンはこれを大いに喜んだ。世界最大の戦艦四隻中の一隻である〈ミズーリ〉号は、彼の出身州の名がつけられていて、それに彼の愛嬢マーガレットにより命名されていたのである。

九月一日、〈ミズーリ〉号甲板上で砲術長ホレース・バード中佐の指揮で式典の予行演習が行なわれた。彼は式典に列席するお偉方の代わりに三百人の水兵を集めた。ニミッツ提督の到着を知らせる〈提督マーチ〉を軍楽隊が奏し始めるまでは何もかもうまくいった。ところが「ニミッツ提督」が現われないのだ。提督の代役にされた「胆っ玉が二つもあるやつ」というあだ名の掌帆長はこの大役に弱りはて、頭をかきむしって立ちすくんでいた。「おれが提督だって！　驚いたこった」

翌朝、夜明けをみつめるバード中佐はがっかりしていた。冷えびえと灰色に曇っていた。七時半ごろ、駆逐艦が横づけされ、世界中からの新聞記者が〈ミズーリ〉号に上がって来た。それぞれ定位置を割り当てられたが、その場所から動かなかったのは日本人記者だけだった。

ソ連の記者がとくにそうぞうしく、艦上を「野蛮人のように」うろつき回っていた。

アメリカ人記者はこのとき、鮮明な記憶を呼び戻していた。ニューヨーク・タイムズ紙のロバート・トランブルは、ホノルルの新聞にいたときの興奮のるつぼのようなあの真珠湾の朝を忘れることはなかったし、いま〈ミズーリ〉艦上で放送の代表記者になっているウェブレー・エドワーズは十二月七日朝、ホノルルから「これは、ほんものなんです！」とラジオで放送したことを忘れえなかった。

また駆逐艦が〈ミズーリ〉号に横づけされ、連合軍の将官たち、ハルゼー、ヘルフリッヒ、ターナー、パーシバル、スティルウェル、ウェーンライト、スパーツ、ケニー、アイケルバーガーが艦上に上がった。午前八時五分、ニミッツが、軍楽隊のラッパにつれて乗艦、少し遅れてマッカーサーが続いた。艦上はあまりにも興奮状態にあったので、この将軍、提督の二人の到着に気づかない者が多かった。バード中佐は二人の前に駆け出て大声で言った。「皆さん、マッカーサー将軍とニミッツ提督が来られました」それもむだだった。たまりかねたバードは「総員、気をつけ」とどなった。集合していた将官たちがいっせいに直立不動の姿勢をとった。一瞬のうちにシーンとなり、吃水線をたたく波の音が聞こえた。

そのとき駆逐艦〈ランズダウン〉――飛行船〈シェナンドー〉号の船長の名をとった――が十一人の日本代表をのせて近づいて来た。日本側の首席代表を誰にするかで大論争があった。皇族の一員である首相の東久邇宮をこのような屈辱の目にあわせるのは許すべからざることだったし、和平のために二年間、命を賭して来た近衛公はこの恥辱の瞬間にみずからをさらそうとしなかった。この嫌な責任は重光新外相に課せられた。重光はこれを「苦痛ではあるが、有益な使命」と考え、天皇が彼に委任したことを名誉としていた。梅津参謀総長が参加したのは、天皇から懇望されたからだった。豊田軍令部総長は参謀長の富岡定俊《とみおかさだとし》少将に代理出席するよう命令した。「貴様が戦争に敗けたんだから、貴様が行け」富岡は黙って服従したが、彼はすでに式後に切腹する決意を固めていた。

日本代表団は艦上に上がってからの儀礼についてすらどうしてよいかわからなかった。敬礼をすべきか、おじぎか、握手か、微笑すべきか。顧問格のマシュバー大佐は軍人は敬礼、文官はただ帽子をとっておじぎするよう言っていた。「そうして、皆さん一同が〝知らん顔〟をなさるようお勧めします」

マシュバーが〈ミズーリ〉号の舷門をのぼり始めたのは八時五十五分ちょうどだった。その後にはシルクハット、モーニングにアスコット・タイをした日本の文官が続いた。彼は一歩ごとにうめきながら、けんめいにのぼって来た。それは重光外相で、その左足は何年も前に上海で暗殺者の爆弾により吹き飛ばされていた。新しい義足は彼をひどく苦しめた。上から見つめていたバード中佐は、その後ろにいる沈鬱な顔をした将軍が手をかすだろうと思った――その将軍は梅津で、彼は重光を憎むべき「バドリオ」とみなし、重光の苦しげな状態に知らぬ顔をしていた。バードは階段を降りて手をかそうとした。重光はかぶりを振ったが、やがてこわばりながらもそのアメリカ人にしばらくの間は助けてもらった。

後甲板での、式場へ通ずる階段に至る重光の苦痛に満ちた歩みは衆目の的となった。あるアメリカ人記者は、観衆は彼を「残酷な満足感で」見守っていたと記している。重光はバードのこれ以上の助けを払いのけ、能面のように無表情で無器用に階段を上がった。

日本代表団が位置につくと、従軍牧師の祈りのため艦上の全員がいっせいに不動の姿勢をとった。拡声器を通じてアメリカ国歌のレコードの演奏が終わるまで、そのままの姿勢をとっていた。その後の長い落ち着かない中断の間、加瀬《かせ》俊一《としかず》（松岡洋右《まつおかようすけ》外相の秘書官をつとめたことがあり、当時重光の秘書官）は近くの隔壁に描かれているいくつかの小さな日本の軍艦旗に気づいた。明らかに撃墜された日本機あるいは撃沈された日本潜水艦の数を示すものだったが、これを数えているうちに喉がしめつけられる思いがしてきた。かたわらでは富岡少将が驚き、怒っていた。驚きはアメリカ人たちが日本人にいささかも軽蔑を示さないこと、怒りはソ連の代表がいることだった。ソ連人はアジア人でもある。それなのに和平調停者になってくれという日本の嘆願を無視し、満州で日本を背中から突きさしたのだ[6]。

マッカーサー元帥はニミッツ、ハルゼーとともに、甲板を横切り、文書がたくさん置かれているテーブルにきびきびと歩いて行った。イギリスはユトランド海戦に使われたテーブルを提供したが、小さすぎたために、バード中佐はコーヒーのしみだらけの緑色のフェルト布をかけた使い古しの食堂テーブルととり替えた。文書は汚れが隠れるように並べられた。ウェーンライトとパーシバルがテーブルの後ろ、マッカーサーのそばに進み出た。

「われわれ、戦争に参加した主要国の代表は」と、マッカーサーが口を開いた。「平和回復の厳粛な合意を結ぶため、ここに集まった。異なる理想、思想に関する争いは、世界の戦場ですでに決着をつけた。したがってわれわれはその論議、論争はしない。またわれわれは地上の諸民族の大多数を代表して、不信、悪意、憎悪の中でここに集まったのでもない。われわれ、勝利者も敗北者も、われわれが奉仕しようとする神聖な目的の達成にふさわしい高い尊厳に向かって立ち上がろうとするために集まったのである。すなわちここにあらたまって約束する合意にすべての人を無条件に、誠実に服従させるものである」

富岡はマッカーサーの言葉に怒りも復讐心もないことに深い感銘を受けた。永井八津次《ながいやつじ》少将は松岡外相に随行してベルリンとモスクワに行ったことのある人物だが、彼はマッカーサーから目を離すことができなかった。梅津と比べて何と若々しく健康であろうか。敗戦の心理的衝撃が梅津を早老にしてしまったのだろうか。杉田一次《すぎたいちじ》大佐――彼はこれより前、戦争中のある降伏の儀式で通訳を務めたことがあった――はもう一人の連合軍将校パーシバル将軍を見つめていた。二人の目が合った。二人は明らかに、シンガポールのフォード工場での苦痛に満ちた情景を思い出していた。

「私の切なる願いは」とマッカーサーは続けた。「それはまさしく全人類の願いであるが、このおごそかな式によって、過去に流された血の中からよりよい世界が新たに生まれることである。その世界とは信頼と理解に基づき、人間の尊厳と自由、寛容、正義への人類の最大の願望の達成にささげられる世界である」

まるで申し合わせたようにそのとき雲が切れ、遠方に富士の山頂が太陽に輝いた。マッカーサーがテーブルをはさんで向かい側の椅子を示した。重光は脚をひきずって進み出て着席した。彼が手に持っていたシルクハット、手袋、ステッキをぎごちなくいじくり回すと、それが引きのばしを図っているような印象を与えた。ハルゼーは重光をひっぱたいて、「このやろう、サインしろ」とどなりつけてやりたかった。しかし、マッカーサーは、重光がとまどっていると見て、彼の参謀長の方に振り向くと鋭く言った。「サザランド、どこに署名するか教えてやれ」重光は署名した。ついで、梅津がこわばって進み出て、すわろうともせず、自分の名前を書いた。今度はマッカーサーが何本かのペンを使い分けて、連合軍最高司令官として署名した。次にニミッツ、そして連合軍の各国の代表がそれぞれ署名をした——中国の徐永昌《じょえいしょう》大将、イギリスのブルース・フレーザー提督、ソ連のデレビヤンコ中将、オーストラリアのトーマス・ブレーミー大将、カナダのムーア・ゴスグローブ大佐、フランスのジャック・ルクレルク大将、オランダのヘルフリッヒ提督、ニュージーランドのイシット空軍中将。

厳粛な儀式は、短い間だったが、勝利に酔った連合軍側の一代表団員によって汚された。それはアメリカ人ではなかったが、日本人に向かってしかめつらをして見せたのである。重光はその男を見すえ、無表情にゆっくりと落ち着いてシルクハットをかぶった。他の日本政府代表もそれにならった。それはおそらく偶然にそうなったのだろう、とマシュバーは思った。しかし、彼にはこれが東洋的な知恵をきわめて有効に使った実例と強く印象づけられた。

最後の署名が終わり、マッカーサーは再び集まった人達に口を開いた。「平和が今や回復し、神がそれを永遠に守り給わんことを祈ろう。式典はこれにて終了する」マッカーサーはハルゼーに歩み寄り、その肩に腕を回した。すぐそばに立っていたバード中佐は、マッカーサーが「ビル（ハルゼーの名ウィリアムの愛称）、わが軍の飛行機はいったいどこにいるのかね」と言ったような気がした。それに答えるかのように、遠くで爆音がした。何千機という艦載機とB29が〈ミズーリ〉号上空に、息をのむようなショーを展開した。

マッカーサーは式典が行なわれたデッキを離れ、もう一つのマイクに向かって行った。それは彼のメッセージをアメリカ本国に放送するためだった。「今日、砲口は沈黙した」と彼は言った。

「壮大なる悲劇は終わった。偉大なる勝利がもたらされた。天空はもはや死を降らすことはない。四海は通商のためにのみある。全世界の人は胸を張って陽光の中を歩くのだ。全世界は静かに平和の中にある。神聖なる使命は達成された……

新時代が来た。われわれが勝利を得たことすら、今後の安全、文明の生存のいずれにとっても深い懸念をもたらすのである。……軍事同盟、勢力均衡、国際的な連盟のいずれもが、次々についえ、ただ一つの道として戦争のきびしい試練しか残さなかった……

今や戦争の恐るべき破壊力はこの道をも閉ざした。われわれには最後の機会しかない。もしわれわれがより偉大な、より公正な何らかの手段を考え出さないならば、ハルマゲドン（世界の終わりの善と悪の大決戦場）はもう戸口に来ているだろう……」

マッカーサーの言葉は、アメリカが、敗れた敵を理解と同情で扱うというほんとうの意味での誓約であった。そして日本国内でも国民はほとんど耐えがたい運命の苦しみから気を取り直し始めていた。「もしわれわれがこの苦痛と恥辱のためにわれわれの心の中に、いつか復讐してやろうという暗い考えを育てようとするならば」と、日本タイムズ紙は示唆に富んだ予言的な言葉で読者に告げた。「われわれの心はゆがみねじれ、病的な卑しい企てに落ち込んでゆくだろう。しかし、もしわれわれがこの苦痛とこの恥辱を自省と改革のために活用するならば、そして、もしこの自省と改革を偉大な建設的な努力を動かす力とするならば、われわれが敗戦の灰の中から、また今は捨て去った古きものとは無縁な、偉大な新日本、世界の尊敬をかちえて、われわれの誇りの証しをたてる新しい日本を打ち樹てることを、何者も阻むことはできないのだ」

# エピローグ

## 1　マッカーサーの決断

マッカーサーが東京入りしたのは〈ミズーリ〉号上の降伏調印式の六日後だった。九月八日の正午、彼はアメリカ大使館のテラスに歩み出た。第一騎兵師団の儀杖兵が、旗竿の索具に歴史的な旗を取りつけているところだった。「アイケルバーガー君」と、マッカーサーは芝居がかった声で言った。「わが国旗を東京の陽光の中にはためかすのだ。しいたげられた者たちへの希望のしるしとして、そして正義の人々への勝利の先駆者として」ラッパが鳴り、旗は旗竿を上がっていった。それは真珠湾攻撃の当日、ワシントンの連邦議会議事堂の上にはためいていた星条旗であった。

日本国民のほとんどにとって、宮城と目と鼻の先で、かくも屈辱的に掲揚された星条旗によって強調された征服者マッカーサーの東京着任は、どう考えても理解しがたいものだった。とすれば、外敵を阻止しえなかったことに直接の責任がある軍人たちにとって、その敗北は耐えがたいものだった。そのうえ軍人の多くは裁判にかけられるのを予期していたし、三日もたたないうちにマッカーサーは戦争犯罪容疑者のうち、最初の四十人に逮捕命令を出した。

誰が見ても戦争犯罪人の名簿に入るはずの人物が一人いた。東条英機である。世田谷にある東条のつつましい私邸は、逮捕命令の発令とほとんど同時に、新聞記者やカメラマンに包囲された。彼らは東条邸の石造りの塀の前に群がった。東条は書斎の中に閉じこもって、大きな机に向かって書きものをしていた。部屋の一方の壁には、首相時代に撮った正式軍装の等身大の写真がかかっていた。もう一方の壁にはマレーから彼の崇拝者が送ってきたトラの皮がかかっていた。

邸外の取材陣はふえ続け、とうとう庭の中へなだれ込んで来た。午後の中頃、記者たちの数がどうにもならないほどにふえたのを見た東条は、夫人に向かって、すぐ女中を連れて家を出るように命じた。子供たちは、ずっと前に九州へ疎開させていた。東条夫人は不承不承出て行くことにした。

「お気をつけてくださいませ」と、夫が自決するのではないかと恐れて彼女は言った。「あなた、どうか、お気をつけになって……」と夫人は繰り返した。東条は、わかったともわからないともとれない返事をしただけだった。

東条夫人は、女中といっしょに裏門から抜け出した。二人は壁に沿って進み、車の通る道路に続く路地に出た。行く手に何台もの車と新聞記者の大集団が見えた。人ごみで家そのものも見えないほどだった。二人は上り坂になった道路を横切って反対側の家の庭に逃れた。それは、さきに東条に頼まれて、彼の胸の心臓の位置に木炭片でしるしをつけた鈴木医師の家だった。彼女には、すでに家を包囲しているアメリカ兵たち——彼らはMPだった——が壁の向こうに見えた。一人の将校が叫んでいるのが聞こえた。「黄色人種のばか者に言ってくれ。おれたちは待ちくたびれているんだ。とっとと出て来たらどうだ」と突然、彼女は鈍い銃声を聞き、兵隊たちが玄関を蹴破って入って行った。道路を隔てた東条夫人にも木材が割れる音が聞こえた。午後四時十七分だった。

まず、東条逮捕に向かったポール・クラウス少佐と兵たちが書斎に踏み込んだ。ニューヨーク・タイムズ紙のジョージ・ジョーンズが続いた。上着を脱いだ東条は、安楽椅子のそばにフラフラしながら立っていた。血がシャツを染めている。右手には三二口径のコルト拳銃を握り、銃口は闖入者の方を向いていた。

「撃つな!」クラウスが叫んだ。

東条は、制止の声を聞いたふうではなかったが、拳銃は床の上に音を立てて落ち、彼は椅子にくずおれた。アメリカ人に続いて入って来た日本人の警官に向かって、東条は身ぶりで水がほしいと頼んだ。そして最初の一杯を二口か三口で飲み干すと、二杯目を所望した。

道路を隔てた庭で、東条夫人はひざまずき、お経をとなえていた。夫の死のまぎわの苦悶に思いをはせ、まもなくアメリカ人たちが東条の遺体を運び出すものと思った。ところが、しばらくすると救急車が到着し、日本人の医師があわてて邸内に消えるのが見えた。

四時二十九分、東条の唇が動いた。記者団について来た日本人通訳二人が、彼の言葉をメモし始めた。

「一発で死にたかった。時間を要したことを残念に思う」東条は、そうつぶやいていた。彼の顔は苦痛にゆがんでいたが、見おろすアメリカ人たちはなんの同情も示さなかった。「大東亜戦争は正しい戦いであった」と彼は言った。「国民と大東亜諸民族に対しては真《まこと》に気の毒である。……法廷に立ち戦勝者の前に裁判を受けるのは希望する所ではない。むしろ歴史の正当な批判に待つ」東条の声は、次第に大きくなったが、言葉ははっきり聞き取れないときが多かった。「一思いに死にたかった。あとから手を施して生きかえるようなことをしないでくれ」銃弾は、鈴木医師がしるしをつけたほぼ正しい位置に撃ち込まれていたが、ほんのわずか心臓をそれていた。

医者たちが彼を担架に移しているとき、東条は小声で言った。「頭を撃たなかったのは、みなが私の顔を見て、死んだことを確認しやすいためなのだ」彼は横浜の第四十八野戦病院へ連れて行かれた。その夜、アイケルバーガーが見舞いに来た。東条は目を開き、おじぎをしようとした。「私は死にかけています。アイケルバーガー将軍に、わざわざご足労をかけ申しわけない」

「あなたは今夜のことを言っているのか。それとも、ここ数年のことなのか？」

「今夜のことです。アイケルバーガー将軍、あなたに私の新しい軍刀を差し上げる」

東条は結局一命を取りとめ、最重要戦犯として裁判にかけられた(1)。だがその翌朝、杉山元帥は東条よりも正確に目的を達した。執務室で自分の心臓を撃ち抜いたのである。夫の死を聞いたとき、杉山夫人は、かつて日露戦争で日本陸軍を率い、後に、多くの部下を死なせたのを謝罪して自決した乃木希典《のぎまれすけ》将軍の夫人の例にならった。彼女は自室の仏壇の前にすわり、小さな容器に入った青酸カリを飲んだうえ短剣の上に身を投げたのだった。

征服者の手によって行なわれる裁判は、日本の指導者にとっては呪わしいものだったが、とりわけ近衛公爵のような高いプライドを持った貴族にとっては、嫌悪感を引き起こすものだった。近衛もまた屈辱よりも死を選んだ。死ぬ前に、彼は一人の友人に向かって、おどけた調子で語った。「私は怠け者だからね、刑務所の中の生活は気楽で楽しいと思うんだがね」――三十年ものあいだ、近衛は財布をもったこともなければ、風呂で手拭いをしぼったこともなかった――「しかし、戦争犯罪人という屈辱だけはしんぼうができないなあ」

近衛が巣鴨拘置所におもむく前夜、彼の末っ子の通隆《みちたか》(2)は父の寝室に武器や毒薬が置いてないか調べた。何も見つからなかったが、通隆の不安は晴れなかった。そこで寝る前に、彼はもう一度、父の部屋へ行った。父と子は日中戦争について、アメリカとの和平交渉について、近衛が天皇と日本国民に対して感じていた重い責任について長い時間、話し合った。通隆は、父にこうした個人的な感情を書き残しておいた方がよいと勧めた。近衛はちょっと時間をかけて、それを鉛筆で書いた。毛筆が手近になかったのだ。書いたものを、近衛は息子に渡した。「表現はまずいが、これが、いま私が感じていることなのだ」

通隆は、これが父とともにいる最後の瞬間であることを察していた。「私は、長いあいだ孝行を尽くさず、ご迷惑ばかりをかけてきました。すまないと思っております」

近衛は息子の言葉をすぐにさえぎった。「孝行を尽くすなんて、いったいどういうことかね」そう反問し、横を向いてしまった。父と子は、黙ってすわっていた。

通隆が、やっと、ためらいながら沈黙を破った。「もう遅うございます。どうぞ、おやすみください。あすはお発ちになるんでしょう?」

近衛は返事をしなかったが、通隆は黙って父の顔に懇願の視線を注ぎ続けた。近衛も視線を返した。通隆には父の目が「おまえはなぜ、あす発つかなどと聞くんだね。私は、おまえが何もかも了解しているとばかり思っていたのに」と言っているように思えた。通隆は、かつて父の顔にこれほど「不思議で、不快な」表情を見たことがなかった。彼は初めて父が死ぬつもりなのを悟った。

「もし夜なかにご用がありましたら、どうかお呼びください」と通隆は言った。「隣の部屋で休んでおりますから」

通隆は明け方まで眠れなかったが、ようやく眠ったと思うと母の興奮した声で目をさました。すぐに起きようとしたが、体が麻痺してしまったように、しばらくは言うことをきかなかった。蒲団の上にすわり、目を閉じると、体じゅうが震えた。やっと立ち上がると、父の寝室に入って行った。近衛は、まるで眠っているように横たわっていた。静かで、曇りのない顔だった。貴族的な顔には、苦痛の痕跡はなかった。彼は死んでいた。からっぽになった茶色っぽい瓶が、枕のそばにころがっていた。

アメリカ人は、日本の名義上の指導者である天皇を、東条と等しく戦争の最高責任者とみなした。おりしも解放された日本の新聞のいくつかには、天皇に戦争挑発者で好色家と烙印を押すものさえあった。マッカーサーの司令部の前には天皇の退位を求めるデモ隊がやって来た。連合軍最高司令官であるマッカーサーは、こうした訴えを無視し、ソ連、それにアメリカ、オーストラリアの一部の新聞の同様の要求も拒否してしまった。天皇を裁判にかければ、日本じゅうにゲリラ戦争が起こり、軍政が永久化するに違いない。

マッカーサーの参謀たちは、彼の力を誇示するために天皇を有無を言わさず司令部に召喚するよう勧めたが、マッカーサー自身は天皇を敬意をもって遇すべきだと心に決めていた。「そんなことをすれば」と彼は言った。「日本人の気持をいたずらに荒立たせ、日本人の目に天皇を殉教者視させることになる。私は、天皇が自分の意志によって訪ねて来るまで待つことにする。このことに関しては、西洋式に事を急ぐよりも東洋式に忍耐して待つほうがよい結果を得られるはずだ」

マッカーサーの直感の正しいことが立証された。東条の自殺未遂から二週間後に、天皇はみずからマッカーサーに会見を求められた。フロック・コートに縞のズボン、ボタンのついた靴にシルクハットといういでたちで、天皇は藤田侍従長を従え、アメリカ大使館に行幸になった。天皇は旧式のリムジンのドアを開けて現われ、フェラーズ将軍の敬礼を受けられた。フェラーズが手を差し出すと、天皇はそれを握られた。陛下がマッカーサー将軍にお会いになりたいそうです、と若い日本人の通訳が伝えた。

「お目にかかれて光栄に存じます」とフェラーズは答えた。「どうぞお入りください。マッカーサー将軍が待っておられます」フェラーズの案内で大使館の中に入り、二階にあるマッカーサーの執務室に通じる広い階段を登るあいだ、天皇は神経質そうだった。

マッカーサーは、天皇の気持をほぐすため、日露戦争のあとで大正天皇に会ったという昔話を持ち出した。それから彼の通訳を除く全員を部屋の外へ追い出すという配慮を示した。天皇とマッカーサーは暖炉の前にすわったが、彼らはマッカーサーの妻と息子のアーサーが赤いカーテンの間からのぞき見をしているのに気づかなかった。マッカーサーが天皇にアメリカ製のタバコを勧めると、天皇は感謝して受け取られたが、将軍がそれに火をつけるあいだその手は震えていた。

天皇がマッカーサーに会いに出かけるに際して木戸が与えた最後の忠告は、戦争の責任をとるようなことをしてはならないということだったが、天皇はいままさに木戸が禁じたそのことをあえてなされた。「将軍、私がここに来たのは、政治的、軍事的なあらゆる決定、そして戦争遂行上わが国民が行なった行為に対するただ一人の責任者として、私を、あなたが代表する連合軍の判断にゆだねるためであります」

マッカーサーは「骨の髄《ずい》まで」感動した、と後日、書いている。「彼は、生まれながらにして天皇であった。しかし、同時に、生まれながらにして日本の最高の紳士でもある人物と対面しているのを、私は悟った」

## 2　戦後のアジア

第二次世界大戦は終わったが、それが解決したよりももっと多くの問題が惹起した。広範囲にわたる騒擾のさなかにあるアジアは、西洋の支配の軛《くびき》から脱しようとしていた。戦闘は、世界的な規模の衝突から、民族解放のための地域的な闘争へと移行していた。

皮肉にも、日本が戦争において最も強く望んだ目標が達成されることになった。アジアは、ついに白人の支配からみずからを解き放ったのだ。大英帝国はビルマをすでに失い、インドからも追われつつあった。オランダ領東インドにおいては、戦争のあいだ日本軍を支持したアーメッド・スカルノとモハメッド・ハッタが、もはや抑えようもない独立運動を進めていた。

中国では、第二次大戦が、共産主義者と西洋勢力に支配された国民党とのあいだの主導権争いに決着をつけた。多大なる財産破壊を受け、また資本を損失した国民党の産業は停止していた。物価は日中戦争が始まった一九三七年当時の二千倍にもはね上がっていた――日本の降伏から一ヵ月以内に中国元の国際通貨価値は七十パーセントも下落した。インフレは、中国から中産階級を一掃し、インテリたちを幻滅の中に取り残した。そのような難問に悩まされていても、国民党は人々の要求にこたえることができず、共産党が主張した農地解放をやろうとしなかった。よかれあしかれ――一般の中国人にとっては、もうこれ以上に悪くなりうる状態ではなかった――中国の唯一の希望は毛沢東《もうたくとう》しかなかった。

インドシナの新しい政府にとっても、農地改革は新政策の基調だった。戦争中、ホー・チ・ミンに率いられたベトミン（ベトナム独立連盟）は、イギリスとアメリカの同情と支援を受け、ベトナムの主要な国民運動となるべくフランス、日本と戦った。平和の到来はプレイボーイのバオ・ダイ王の退位をもたらし、ベトミンはアメリカの独立宣言から借用した主張をかかげて新しいベトナム共和国の独立を宣言した。しかし、戦争中、ベトナムに独立を約束したアメリカは、すでにその政策を変更していた。一九四五年八月二十四日、トルーマン大統領はドゴール将軍に、インドシナがフランス統治に戻るのを支持すると通告した。一九四六年一月に行なわれたベトナム共和国の最初の選挙で、ベトミンは新しい議会の過半数を獲得した。しかしベトナムに駐屯しているフランス軍は、アメリカの輸送船でフランスからの増援を受けてサイゴンを奪取し、その結果、バオ・ダイはベトナムの指導者として復位した。傀儡王制がカンボジアやラオスにも樹立され、アメリカはそれらを承認した。

フランス植民地主義に対してアメリカが与えた支持は、かつてスエズの東に対してイギリスが取ったと同じ政策――民族自決はアジアのためではなくヨーロッパのためのもの――をアメリカの指導者たちが取る意志であることを示していた。それは、アジア人は自己と世界の安全保障のために取るべき最善の道が何かを知ってなどいないという確信だった。アメリカはその血と財産を、全くちがった二つの戦争に勝つために費やしたという事実に、このときもなお気づかなかった——ヨーロッパにおけるファシズムに対する戦争と、アジアにおける人民の願望に対する戦争だ。そして来たるべき二十年、三十年、いや、たぶん四十年にもわたる世界の歴史の方向は、決定づけられてしまったのである。

戦争が終わって数カ月後、顔に歳月の深いシワを刻み込んだ一人の樵夫《きこり》が、マッカーサーの新しい司令部になった第一生命会館の前に立ち止まった。彼の背には、薪《たきぎ》の大きい束が高々と積み上げられていた。樵夫は、まずマッカーサーの将旗に向かって深々と頭を下げ、次に向きを変え、広場の向こうの宮城に向かって、同じようにおじぎをした。アメリカ人の傍観者たちは、不可思議な東洋の生きた逆説を見るかのように、当惑気味の興味をもって見つめていた。しかし、居合わせた日本人たちには、樵夫の気持がよくわかった。彼は、道路を越えてはるかかなたに鎮座する永遠なるものを崇めている一方で、今日の「将軍」の一時的な権威を無条件に認めていた。

# 註

原書の脚註を以降のページに移動した。
〔早川書房編集部〕

## 二十九部　沖縄の惨劇

1　現在、その場所には記念碑が立っている。碑文には「この地点において、一九四五年四月十八日、第七十七歩兵師団は一人の仲間――アーニー・パイルを失った」と書かれてある。トルーマン大統領は「他の誰にもまして彼は、武器をとってかくも多くの非凡なことをなしつつあるアメリカ国民のスポークスマンとなった」と、ほめたたえた。

2　一九四六年に青木が日本に帰ったとき、陸軍中将だった伯父が、喜びと理解をもって彼を迎えた――青木は初めて、生きていてよかったと思った。後に彼は言った。「私は生まれ変わりました。いまの自分には一刻一刻が貴重です」

## 三十部　さまよえる日本兵

1　神子と中尾は生きのびた。信じられないことだが、間山もそうであった。神子は一九六五年『われレイテに死せず』という本を出版してまもなく、東京の街で間山と出くわした。神子が彼らのグループのもう一人も生きのびたことを話すと、間山は恐怖であとじさりした。しかし、彼は神子に食べられるという不安を持ったことはなかったと言った。「なぜなら」と彼は説明した。「あなたは教師でしたから」

2　一九四六年十一月三十日、大野の名前の記された遺骨が彼の父親に引き渡された。ところがその同じ日に、大野自身がハワイでの一年半近い抑留生活を終えて帰国した。「何という奇妙な日だ！」父親は、大声をあげた。「突然、息子が二人できた」

3　彼らは一九四九年までもちこたえた。山陰は、在日立川空軍基地の戦記係で後に英文毎日の寄稿家になったスチュアート・グリフィンとともに硫黄島を訪ねた。二人は、山陰が四年間書き続けたという日記を捜し出すために来たのだった。二人は山陰が最後にひそんでいた洞穴を手分けして捜したが、何も見つからなかった。グリフィンはそもそも日記があったのかどうか疑い、それを山陰に言った。その夜、山陰はノートの捜索を続けるため姿を消した。翌朝、彼は両手を傷だらけにして、力なく戻って来た。

飛行機で島を去る直前にグリフィンと山陰は写真をとるため摺鉢山の頂上へ車を走らせた。山頂で山陰は地上に目を落としながら小走りに走り始めた。立ち止まり、向きを変えるとゆっくりうしろにさがった。それから、海を見おろす断崖の端に向かって再びゆっくりと駆けた。しだいに速度をまし、両腕を空中に投げ、何かを叫んで飛び降りた。グリフィンは、崖の端に走った。二十メートルほど下に砂におおわれた岩棚があり、何かがぶつかったようなくぼみが見えた。そこからは見えない九十メートルあまり下の別の岩棚に、山陰の死体が横たわっていた。

彼と松戸とは、もちろん太平洋戦域で投降した最後の敗残兵ではなかった。その後数年間に、サイパン島からミンドロ島までのあちこちで兵士たちが発見された。グアム島の二人の兵士は、同島の解放後十六年近くたって投降した。おそらくさらにこれに続く者がいるだろう。すでにそうした者たちについては、フィリピン、ニューギニア、ガダルカナル島で報告されている。

## 三十一部　一億玉砕の覚悟

1　松根油計画は、松の根を掘り出す何百万人もの労働力と、一日一個あたり三、四ガロンの原油を生産できる小蒸溜器三万七千個以上を必要とした。生産は最後には一カ月七万バーレルに達したが、精製方法が非常にむずかしいため、戦争終結時までに三千バーレルを多少超える程度の航空用ガソリンが生産されたにすぎない。

2　一九四五年四月五日、ソ連政府は、日ソ中立条約について調印以来事態が「根本的に変化」したため延長できないと声明した。『ソ連小史』は同条約が「一九四五年四月五日に無効になった」と述べている。同条約の期間満了は一九四六年四月十三日で、その条項によれば、いずれかの側が条約の延長を望まない場合には、一年前に通告しなければならなかった。日本側はヤルタ協定の秘密の取決めを知らなかったので、十二カ月の猶予期間のうちにソ連側と新条約の調印ができるだろうと信じていた。ソ連の歴史家はまちがいを犯したのか、でなければソ連が一九四五年八月八日、日本に宣戦を布告したときに条約を破ったという事実をおおい隠そうと試みたのであろう。

3　鈴木は、この演説草案を二日前、閣議に出した。閣議は「太平の海」の語句と、双方に罰が下る、という個所を削除するよう要請した。神の罰はアメリカ人だけが受けるべきだというのであった。しかし、鈴木はこの提案を二つとも無視した。国会の開会直前、鈴木は息子に、こんな削除をしたら演説の焦点がなくなってしまう、と言った。鈴木は、アメリカが自分の演説を微妙な和平の打診として受け取ってくれることを望んでいた。

4　木戸をはじめ和平支持派の人々には、影響力の大きい副官たちの特別グループから、極秘情報がしばしば流されていた。このグループは最高戦争指導会議を和平工作の主体に仕立てようと努力中で、メンバーは鈴木首相の首席秘書官の松谷誠《まつたにまこと》大佐、東郷外相秘書官の加瀬俊一、木戸内府の補佐官で秘書官長の松平康昌《まつだいらやすまさ》侯爵、それに米内海相の代理をする強力な高木惣吉少将だった。四人は「憲兵隊」に突きとめられないように、ときどき場所を変えながら、何度も会合を重ねた。彼らが好んで使ったのは、議事堂の中の人目につかない部屋だった。

## 三十二部　追いつめられた日本

1　一九六七年二月六日、ノートルダム大学での演説で、エドワード・テラー博士は次のように述べ、この決定に遺憾の意を表明した。「われわれは東京上空の安全な高度で原爆を爆発させ、窓を振動させるだけですませることもできた。そうすれば、人間の技術の才能は、きわめて恐るべき戦争をやめさせることもできる、ということをすばらしいやり方で示せたのだ」

2　一九五八年、著者がトルーマンとのインタビューで「原爆投下の決定は、あれこれ迷い抜いたすえにやっと下されたものでしょうね」と質問したとき、トルーマンは「とんでもない！　あれは、こんなぐあいに決めてしまったんだよ」と言って、指をはじいて見せたものだった。

一年後の一九五九年四月二十八日、トルーマンはコロンビア大学のセミナーで、こう言った。「原子爆弾の投下は〝重大な決定〟ではなかった。原爆は戦争で使われたのであり、参考までに申し上げるならば、原子爆弾の投下による死者よりも、東京に投下した焼夷弾による死者の方が多い。それは単に新しい強力な兵器というだけのものであり、正当な兵器リストの中に入れてよいものだ。二発の原爆の投下は、戦争をやめさせ、何百万人もの生命を救った。われわれにとって、原爆は大砲とまったく変わりのないものだった。ナポレオンは、勝利は常に大砲の側にある、と言ったではないか。それは、戦争を終結させるための、純粋に軍事的な決定だったのだ」

セミナーの終わりにあたって、一人の学生が再びトルーマンに迫った。「何も思いわずらわなければならないような決定ではなかった」と、トルーマンはがんばった。「原爆は、戦いに勝たねばならないなら、ほかの連中より大きな鉄砲を手に入れる、というのと全く同じことだった。原爆を使った理由も、そういうことだ。大砲と同様の兵器――原爆は、それ以外のものではない」

3

ジラード博士の請願の草案は、初めはもっと論旨を推し進めて、原子爆弾の徹底的な使用禁止を呼びかける、次のようなものだった。「いったん原爆が戦争の手段として導入されれば、これを使用したいとの誘惑にあらがいがたくなるであろう。……かくして、この新たに解放された自然力を、破壊のために使用する先例をつくった国は、想像を絶する規模の、荒廃の時代に向かってドアを開くことの責任を負わなければなるまい」

博士の同僚でこの草案に同調した者はほとんどなかった。その理由は、これで原爆が使用されないとすれば、署名者は戦争を引きのばし、虐殺を継続することを許すという罪を負うことになる、というものであった。ジラード博士とは全く考えを異にし、独自の請願を出して対抗した人々もあった。こうした請願の一つは、こう結論している。「要するに、急速に勝利をおさめる手段が手中にあるというのに、われわれはさらにアメリカ人の血を流し続けなければならないのか？　とんでもない！　ほんの少数のアメリカ人の生命でも救えるのであれば、いま直ちにこの兵器を使おうではないか」

4　この強硬な立場は、七月十八日のワシントン・ポスト紙に「オブザーバー」の署名で掲載された、編集者への驚くべき手紙とは、全く食い違うものであった。アメリカの軍事法規は、歴史上の先例に基づき、征服または占領が敗戦国の主権をそこなうものでないことを明記している――と、この手紙の筆者は公言している。それは、アメリカが正規の外交ルートを通じての交渉に門戸を開放していることを示唆するもので、ワシントンではちょっとした憤激の声が上がった。事情通の新聞記者たちは、これは公式の観測気球だと解釈した。実際、彼らはこれがエリス・ザカライアス海軍大佐のしわざであることを内々知らされていたのだ。大佐には決まった所属部隊はなく、心理戦争を主として扱う海軍の秘密作戦情報機関「OP‐16‐W」のチーフを務めていた。それまでも、ザカライアス大佐は「公式スポークスマン」として、ラジオ放送を通じてしばらくの間、無条件降伏はおおね軍事的な面をさし、日本的生活様式の終末を意味するものではない、と日本人に保証し続けてきた。ところが実際は、この手紙の筆者はザカライアス大佐の助手の一人、ラディスラス・ファラゴで、無条件降伏方式を和らげようと勝手に決めたものだった。部下の試みを知ったザカライアスは、これを認めたばかりか、次の放送でこのアドバイスを日本人に対して繰り返した。

5　二時間以内に、連合参謀本部は、赤軍参謀総長のアレクセイ・E・アントノフ将軍が次のように発表するのを聞いた。「ソ連軍は極東に集結しつつあり、八月後半に対日作戦を開始するために用意が整えられよう。しかし、作戦開始の期日は中国代表との協議の結果によって決まるが、その協議はまだ終わっていない」

6　一九四六年、ロンドンのサンデー・タイムズ紙の駐ソ従軍記者だったアレクサンダー・ワースは、ソ連がポツダムで原爆について聞かされていたか、とモロトフに質問した。モロトフはびっくりした様子で、少しのあいだ考えたあとで言った。「これは微妙な問題だ。きみの質問に対する正しい答えは、イエスでありノーである。われわれは『超爆弾』『かつてみたことのないような型』の爆弾について知らされた。しかし、『原子』という言葉は使われなかった」

7　〈インディアナポリス〉は、それから四日もたたないうちに、橋本以行《はしもともちつら》（少佐）艦長の潜水艦〈伊58〉号の魚雷三発を受け、十二分間のうちに沈没した。救命艇はなく、救命筏もわずかしかなかった。信じられないことに、〈インディアナポリス〉が攻撃されたことはほぼ四日間知られなかった。その結果、乗組員千百九十六人中三百十六人が救助されただけだった。これはアメリカ海軍史上最も論議を呼んだ海難事件だった。

8　アメリカ国務省は、ポツダム・プロクラメーションProclamation（日本に無条件降伏を要求した七月二十六日付文書）とポツダム・デクラレーションDeclaration（ヨーロッパに対する連合国の政策声明）とを区別している。しかし、通常、双方とも「宣言」

Declarationといわれている。

## 三十三部　広　島

1　戦後、イーザリー少佐は、「原爆禁止」運動グループに利用された。これらのグループは、彼は犠牲者であり「アメリカのドレフュス」で、広島への原爆投下で演じた彼の役割について罪悪感を抱いていることを公言したために投獄され迫害されたと主張した。大量に出された本や雑誌記事は、数多くのまちがった主張を行なった（少なくともそのうちの一つはイーザリー自身から出ている）。すなわち、彼が個人的に広島を目標に選んだ、航空軍殊勲十字章を与えられた、広島上空で原爆雲の間を飛行した、彼が原爆投下を指揮した、長崎への原爆投下に参加した、などである。

2　発見できなかった息子を除いて、富田家の全員は奇跡的にほとんど後遺症を免れた。ヒロ子は「ピカ子」の愛称をもらい、魅力的で健康な女性――地方のテニス・チャンピオン――に成長した。富田家は被災した家の跡地に新たな家を建て直した。

3　広島の平和記念資料館の初代館長長岡省吾は、原爆によって少なくとも二十万人が死んだと結論した。この数字は、庄野、佐久間両博士の広汎な調査で確認された。犠牲者のうち二十二人はアメリカ人戦争捕虜だった。数人の女性も含まれていた。このことは一九七〇年七月、当時捕虜監視にあたっていた憲兵の柳田博予備役少尉によって日本の新聞に明らかにされた。全部で二十三人の捕虜がいた。二十三人目の若い兵士は原爆後、瓦礫の山から助けられたが、怒り狂った日本人の暴徒に殺された。

# 三十四部　長　崎

1

東京が次の原爆投下の目標になるという恐れは、大阪の近くで撃墜され捕えられたアメリカ軍戦闘機のパイロットによって翌日夜「確認」された。マーカス・マクディルダ中尉は、原子力がどんなものか全く知らなかった。だが、取り調べにあたった将官に刀のきっ先を口もとに突きつけられ、打ち首にするぞとおどされて、でたらめをしゃべることにした。彼はフロリダなまりの英語で、原子がどのようにプラスとマイナスに分離され、さらにそれがタテ三十六フィート（約十一メートル）、横二十四フィート（約七・三メートル）の鉛の箱に分けて収納されるかを説明した。箱が飛行機から投下されると、鉛の壁は溶け、プラスとマイナスが再結合して、都市全体を破壊するような爆発を起こすのだと言った。この取調官は恐ろしくなって、次の目標を知りたがった。マクディルダはすばやく頭を働かせた。「京都と東京だと思います。東京は数日中に爆撃されることになっています」と彼は答えた。

2　東京裁判において、インドのラダビノード・パール判事はただ一人、他の人々と意見を異にし、またその主張は大むね無視されたが、こう発言している。「もし戦時下の市民の生命と財産の無差別な破壊が現在でも非合法であるとすれば、太平洋戦争における原子爆弾使用の決定は、第一次大戦中のドイツ皇帝の命令および第二次大戦中のナチス指導者の命令に匹敵する唯一のものである。現在裁判にかけられている者の中に、これほどの罪を犯した者はいない」

3　土壇場になってからの飛行機の交替は、歴史家を混乱させることになった。公式声明は〈グレート・アーチスト〉が爆弾を投下したと誤って発表し、これが目撃者の書いたいくつかの記事を含めて、ほとんどの記事に使われた。一九四六年、その歴史的役割のため、〈グレート・アーチスト〉を引退させる計画がたてられたとき、誤りが発見された。原爆を運んだ飛行機の機体番号が違うことがわかったのだ。

4　嵯峨根教授がこの手紙を読んだのは戦後になってからだった。もし彼がこの手紙をすぐ受け取っていれば、彼は当局に抗議するため、有力な科学者のグループを説得しようとしたかもしれない。だが、手紙はわざと彼には見せられなかった。爆撃の翌日、海軍将校である彼の教え子の一人が、かなり興奮した様子で、教授にあてられた数人のアメリカ人の手紙がたったいま海軍に届けられたと知らせて来た。しかし、一人の陸軍将校は嵯峨根教授に対し、海軍が「原子爆弾について」の手紙を見つけたといううわさを聞くかもしれないが、そんな手紙はないのだから気にしないようにと忠告した。

5　二年後梅田は白血病で、富村も一九六四年、白血病で死亡した。小松は現在でも貧血病で苦しんでいる。

6　戦後、豊田軍令部総長は「ソ連の対日参戦の方が原爆よりも日本の降伏を早めるのに力があったと思う」と語っている。イギリスの公刊戦史である『対日戦争』も次のようにこの主張を裏づけている。「……なぜならソ連の参戦は、最高戦争指導会議の全構成員に対し、交渉による和平の最後の望みが失われ、遅かれ早かれ、連合国の条件を受け入れる以外に方法はないという実情を痛切に感じさせたからである」

7　アメリカ側によれば死者合計は三万五千人。長崎市によれば七万四千八百人。

## 三十五部　耐え難きを耐え

1　一九四六年一月、天皇は藤田侍従長との話で、開戦と終戦の決定の相違ならびにそれが天皇としての役割にいかに作用したかをこう指摘された。「降伏のときには彼ら〔六巨頭〕が多くの討論を重ねてみても意見が一致する見込みがなかった。激しい爆撃のうえに原爆を受け、戦禍は急速にひどくなっていた。二つの見解のどちらかが採られなければならなかった御前会議で、鈴木が最後に私に尋ねたとき、私は誰の権威も職責も侵害せずに、初めて私自身の、自由な意思を述べる機会を与えられた」

2　英語の用語が不正確だった。東郷外相の次官だった松本俊一は後日、これが誤解を生んだと述べている。この文章はこう理解されるべきものだった。「われわれはポツダム宣言を受け入れる。われわれはこの受諾が皇室の地位に影響を及ぼさないものと了解する」
3　八月十三日に首都に原爆が投下されるという強いうわさが東京周辺に流れていた。
4　ワシントンからのメッセージはスイスのベルンを経由して、数分後の八月十二日午後六時四十分についた。だが、松本の指示によって電信課長は八月十三日午前七時四十分に日付を繰り下げて記録し、書類箱にしまった。

## 三十六部　日本敗る

1　空襲中および警報の発令中は、閣議はより安全な、赤坂付近の電話交換局で開かれた。
2　この詔書の最終草案は、八百十五の文字から成っていた。偶然ではあるがこの詔書は八・一五、つまり八月十五日に放送されることになっていた。
3　この日、八百二十一機の超空の要塞（B29）が、マリアナ諸島を発進して、東京地区の爆撃に向かった。スパーツ将軍は「できるだけ大がかりなフィナーレ」をやりたいと希望していた。
4　田中大将は東部軍管区と第十二方面軍の司令官を兼任していた。一般に、この二軍は合わせて、東部軍と呼ばれていた。

5　反乱を計画したのは畑中少佐だけではなかった。約四十人が横浜警備隊の司令官に率いられて上京し、政府内に巣食う「バドリオたち」を暗殺しようとした。彼らは八月十五日の未明に、首相官邸にバリケードを築いた。鈴木首相や、官邸にいる閣僚を捕えようとしたが、首相は私邸で眠っていた。このため、誰もいない建物に火を放ち、首相の私邸に向かった。しかし首相とその家族は、暴徒がやって来る直前に車で脱出した（もっともこの車は人が押してやらないと始動しないというありさまだった）。この自称暗殺団は、また火を放った。拳銃を突きつけたので、消防団も首相の私邸を救うことはできなかった。彼らは、目的を果たせなかったので、今度は平沼男爵の邸を襲って放火した。この老男爵は義歯をおいたまま、庭の木戸口から逃れた。ここだけは、一味が張り込んでいなかった。

6　田中大将は八月二十四日夕、正装して自分の机で、拳銃で自決した。彼が以前高嶋少将にもらしていたところでは、この決起は彼の自決の決心とはほとんど関係ない。自決の理由は第一に、宮城の被災と、東京焼夷攻撃の際の死者に責任を感じていたことである。大将は、天皇にお詫びしなければならなかった。彼は、東部軍管区の者は誰も自決すべきではないと言い、「みんなの責任をとる」ことになったのである。

1　これが七機の最後の報告だった。おかしなことに、アメリカ側の記録ではその日には神風攻撃が一つもなかったことになっている。

2　この中佐は小沢治三郎提督と米内海相に会えた。しかし東久邇宮首相に面会する前、長椅子にすわったまま眠ってしまった。眼をさましたときは約束の時間を過ぎていた。彼は、「眠り込んだのは神の意志に違いない」自分は天啓を誤解していたのだ、と判断した。

3　これより二時間前、アメリカの戦闘機三機が厚木に飛来、一機が大きな筒を投下した。有末中将は驚いて全身をこわばらせ、落ちてくるのを見守った。戦争継続を望む急進派のアメリカ人が投下したのかと思ったのである。筒は草の上に落ち、爆発しなかった。これがおそるおそる有末のもとへ運ばれると、彼は一方の端にふたがあるのに気がついた。ふたをとると、中には巻いた布がはいっていた。四・五メートルの旗だった。「アメリカ陸軍歓迎――アメリカ海軍」と書いてあった。それにはメモがついており、マッカーサーの幹部将校が飛行機から降りる際、眼につくように格納庫の横にこの旗をはっておけと要求していた。有末は「悪感情やめんどうを起こすのを恐れて」、隠しておくよう指示した。

4　これを知って「衝撃を受けた」とマッカーサーは回想録に書いている。マッカーサーは、一九四二年にウェーンライトについてマーシャルあてに送った通信を、ウェーンライトが「一時的にせよ異常状態になったと信ずる」と述べた電報をも含めて忘れてしまったようだ。

5　東京ローズは反逆罪で逮捕された。一九四八年九月に開かれた大陪審法廷で、リーとブランディジは「東京ローズにラジオ放送を教えたアメリカ陸軍大尉にもっぱら攻撃を浴びせた」

彼らは東京ローズよりも大尉の方が罪が重いとみたのである。そして大陪審は彼女と共に大尉をも起訴するよう要求した。大陪審はこの大尉がその管轄権下にないという通告を受けると、東京ローズを告発するのを拒否した。大陪審は検察側が大尉をも必ず法廷に引きだすという確約をしてはじめて告発した。裁判の結果、彼女は反逆者として有罪の宣告を受け、禁固十年、罰金一万ドルを言い渡された。一方、大尉の方はとうとう裁判にかけられず、少佐に昇進した。

6　この同じ日、スターリンはソ連人民に重要な放送演説を行なっている。スターリンは、日本が一九〇四年、南樺太をとり、千島支配を強化して以来、ソ連人民は、日本と決着をつけるべき特別の理由をもっていると言った。「しかし一九〇四年、日露戦争中のロシア軍の敗北はわが国民に苦い記憶を残した。わが国の名誉にとって暗い汚点であった。わが国民は、日本が敗れ、この汚点がぬぐい去られる日を確信をもって待っていた。われわれ年長者の世代は四十年間、この日を待った。その日が来た。日本は敗北を認め、無条件降伏の文書に署名した……」

## エピローグ

1　東京市ヶ谷台の旧大本営陸軍部で行なわれた長く退屈な東京裁判が終わりに近づいたある日、東条と児玉誉士夫は巣鴨拘置所の運動用の庭に立って上空を飛ぶ二機の米軍機を見上げた。東条は言った。「児玉君、この裁判は、二度と再び戦争が行なわれないようになって、はじめて意味を持つのだ。空を見給え。彼らはソ連に備えて演習をしている。もし、裁判が終わるころには、ソ連とアメリカのあいだの雲行きがあやしくなることだろう。もし、もう一度、戦争が行なわれれば、こんな戦争裁判は無意味なものになってしまうんだよ」

一九四八年十一月十二日、東条は死刑を宣告された。刑務所の中で、彼は人間が変わってしまっていた。信心が生活の全部を占め、「寺小僧」というあだ名さえつけられた。刑が執行される数時間前、彼は教誨師の一人である仏僧、花山信勝《はなやましんしょう》師に向かって、深い感謝の言葉を述べた――自分の体は、まもなく日本の土に帰することだろう。自分の死は日本国民への謝罪であるばかりでなく、日本の平和と復興を助けるものでもある。

東条はまた、すでに歯もほとんど欠け、目も弱くなり、記憶もおぼつかないいま、そろそろ死んでもいい歳なのだと告白した。このまま刑務所に閉じ込められて、この世のことにかかずらわっているよりは死んだ方がいい。何よりも阿弥陀の来世に生まれ変わることを信じて死ぬのはうれしいことでもある。彼はユーモアさえ口にするようになっていた。ニヤリと笑ってキャノン（CANNON）印のタオルを示し「ほら、観音さまも、とうとう迎えに来てくださった」などとも言った。

最後の証言のなかで、東条はアメリカ人に向かって日本の国民感情を裏切り、共産主義を日本に押しつけないようにと訴えた。日本は、これまでアジアにおける唯一の共産主義への防壁であった。いまや満州はアジア大陸の共産化の基地になりつつある。アメリカが朝鮮を南北に分割したことについて、東条はそれが将来に禍根を残すだろうと予言した。

彼は日本軍が行なった蛮行を謝罪し、アメリカ軍が日本の非戦闘員に対して同情と遺憾の意を示してくれることを求めた。日本人は、アメリカ軍の無差別爆撃と二発の原子爆弾によって深く傷ついているのだ。彼はまたアメリカとソ連の相反する利害のゆえに第三次世界大戦が起こるだろうことを予言し、その場合に戦場になるのは日本、朝鮮、中国だろうが、アメリカは無力な日本を保護する義務があると述べた。

証言は二首の歌で終わっていた。

我ゆくもまたこの土地にかへり来ん
　国に酬《むく》ゆることの足らねば

さらばなり苔の下にてわれ待たん
　大和島根に花薫るとき

東条は威厳を失わずに十三階段を登って行った。十二月二十二日の真夜中少しすぎ、彼の足もとの板は跳ねて開いた。

2　近衛の長男、文隆（プリンストン大学在学中は「ブッチ」というニックネームで呼ばれていた）は、満州でソ連軍につかまった。彼はモスクワからさほど遠くない収容所で死んだ。

# あとがき

この本は *The Rising Sun—The Decline and Fall of the Japanese Empire 1936-1945* の題で、一九七〇年十二月七日、アメリカのランダム・ハウス社から出版された。題名が示すように、一九三六年（昭和十一年）の二・二六事件から一九四五年（昭和二十年）八月十五日の終戦までの激動期の日本を描いたドキュメンタリーである。著者のジョン・トーランド氏は、この本の取材のため夫人（日本人）同伴で十五カ月にわたって日本、アメリカ、台湾、フィリピン、グアム、サイパン、シンガポール、マレー、タイを訪れた。そして三笠宮を初め、東条内閣の閣僚や戦争時の指導者から無名の兵士、従軍記者まで、またアメリカでは、トルーマン元大統領、故ニミッツ提督から日本軍の捕虜になった将兵など、さらに東南アジア各国の人たちも含めて約五百人からインタビュー取材し、膨大な文献を集め、それにこれまで未発表の史実を加えて五年の歳月をかけて完成した。

したがって、原著は、全八部（① The Roots of War ② The Lowering Clouds ③ Banzai! ④ Isle of Death ⑤ The Gathering Forces ⑥ The Decisive Battle ⑦ Beyond the Bitter End ⑧ "One

Hundred Million Die Together"）からなり、それに参考文献、ノートなどを加えると九百五十六ページの膨大な本である。日本語版の出版に当たっては、著者の了解を得て、原著の構成から離れて、次の五巻に分けた。

第一巻「暁のZ作戦」、第二巻「昇る太陽」、第三巻「死の島々」、第四巻「神風吹かず」、第五巻「平和への道」。

最終巻の第五巻では――沖縄では最後の死闘が繰り広げられていたが、非戦闘員も戦争に巻き込まれついに牛島司令官は自決、一九四五年（昭和二十年）六月二十二日、沖縄は陥落する。一方、東京をはじめ各都市への空襲が相次ぎ、本土は焦土と化す。同年四月七日、鈴木貫太郎内閣が成立、終戦工作に本格的に取り組むが、八月六日、米軍広島に原爆投下、同九日、ソ連が対日宣戦を布告、長崎にも原爆が落つ。日本政府はついに同十四日、ポツダム宣言を受諾する。陸軍の一部将校が終戦阻止の反乱を起こすが、十五日正午、天皇は「終戦の大詔」を放送する。ここに「大日本帝国」は崩壊す――までを描いたものである。

翻訳には、毎日新聞社の石塚俊二郎部長はじめ外信部スタッフと徳岡孝夫サンデー毎日編集次長があたり、元陸軍少佐堀江芳孝氏（一部翻訳を含む）と毎日新聞社政治部田畑正美氏が監修した。

一九七一年九月

毎日新聞社

# 終戦時主要軍配備表（＊印は大本営直属部隊）

〔陸　軍〕

| 部隊名 | 司令部所在地 |
| --- | --- |
| ＊第一総軍　東方　元帥大将　杉山元 | 東京 |
| 第十一方面軍（東北軍管区） | 仙台 |
| 大将　藤江恵輔 | |
| 第五十軍 | 青森 |
| 第百五十七師団 | 三本木 |
| 第三百八師団 | 野辺地 |
| 独立混成第九十五旅団 | 八戸 |
| 第七十二師団 | 福島 |
| 第百四十二師団 | 吉岡（仙台地方） |
| 第二百二十二師団 | 岩谷堂（水沢東北方） |
| 第三百二十二師団 | 大河原（岩沼西南方） |
| 独立混成第百十三旅団 | 平 |

第十二方面軍（東部軍管区）　東京
大将　田中静壱
第三十六軍　浦和
第八十一師団　宇都宮
第九十三師団　柏（松戸東北方）
第二百一師団　国立（立川東方）
第二百二師団　高崎
第二百九師団　津幡（金沢東北方）
第二百十四師団　宇都宮
戦車第一師団　佐野
戦車第四師団　千葉
第五十一軍　高浜（土浦東北方）
第四十四師団　小川（高浜東方）
第百五十一師団　水戸
第二百二十一師団　鹿島
独立混成第百十五旅団　鹿島南方
同　第百十六旅団　鉾田
独立戦車第七旅団　小川北方
第五十二軍　酒々井（佐倉東方）

| | |
|---|---|
| 近衛第三師団 | 成東 |
| 第百四十七師団 | 鶴舞（茂原西南方） |
| 第百五十二師団 | 椎芝村（銚子西北方） |
| 第二百三十四師団 | 山倉村（八日市場北方） |
| 独立戦車第三旅団 | 更科（千葉東方） |
| 第五十三軍 | 伊勢原北方 |
| 第八十四師団 | 小田原 |
| 第百四十師団 | 鎌倉 |
| 第三百十六師団 | 神戸（伊勢原西方） |
| 独立混成第百十七旅団 | 沼津 |
| 独立戦車第二旅団 | 厚木南方 |
| 東京湾兵団 | 船形（館山北方） |
| 第三百五十四師団 | 丸村（館山東北方） |
| 独立混成第九十六旅団 | 館山 |
| 同　　第百十四旅団 | 横須賀 |
| 東京防衛軍 | 東京 |
| 警備第一旅団 | 東京 |
| 同　第二旅団 | 東京 |
| 同　第三旅団 | 東京 |

近衛第一師団　東京
第三百二十一師団　大島
独立混成第六十六旅団　新島
独立混成第六十七旅団　八丈島
高射第一師団　東京
第十三方面軍（東海軍管区）　名古屋
第五十四軍　新城
*第二総軍　西方　元帥大将　畑俊六　広島
第十五方面軍（中部軍管区）　大阪
第五十五軍（四国軍管区）　新改（高知東北方）
第五十九軍（中国軍管区）　広島
第十六方面軍（西部軍管区）　二日市
第四十軍　伊集院
第五十六軍　飯塚
第五十七軍　財部
*第五方面軍（北部軍管区）　札幌
*第十方面軍（台湾軍管区）　大将　安藤利吉　台北

第三十二軍（玉砕）　沖縄本島
＊小笠原兵団　父島
　第百九師団　〃

＊関東軍　大将　山田乙三　新京
第一方面軍　大将　喜多誠一　敦化
　第三軍　延吉
　第五軍　掖河
第三方面軍　大将　後宮淳　奉天
　第三十軍　新京
　第四十四軍　奉天
第十七方面軍（朝鮮軍管区）中将　上月良夫　京城
　第五十八軍　済洲島
第四軍　ハルピン
第三十四軍
　（第十七方面軍指揮下）　咸興

〔海　軍〕
＊海軍総司令部　中将　小沢治三郎　日吉（神奈川県）

連合艦隊　〃　同　右　〃
　第三航空艦隊　中将　寺岡謹平　大和（奈良県）
　　第十三航空戦隊
　　第五十三　〃
　　第七十一　〃
　　関東、東海、近畿各航空隊　｝関東、東海、近畿方面
　第五航空艦隊　中将　宇垣纒　鹿屋（鹿児島県）
　　第十二航空戦隊
　　第三十二　〃
　　第七十二　〃
　　九州、西海、山陰、内海、
　　南西諸島各航空隊　｝中国、四国、九州、南西諸島方面
　第十航空艦隊　中将　前田稔　霞ヶ浦（茨城県）
　　第十五連合航空隊
　　奥羽航空隊　｝関東、東北方面
　第十二航空艦隊　中将　宇垣完爾　千歳（北海道）
　　北東航空隊　北海道、千島、樺太
　　第百四戦隊　北海道
　第四艦隊　中将　小林仁　トラック

第四根拠地隊 ｝マーシャル及びカロリン諸島
第六　〃 ｝
第六艦隊（潜水艦部隊）　中将　醍醐忠重　呉
　第十一潜水戦隊　呉方面
第七艦隊　中将　岸福治　関門地区
　第百三戦隊　朝鮮海峡方面
第三十一戦隊　呉方面
第十特攻戦隊　内海西部
第十方面艦隊　中将　福留繁　シンガポール
　第十三航空艦隊〃　同右　〃
第二十八航空戦隊　仏印、マレー、蘭印
第一南遣艦隊　中将　福留繁　シンガポール
　第九根拠地隊　サバン（北部スマトラ）
第十特別根拠地隊　シンガポール
第十一　〃　カムラン、サイゴン
第十二　〃　アンダマン、ニコバル島
第十三　〃　モールメン（ビルマ）
第十五　特別根拠地隊　ペナン（馬来）
第二南遣艦隊　中将　柴田弥一郎　スラバヤ

第二十一特別根拠地隊　スラバヤ
第二十二　〃　バリクパパン（ボルネオ）
第二十三　〃　マカッサル（セレベス）
第二十五　〃　アンボン（濠北）
第二十七　〃　ウエワク（東部ニューギニア）

**海上護衛総司令部　中将　小沢治三郎　東京**
第一護衛艦隊　〃　同　右　〃
第百五護衛戦隊　日本海方面

**横須賀鎮守府　中将　戸塚道太郎　横須賀**
第一特攻戦隊　東京湾、伊豆半島及び東海道沿岸
第四　〃　伊勢湾
第七　〃　房総東岸及び仙台湾
第二十連合航空隊　関東、東海方面
父島方面特別根拠地隊　小笠原

**呉鎮守府　中将　金沢正夫　呉**
第二特攻戦隊　内海西部
第八　〃　四国豊後水道
呉潜水戦隊　呉方面

**舞鶴鎮守府　中将　田結穣　舞鶴**

| | | | |
|---|---|---|---|
| 第五十一戦隊 | | | 舞鶴付近 |
| 佐世保鎮守府 | 中将 | 杉山六蔵 | 佐世保 |
| 第三特攻戦隊 | | | 九州西岸及び北岸 |
| 第五　〃 | | | 南九州 |
| 沖縄方面根拠地隊 | | | 奄美大島 |
| 大湊警備府 | 中将 | 宇垣完爾 | 大湊 |
| 大阪警備府 | 〃 | 岡新 | 大阪 |
| 第六特攻戦隊 | | | 紀伊水道 |
| 鎮海警備府 | 中将 | 山口儀三郎 | 鎮海 |
| 元山方面特別根拠地隊 | | | 北鮮東岸 |
| 旅順方面　〃 | | | 旅順大連 |
| 高雄警備府 | 中将 | 志摩清英 | 高雄 |
| 高雄方面根拠地隊 | | | 〃 |
| 馬公方面特別根拠地隊 | | | 馬公 |
| 第二十九航空戦隊<br>台湾航空隊 | | | 台湾 |

# 対談「われらが『体験的』太平洋戦争史」

作家・翻訳家　徳岡孝夫
作家　半藤一利

## ◆日本はなぜ戦争に突入したのか？◆

徳岡　一九一八年（大正七年）十一月十一日十一時十一分、西部戦線に「撃ち方やめ」のラッパが鳴って、第一次世界大戦が終わりました。一千万人が戦死したそれまでの史上最大の戦争で、世界中が参戦しました。当時、「第一次世界大戦」とは呼ばず、欧州大戦と呼んでいたのは、誰も「第二次世界大戦」があるとは思わなかったからです。もうこういうことは起こすまいと国際連盟をつくって、二十余年やっともつかもたないかの一九三九年、ドイツがポーランドに侵攻します。

こういう時代のなかで、日本は一九二六年に昭和元年を迎えます。第一次大戦に海軍が参戦して、儲けさせてもらった。そして中国大陸（当時は「支那大陸」）と満州の問題が出てきます。このあたりで我々の知る時代になるわけですが、昭和十一年（一九三六年）、私が小学校に入った年で、半藤さんは翌年入学だと思いますが、「二・二六事件」が起こりました。本書『大日本帝国の興亡』の著者ジョン・トーランドさんは、ここから書き始めているわけですね。これはなかなかの知恵です。相当考えたと思いますよ。第一次大戦の講和条約であるベルサイユ条約から書き始めてもよかったし、満州から書き始めてもよかったところを、ここから筆を起こしたというのは、なかなかよく日本の特徴をつかんでいると思います。と言うのは、戦前の日本は暗殺によって動いた珍しい国なんですね。それでも、二・二六事件の時に、昭和天皇は自分の忠臣を殺されたことに怒って反乱軍と決めつけ、首謀者らは処刑されたり、満州に転属になったりします。そして、東条内閣ができた時に「白紙還元」と言って、天皇は米・英・蘭に対する開戦方針の再検討を指示しているんです。

半藤さん、それなのになぜ日本は戦争に入っていって、そして負けるべくして負けたんでしょう。なぜ戦わなければならなかったのか。大まかな質問で恐縮ですが。

**半藤**　これはのっけからすごい質問ですね（笑）。私の説ですが、明治維新以降、日本が近代国家になって国際社会と面と向きあった瞬間から、「この国をどう守ったらいいのか」ということを指導層はものすごく考えたと思うんです。日本は大変に海岸線が長いんです。海岸線だけだとアメリカより長くて、世界で四番目くらいです。ソ連ももちろん長いですけど、北の方の海岸線は使いものになりませんから。地政学で言うと、日本の海岸線はすべて、どこからでも攻め入れる。真ん中に高くて太い山脈が通っていて、ほとんどの平らな陸地は海岸からわずかな距離のところにある。北海道を除くと一番広い平野でも関東平野。

近代国家としての日本を守るためには国の外で守るよりない、と当時の指導者は考えたと思うんです。そこで勝海舟《かつかいしゅう》や佐久間象山《さくましょうざん》、坂本龍馬《さかもとりょうま》など開明的な人たちは、海軍をつくることを非常に重要視して、この国を外で守ろうとした。ところが、神風連《しんぷうれん》の乱や萩《はぎ》の乱など士族の反乱が起きて、陸軍も強くしなければならなくなった。最初の軍隊の呼称は「海陸軍」だったんです。ところが内乱が起きて、果ては西南戦争が起きたもので、内乱に備えるための陸軍も作って「陸海軍」になったんですね。ですから陸軍の員数がやたらに多くなります。「外で守る」上で陸軍は何をするかというと、朝鮮半島への進出なんですね。朝鮮半島を防衛線とせざるを得ない。すると今度は上から攻めてくるから、もう少し外で守らなければならない。それが満州、というふうになっていったわけです。頭のいい人が為政者だった時はいいんですが、頭の悪い為政者が出てくると、さらに外へ出て行って……。

**徳岡**　大東亜共栄圏になったわけですか。

**半藤**　いっぺんにそこまでいきませんが、とにかく昭和八年（一九三三年）の熱河《ねっか》作戦の時に、日本軍は万里の長城の向こう側に出て行ってしまったんです。これは中国にとってもとんでもないことだし、そこからおかしくなった。満州で止めておけば、おそらくうるさいことを言っていた国際連盟も結果的には満州国を認めざるを得なくなって、国際連盟が統治するという建前で、実際には代わりに日本にやってもらうという形に話がつきはじめていたんです。それなのに、日本は嫌がったんです。

**徳岡**　清の王朝が西大后《せいたいごう》に無茶苦茶にされて、中華民国ができてからも国がよろめいていましたからね。

**半藤**　国力が弱まっている中国に頭を下げる必要はない、と日本の軍部も政治家も息まいて、世界中を相手にするような喧嘩を売ってしまったんですね。それが昭和八年（一九三三年）の国際連盟脱退なわけです。国際社会の外側に出て孤立してしまうということは非常に不便だったと思います。貿易はやっていましたけど。

それでどうするかと考えた時に、当面の日本の敵はソ連である、と。ソ連と戦うためにまず中国を叩いてこちらにつけさせたほうがいいという考え方の「統制派」と、中国とはできるだけ争わずにソ連に対してだけ国防を考えればいいという考えの「皇道派」のふたつに分かれた。そのために日本国内をどうするか、国家総力戦にふさわしい統制国家にするか、天皇を神とかついだ皇道主義の国家にするか、そういう思想の問題もありましたけど、対外的にはソ連を第一にするか、まず中国を叩くかの違いです。

日本の軍部が、戦略上の問題でそのように二つに分かれて争いをしていた揚句に、二・二六事件を起こすことによって、中国一撃論を信奉している陸軍の戦略家たち、つまり「統制派」が天下を取ったんですね。ここからこの本をスタートさせたトーランドさんは、なかなかうまいところに目をつけたと思います。確かに、中国をまず押さえよと主張する連中が勝利したところから、大日本帝国の衰亡が始まるんです。天下を取った途端に、翌昭和十二年（一九三七年）七月に盧溝橋事件が起こり、日中戦争が始まった。こんなに早く中国と戦うことになるとは、統制派も想像もしていなかったと思います。明らかに裏に謀略があるという人もいますが、これは日本軍から仕掛けた戦争でもなければ、国民政府軍から仕掛けた戦争でもないようです。では誰が最初に撃ったのか。

### ◆日中戦争のきっかけとは◆

**徳岡**　盧溝橋事件の分析は、非常に微妙なところですね。弾がどちらから飛んできたのか。

**半藤**　そうなんです。トーランドさんもあまりはっきり書いていないですね。これは問題が多くて、どっちがどっちだと書けない。いずれにせよ、想定しないときに想定しないところで戦争が起きた。昭和六年（一九三一年）の満州事変の時の中国軍と、昭和十二年の中国軍とでは全然違うんです。国民のナショナリズムの燃え上がり方も違いますし、兵力も装備も全く異なるということを日本軍は考えもしないで、満州事変の時の弱い中国を想定していた。しかも昭和八年に国際連盟を脱退していますから、日本の味方はどこにもいないんです。それに中国の門戸開放と機会平等を押し立てているのがアメリカです。なぜ日中戦争があんなに長引いたかには難しい問題があるんですが、簡単に言えば、ドイツ、アメリカ、イギリスの支援を受けて中国軍がものすごい軍事力を持つようになり、ナショナリズムが盛り上がっていた中国の力を、日本は想定していなかった。

**徳岡**　特に、中華民国空軍の顧問を務めたクレア・リー・シェンノートの肩入れは凄かったですね。蔣介石一家に食い込んでいますからね。

**半藤**　ということで、トーランドさんが日本の衰亡のスタートを二・二六事件にとったというのは、ひとつの見方だと思いますね。

徳岡　切りにくい歴史を、上手に切って始めたと思います。

半藤　これよりちょっと前、満州事変から始めるのが普通なんです。東京裁判では満州事変から審理を始めているんですよね。だからごちゃごちゃしてわけがわからくなった（笑）。

徳岡　早くに「蔣介石を対手《あいて》にせず」と宣言してしまったこともありますね。

半藤　せっかくドイツの駐中国大使のトラウトマンが間に入って、停戦協定を結べばいいと仲立ちをしてくれたのに。その時に日本の参謀本部は乗り気になって懸命だったのに、なぜか日本政府が強気になった。日本人にはそういうところがあるんじゃないかと思うのは、和平交渉が始まると、少しでも取り分を多くしようと別のところで攻撃に出るんです。日露戦争でも、アメリカが間に入って、日露間でポーツマス条約を結ぼうとするときに、樺太《からふと》に侵攻していく。

徳岡　それは日本官僚の姑息《こそく》なところですね。軍人も官僚ですからね。

半藤　昭和十四年（一九三九年）のノモンハン事件の時もそうです。和平交渉が始まると同時に、日本軍はそれまで負けていたんですけど、南の方でものすごい攻勢をかけて、ある部分を取り戻しているんです。

徳岡　ノモンハンでですか。ぼくは当時、子供心に、なんでノモンハンをやるんだと思いましたからね。

半藤　あの時も攻勢をかけた。日中戦争の時も、昭和十二年（一九三七年）の十二月、日中間で和平交渉が始まるかもしれない時に、南京攻略戦を始めるんです。あれは物凄く急いだんですね。まさにトラウトマン工作の真っ最中なのに、取るだけ取っておこうということで、十二月十三日に南京を強引に落としてしまった。

**徳岡**　ぼくなんかは提灯行列しましたよ。これで戦争は終わると思って喜んで行ったんです。

**半藤**　私も喜んで行きました。南京は当時の中華民国の首都でしたから、首都さえ落とせば戦争は終わる、というのが日本人の軍略の中にあったんです。城を落とせば終わり、と。和平交渉が進んで蔣介石も承諾しそうな時に、日本は南京を落としたものだから俄然強気になって、せっかく結ばれかけていた条件をつり上げるんです。しかも昭和十三年（一九三八年）の一月十五日までに返事をよこせ、と突きつけた。すると蔣介石から返事が来なかったんです。笑い話のようですけど、その時、蔣介石は大病をしていて返事どころではなかったらしい。歴史というのは面白いものですね。返事が来なかったので、結果的に和平条約も停戦協定もなしになったというのが、徳岡さんのおっしゃった「蔣介石を対手にせず」なんです。これ以降はもうどうしようもない。戦っている相手を相手にしないと言うんだから。

**徳岡**　和平の道がないというのは、陸軍という組織が大きすぎたからじゃないでしょうか。イギリスなんかはそうじゃない。イギリスは海軍だけはある。ないと戦争が始まった時にすぐに軍艦をつくるわけにはいかないですから。でも陸軍は大抵義勇兵で行くから、陸軍の大組織はないんですね。

**半藤**　ふつう、軍隊というのはそういうものなんですよね。ところが日本は凄い陸軍を持っている。ぼくらは陸軍と海軍を並べて言いますが、陸軍の方が海軍より十倍以上大きい。日本の国土を守るためには、それだけの陸軍が必要だ、ということなんですが、事実は守れないんですよ。それで外へ出ていく。「攻めるは守るなり」攻勢防御の思想です。この考え方が日本を侵略国家にしてしまう。太平洋戦争末期に、本土決戦なんていうものをやるつもりでいましたけれど、そもそも決戦計画なんてありません。守りきれないのですから。

**徳岡**　しかし、私は参加した一人です。米軍が国道を上がってくるから、その時にはここから撃つんだ、と言われて穴を掘りに行きました。本当に必ずここを上がってくるんかいなと思いながら（笑）。

**半藤**　つまらんところにたくさん穴を掘ったものですよね。

## ◆トーランド夫妻の思い出◆

**徳岡**　ところで、半藤さんがトーランドさんとお会いになったのは、文藝春秋からトーランドさんの『真珠湾攻撃』の翻訳が出た昭和五十七年（一九八二年）ですか？　私は結局会わずじまいでしたが。

**半藤**　そうです。徳岡さんに無理やり翻訳をお願いして『真珠湾攻撃』の一部を月刊《文藝春秋》で連載し、それを単行本にして出すことが決まった時です。海軍の吉田敏雄さんに注釈を書いてもらったんですよね。ただ、徳岡さんはお読みになって、「『大日本帝国の興亡』は立派な本ですが、『真珠湾攻撃』は問題が多すぎるんじゃないか」とおっしゃって。

**徳岡**　『真珠湾攻撃』は、奇襲がルーズベルトの陰謀だったという修正主義を採用した本ですからね。

そもそも、もしもあの時に、ハズバンド・キンメルというアメリカ太平洋艦隊の司令長官が哨戒機を二機飛ばしていたら、真珠湾奇襲はなかったんです。それが、哨戒機を飛ばすはずの人間までが土曜日にワイキキに行って遊んでいたために、ああいうことになった。ぼくは真珠湾攻撃四十周年の昭和五十六年（一九八一年）に現地へ行って取材しましたけど、彼らはみな「Forgive, but not forget.」と言っていました。あの時、太平洋艦隊が航空母艦を除いて全部湾内にいたんですよ。一機も哨戒していなかったんですね。あんな不用意なことをしては絶対にダメだ、と。ルーズベルトは海軍の長官もやっていましたから、腹が立ったんでしょうね。最近、キンメルの名誉を回復したというけど、何の名誉を回復するのか（笑）。

**半藤**　あの本は徳岡さんにはちょっと申し訳なかったですね。あの時に、トーランドさんはご夫妻で日本に来たんです。ずいぶん一緒にお酒を飲んだりしました。日本語はほとんど喋りませんでしたね。それに酒もあんまり飲みませんでした。寿子《としこ》さんという奥さんは、綺麗な人だったですよ。こういうことを言うとあれですけれど、あの奥さんがいなかったらできないですよ、この本は。『真珠湾攻撃』も奥さんがいないとできない。彼を目の前にして不愉快で仕方がなかったのは、本に登場する日本人に対してなんです。日本人は私たちが取材に行ってもあまり話してくれないんですよ。たとえば木戸幸一《きどこういち》なんかは、けんもほろろでした。それがトーランドさんに対してはぺらぺら喋っているとは何事か！　と思いましたね。

徳岡　木戸幸一は喋らないので有名でしたから。
半藤　それがトーランドさんには結構喋っている。
徳岡　それは、ほかにもよく例がありますよ。外国の人が取材に来てくれるとよく喋る。
半藤　私が『日本のいちばん長い日』（現・文春文庫）を書いたのが一九六〇年なんですが、取材にはものすごく苦労したんです。日本人の私たちが取材に行っても喋ってくれない。トーランドさんは外国人の得がある上に、奥さんができた方で、すごくよく勉強されているので、奥さんがいなかったらだめだったと思います。トーランドさんご自身も痩せ形の紳士なので、気圧《けお》されないんです。で、好感を持たれる人でした。一回だけ取材について行ったんですが、奥さんがまず質問するんです。それで相手がトーランドさんに答える。
徳岡　向こうにはテープレコーダーという武器もあるし。
半藤　ちょっと大きかったですけど、私たちはまだ持っていない時代ですから。確かその時に取材したのは陸軍の参謀でした。稲田正純《いなだまさずみ》だったと思いますけど、結構喋るんですよ。「俺には喋らなかったじゃないか」と思って（笑）。
徳岡　そんなものですよ。日本人の白人コンプレックスじゃないかな。

◆翻訳のまとめ役は、あの「ピーポ先生」◆

徳岡　それにしても、これは彼の乾坤一擲《けんこんいってき》の本でしょう。
半藤　毎日新聞社が訳しているんですよね。

徳岡　当時、《サンデー毎日》編集部にいた私を含め、みんなで手分けしてやったんです。

半藤　面白いのは、翻訳の総指揮をとった横川信義《よこかわのぶよし》という人。この方は、じつは私の府立七中時代の担任なんです。英語の先生でして。

徳岡　そうですか！

半藤　一年の時の担任でした。そのあと先生を辞めて文理大学に入り直して、毎日新聞に入ったことは知っていたんです。今上天皇が皇太子の時代、昭和二十八年（一九五三年）のエリザベス女王戴冠式の時に、毎日新聞の取材陣の一人として横川さんが結構ロンドンから通信を送ってきていた。いつの間にか外報部の重鎮になっていて。

徳岡　そういう前歴のある方とは知らなかったですね。

半藤　英語の発音にうるさい先生で、「ピープル」と言うと「ピーポー！」と直すから、ついた仇名が「ピーポ」（笑）。

徳岡　その伝でいくと、一番の悲劇は、戦前・戦中のアメリカに日本語のできる人がほとんどいなかったということでしょうね。暗号解読にしても、翻訳の担当者が自分のところに来た原文を、さも大事件であるかのように、自分の存在価値を示すために膨らまして翻訳した。

半藤　事実そうだったと思いますよ。

徳岡　当時の日本外務省の使っていた日本語にしても、一種異様な文語体ですから。

半藤　「そうではないのじゃないだろうか」なんて反語で書きますからね。訳せないと思います。

**徳岡**　その暗号解読を担当したうちのひとり、アメリカ人女性のドロシー・エドガーズのことは、ぼくも本に書きました（『ドロシー「くちなしの謎」』文藝春秋、一九九三年）。日本人の血を引く女性で、戦前に日本のお茶の水高女を出て、高島屋の専属デザイナーとして働き、戦争が始まる前にアメリカに帰って米海軍情報部の翻訳課に務めたんです。昭和十六年（一九四一年）十二月七日の土曜日、彼女は「真珠湾がおかしい」と言ったんですが、上役は「来週一番にやろう」と言った。その「来週」は永遠に来なかったんです。日曜日の朝に真珠湾攻撃がありましたから……。ドロシーの話は、この本の第二巻にも少しだけ出てきます。

真珠湾攻撃から四十周年の年に取材に行った際、当時の人々の記憶はまだはっきりしていて、みんな昨日のことのように語ってくれました。でも、五十周年の時に用事でハワイに行くことがあって、そのうちの二、三人にまた聞いてみたら、もう亡くなったとか、覚えていないとかいう人が多くて。四十年というのはある種の限界で、五十年たったら、すべてがぼやけてきますね。

**半藤**　私も四十年が本当にぎりぎりなんじゃないかと思います。徳岡さんはハワイでずいぶん取材されていますけど、向こうは好意的でしたか？

**徳岡**　好意的でした。それまで日本人は誰も取材に来ていませんでしたから。誰もアメリカ人の話を聞いていなかった。真珠湾奇襲当時、向こうの海軍士官はみんな秘密結婚していたんですよ。本当は、何年かは独身でいなければいけなくて、結婚したら軍を辞めないといけなかった。そういう密かに結婚した夫人たちが四十周年の頃はまだ若くて、パールハーバーで語り部をやっている人たちが喜んで話してくれましたよ。

**半藤**　ぼくが文春にいたころ、真珠湾攻撃に行った人を四人集めて話をしてもらったことがあります。その中で淵田美津雄さんが「あのとき、バカが無線打ったんだよ」って言っていました。日本側の無線封止も完全ではなかった、と。本当かどうか。ホラかもしれません。

ところで、トーランドさんの英語の文章はいかがですか？

**徳岡**　ジャーナリスティックな英語ですね。ルポルタージュ風でうまい。

**半藤**　私たちはよく、この本は記録性より物語性を重視した作風だと言うんですけど、そのあたりはいかがですか。

**徳岡**　物語性だったら、『将軍』（邦訳は宮川一郎訳、TBSブリタニカ、一九八〇年）を書いたジェームズ・クラベルの方がうまいですね。話の持っていき方とか。

**半藤**　記録性もかなりあると？

**徳岡**　ありますね。「自分と同類だな」と思いながら訳した記憶があります。

**半藤**　彼が小説風に書いている、と感じられるところはないですか？　フィクショナルに。

**徳岡**　それは、この第五巻の最後で、老人がGHQの前へ来て、GHQを拝んで、向きを変えて皇居を拝むシーンは、やっぱりちょっと物語風ですね。それから、マッカーサーという人間は、少々のフィクションを以て語らないと語れないんですよね。

**半藤**　私も一度書いたことがありますが、フィクションの要素を入れないとマッカーサーらしくならないんです。

**徳岡** アメリカの歴史の中で、いちばん昭和天皇に似た人物でしょう。何も出てこない。お父さんの時代から、あれだけフィリピンに入れ込んでフィリピンを愛していたのにもかかわらず、フィリピンの独立記念式典に出て、その晩にフィリピンを発って東京へ帰っているんですよね。どういうことだろうと思いますね。

**半藤** マッカーサーがフィリピンへ行って泊まらないで帰ってきたのは、自分が負けたところにはいたくないからですよ。逃げたところですから。経歴の中で一番の汚点ですから、やはり嫌なんじゃないですか。とにかく誇り高い軍人ですからね。

**徳岡** 「アイ・シャル・リターン」の時ですね。ところで、アイゼンハワーが仮に自分の政権にマッカーサーを呼んでいたら、アメリカ全体を動かしていただろうと思いますね。そしてもし、マッカーサーでなくアイゼンハワーが日本の占領行政を指揮していたら、融和的な彼は北海道をスターリンにくれてやっていたでしょう。スターリンは対日参戦によって日露戦争の敵討ちをした、と喜んだんですから。

**半藤** 北海道を取りたかったでしょうね。

**徳岡** その代り、マッカーサーがヨーロッパの連合軍を指揮していたら、一九四五年のポツダム協定で決められたオーデル・ナイセ線で止まらずに、モスクワまで行っていたかもしれない（笑）。

**半藤** マッカーサーでなくてよかったですよ。あれだけ協定をきちんとは結ばないですよね。

**徳岡**　マッカーサーとアイゼンハワーが入れ替わっていたら……。それは日本にとっては悲劇でしょう。だから、トーランドが本書の最後の場面で、マッカーサーのGHQを拝む人物を入れたのは当然だと思いますね。マッカーサーの事務所に毎朝天気図を貼りに行くのが仕事だった友人がいますけれど、本人に会うわけでもないのにそれが自慢だったんです。マッカーサーに仕えたことがあるというのが自慢になる、不思議なアメリカ人でした。

## ◆シンガポール陥落は日本の誇り？◆

**徳岡**　マレー半島の話はどうですか。今でも時々、英字紙上で論争になるんですが、アーサー・パーシバル英陸軍中将の、シンガポールのあの防備は何だ、と。日本軍が南下してくるのはわかっていた。われわれでも新聞で知っていた。それが、英国海軍の方は〈プリンス・オブ・ウェールズ〉と〈レパルス〉を出撃させて沈められた。陸軍も、ジットラ・ラインとかジョホールバルで少し抗戦しましたけど、微弱な抵抗しかできないで白旗をかかげて降参した、あれはなんだ、と誰かが言うと、別の人間が「いや、お前のほうが間違ってる」なんて言って議論になって。

　昭和十七年（一九四二年）二月十五日のシンガポール陥落、ぼくはこれは将来日本が誇るべきことだと思うんですが、いかがですか。

**半藤**　私はあの時、子供心に「これで日本は勝った、戦争は終わった」と思いましたよ。

**徳岡**　パーシバルというのは不思議な人なんですよ。二等兵からのたたき上げで、陸軍士官学校に行っていないんです。だから用兵の術には長けていなかったんでしょうね。

**半藤**　英軍の降伏交渉の席で、「イエスかノーか」と大声をあげて迫ったというので山下奉文さんが悪者になっていますが、これは嘘なんですよね。イギリス軍が用意してきた通訳が悪すぎて、何を言っているのか日英双方ともさっぱりわからなかった。それで杉田一次という参謀が「俺が通訳するよ」と言って、ようやく話が通じたそうです。山下奉文さんを威丈高で日本人の名誉を汚したと悪く書く人がいますが、そうではなかったと。

**徳岡**　ロンドンの戦争博物館に行ったとき、図書室の中に『Generals』という本がありました。山下奉文が載っていたんです。彼はシンガポールに入ったとき、実戦部隊を市内に入れず、市外に留めて北コタバル以来の戦没者の慰霊祭をやったと書いてありました。南京とは違うということです。しかし、東条は彼を東京に呼んで天皇に拝謁させなかった。それどころかフィリピンという非常に複雑で、手柄を立てることができないであろう場所に転属させたんですよね。

**半藤**　まずは満州に送ったんです。シンガポールが陥落した後、東条に言わせれば次はいよいよソ連だと。それで最強の軍司令官を送ったという説になっています。

**徳岡**　ああそうか。

**半藤**　もうひとりが阿南惟幾なんですよね。陸軍でも勇将と言われているふたりをすぐに満州に送った、と。本当かどうかはわからないけど、そうなっています。

いよいよ昭和十九年になって、フィリピンが危なくなると、山下を満州から呼び寄せるんですよ。それでもやっぱり東京に呼ばない。さすがの山下も怒って「天皇陛下にお目にかかってからフィリピンに行く」と。ふつうは軍司令官ですから、天皇陛下から直接お言葉があるはずなんですよね。それをさせてもらえないのは許さんといって断固として頑張って、結果的に天皇陛下と会うんです。『昭和天皇実録』を見ると、ちゃんとその記録がありました。

**徳岡**　一生の誉ですね。

**半藤**　それきり日本に帰ってきませんでしたからね。

**徳岡**　山下奉文は、二月十一日までにシンガポールを落としたかったんでしょうね。

**半藤**　そうなんです。紀元節までにやれと命令が下されていたんです。日本人はそういう祝日までにやれとか、好きなんですよね。上からガンガンいわれて無理したんですね。

当時のわれわれにとっても、シンガポールを取るのは夢でしたからね。

**徳岡**　当時、旗行列しながら歌いましたよね。

**半藤**　二月十五日に陥落して、二月十八日に日本中がラジオを通して大日本祝賀会をやったんですよね。ラジオを通して東条首相が「唱和してください、天皇陛下バンザーイ！」と音頭をとった。日本中がそのとき、私も含めてみんなして万歳をしたんです。そのあと売れたのがラジオと世界地図。戦勝のニュースを聞くのと、日本が新たに取った版図を赤く塗りつぶすのに使ったんです。

**徳岡**　私も「バンザーイ！」とやったんでしょうね。パーシバルには悪いけどね（笑）。

◆ミッドウェー海戦をめぐって◆

**半藤** この本の第二巻で、ミッドウェー海戦では、日本の暗号すべて読まれていたというくだりがありますが、私はそうではないのではないかと思います。日本の海軍の暗号は、そんなにまだ読まれていなかった。

**徳岡** Navy Code が読まれたのはかなり後ですね。まず外務省が読まれて……。

**半藤** トーランドさんに教えた人がホラ吹いたのかもしれませんね。レイトンという米国の情報参謀がいますが、真珠湾攻撃を見抜けなくて辞職しようとしたのですが、ニミッツが「おまえが一番日本の情報を知っているから残れ」といって、残すんですね。結局太平洋戦争に勝ったのはレイトンがいたからだとニミッツに言わせるくらい日本の情報を徹底的に分析するんです。それで降伏調印のときにハワイからミズーリ号までレイトンを呼ぶんですよね。そのレイトンが後に本を書いているんですが、ミッドウェー海戦のときは暗号を読んでいませんね。

**徳岡** ぼくらは小学生でしたが、ミッドウェー海戦があることを知っていましたからね。真珠湾のときは知りませんでしたけど。常識で考えたら次はミッドウェーというのが分かった。

**半藤** だから暗号解読の問題ではなく、日本人がばらしたんだと（笑）。

以前、秦郁彦さんたち仲間があつまって、ミッドウェー海戦を図上でやったんですよね。日本は、大勝こそしませんが、かなり苦戦するというのがわかりました。日本軍はたちまち発見されるけど、米艦隊をなかなか発見できない。

徳岡　軍艦と言えば、ぼくはソロモン海で沈んだ駆逐艦〈村雨〉に神戸港で乗せてもらったことがあります。観艦式の時だったかな。全部手動式なんです。下から上がってきた弾薬を手でふたつに分けて、砲塔をぐるっと回すのも、撃つのも全部手動。原始的でしたね。駆逐艦は軽く速く動くよう作らないといけないから。

## ◆『日本のいちばん長い日』と『昭和天皇実録』◆

半藤　先ほどお話したように、私は一九六〇年に『日本のいちばん長い日』を書いていますが、一度直しているんです。最初に書いた時の取材が行き届きませんで、嘘をつかれたのもわからなかった。そのまま書いてしまっていて、これは訂正しなければと、現在の「決定版」ではだいぶん修正致しました。

徳岡　現実はつじつまが合わないんですよ。つじつまが合わないと、なんとなく書いた気がしない。

半藤　じつは、この『日本のいちばん長い日』のタイトルと構成は、『The Longest Day』（邦題は『史上最大の作戦』〔コーネリアス・ライアン著、広瀬順弘訳、早川書房刊〕）から想を得ています。

ついでに映画版「日本のいちばん長い日」の話をしますと、この八月に公開される原田監督の新作では、脚本の監修を務めました。先日試写を拝見しましたが、旧作とは違い、現代的でテンポが早い作品に仕上がっています。昭和天皇役の本木雅弘さんが良かった。

昭和四十二年（一九六八年）公開の岡本喜八監督版の時は、まだ実際の当事者たちが生きていたんです。彼らが映画を見て「実際はこうだった」とあれこれ意見するので、しまいに岡本監督が「映画は映画なんです！」と怒ったそうです（笑）。

ただ、今になりますと『昭和天皇実録』が出たおかげで、難しくなっていますね。天皇の「御聖断」についてもそうなんです。昭和二十年（一九四五年）八月九日に、ポツダム宣言を受諾しようと決めてから、条件をどうするかという議論になります。国体を護持することを唯一の条件としようという「一条件派」の閣僚たちがいます。陸軍の方は、それはもちろんだけれど、戦犯の裁判は日本人の手でやる、占領は短期間にする、武装解除も日本人自身がやるという三条件を付けることを主張して「四条件派」となる。一条件派と四条件派が議論でもみ合って、三対三に分かれるんですね。そのときに鈴木貫太郎首相は、どちらとも言わず、天皇陛下に持って行って御聖断を仰ぐのですが、あれは当時の明治憲法違反なんです。鈴木貫太郎はそれをやるんですが、天皇は鈴木貫太郎と相通じるところがあって、相分かったということで進んだことになっています。

ところが『実録』を読むと、最高戦争指導会議では四条件でよいということになったけれど、閣議の席では一条件になったと妙なことが書いてある。それで阿南陸相がカンカンに怒って、話が違うといってもめた。阿南さんは騙されたと思ったんじゃないかと。それで、鈴木貫太郎が困って天皇のところに行ったというのが本当らしいですね。今日になっても、やはりわからないことはわからない。微妙なところが出てきますよね。

**徳岡**　今の新・安保法制の問題もそういうものかもしれません。

半藤　あいまいなところで一旦納得しちゃっているんですよね。
もうひとつ面白いことを発見しました。天皇が石渡荘太郎《いしわたそうたろう》という宮内大臣に語った言葉で、「あのとき、もし徹底抗戦ということで決めてきたなら、私も拒否できないからやるつもりであった」と。こうことが出てきたりするんです。天皇は断固、当時の憲法を護ろうとしていますから、必ずしも終戦で固まっていたわけではなかった。

徳岡　天皇はそういうお方でしたか。昭和六十三年（一九八八年）九月に、那須の御用邸で詠まれた最後の御製を思い出します。

「あかげらの叩く音するあさまだき　音たえてさびし　うつりしならむ」

『万葉集』に入ってもよいくらいの名詠だと思います。そういう背景があるから余計にすごいと思います。「うつりしならむ」という、死んでいくことを意味しているのでしょう。これは辞世とは書いてないですが、辞世だと思いますね。頭が下がるというか。

半藤　この本を読むと、戦争をはじめるのは簡単ですよね。ところが終わらせるというのは大変なことですよ。

## ◆「事実」は叙述的には起こらない◆

徳岡　太平洋戦争について書いた外国人著者の中で、ぼくの知る限り、トーランドさんだけが、キスカ、アッツからソロモン海峡を越えてアンダマン、ニコバル諸島まで、日本の領土だったと地図に線を引っ張っていますね。他では見たことがありません。

**半藤** この本の巻末に、取材した人たちの名前が載っていますが、今はもうひとりも生きていないでしょう。ですから、貴重な資料ですよね。それに、太平洋戦争をこういう通史の形で、物語性を持たせて書いた本は他にはありませんね。

**徳岡** ないですね。昭和五十年に《英文毎日》の編集部で昭和史の連載企画をやりました。そのための資料を探したのですが、英語で昭和の通史を描いた日本人というのは、ひとりもいないんです。

**半藤** 今になると、半分フィクションではないかと悪口を言う人もいますが、こういうものを書いた人がいない。しかも目配りがいいんですよね。

**徳岡** アメリカというのは懐が深いから、こういう本も出てくるんでしょうね。

**半藤** ただ、改めて読むと、ここは違っているのではないかと思うところはあります。いちいち揚げ足をとるつもりはありませんが。それに、政権の中枢の人の話は怪しいんですよね。私も取材した佐藤賢了さんなどは、ホラ吹きだったですから。

**徳岡** ぼく自身も、ときどきホラ吹きたくなりますからね。となりに爆弾が「どかん」と落ちてきたというと、相手も「ほぉっ」と言って聞いてくれたりするんでね（笑）。

**半藤** それが戦争の困ったところです。軍人も官僚も、責任逃れとかではなく、「どかん」といいたくなるんですよね。

**徳岡** それに、何べんも同じこと聞かれたら、ホラ吹きたくなりますよ（笑）。私も三島由紀夫のことなんか、もう全部書いたといってもまた聞かれる。

ですよ。「事実」は、叙述的には起こらないんだ。ぽつぽつと断続的に起こるだけで、脈絡がないん

**半藤**　歴史というのはそういうものです。つながっているように私たちは書きますが、あとからつなげるのであって。

**徳岡**　ぼくはベトナム戦争の取材中に、人生二回目の空襲にあって、アメリカ人が空襲を恐れるのに驚きましたね。新聞記者でもですよ。これは、一度経験している身は違うなと（笑）。

**半藤**　小学生のころから敵機を見ていましたからね。

**徳岡**　機体が横を向いていればこっちには来ないと、いくら教えてもわからないんです。

**半藤**　正面を向いてこっちに向かってこない限りはね。それと、上空でキラッと光って丸くなるのを見たら、もういけない。そのときは、とにかく横に逃げろと教わりましたね。

それから、「海軍善玉説」がまだ強い時代だったので、本篇全体を通して海軍が良く書かれています。でも、「南部仏印進駐」は海軍が主導した。つまり、太平洋戦争の原因は海軍がつくったんですよね。この本が書かれた時代はまだ、陸軍が勝手にやったことに海軍が引きずられたということになっているんです。

## ◆いまなお不朽の作品◆

**半藤**　この本は、今ものすごく価値のある本ですね。日本人でこれに匹敵する本を書く人

がいてもよかったと思いますけど、誰もいませんからね。残念ながら、今はもう生き証人たちがみんな死んでしまっていますから、こういう本は書けません。日本人で通史を書いた方もいますが、外国の文献に頼っているので、日本人の目で見ていない。何より、こういう本を私たちが書こうとしても、当時の日本人は取材に応じてくれなかった。

**徳岡** やはり敗戦を恥じていたんでしょうか。

**半藤** 恥じたんでしょうね。だから同胞には言いたくない。特に何も知らない若い奴らになんか、と思っていたんじゃないですか。

**徳岡** 老境を静かに送らせろ、ということかな。

**半藤** トーランドさんは、これを見ると一九一二年、大正元年生まれですね。そのくらいの年の日本人のジャーナリストはいなかったのかな、皆戦死しちゃって。喋った人たちと世代が近い、というのもいくらかあるかもしれない。ちょうど喋るのにいい年だったんでしょうね。

（二〇一五年七月十三日　横浜にて）

**徳岡孝夫**（とくおか・たかお）：一九三〇年（昭和五年）大阪生まれ。京都大学文学部英文科卒業。毎日新聞社で社会部、サンデー毎日、英文毎日記者などを歴任。八五年に退社後、評論や翻訳など多方面で活躍。著書に『五衰の人―三島由紀夫私記』（第十回新潮学芸賞）、『横浜・山手の出来事』（第四十四回日本推理作家協会賞）など。一九八六年、菊池寛賞受賞。サンデー毎日編集次長時代に、本書の翻訳を一部担当。同じくトーランド氏による『真珠湾攻撃』の翻訳も手がけた。

**半藤一利**（はんどう・かずとし）：一九三〇年（昭和五年）東京生まれ。東京大学文学部卒業。文藝春秋で、週刊文春、文藝春秋編集長、専務取締役、同社顧問などを歴任。著書に『日本のいちばん長い日』、『聖断　昭和天皇と鈴木貫太郎』、『あの戦争と日本人』など多数。一九九三年（平成五年）、『漱石先生ぞな、もし』で第十二回新田次郎文学賞、九八年（平成十年）、『ノモンハンの夏』で第七回山本七平賞、二〇〇六年（平成十八年）、『昭和史』（全二巻）で、第六十回毎日出版文化賞特別賞を受賞。文藝春秋編集長時代に、トーランド氏の『真珠湾攻撃』の編集を担当。『日本のいちばん長い日』を原作とする新作映画（原田眞人監督）が、二〇一五年八月八日に公開予定。

# 参考資料

## 1．インタビュー（階級は当時のもの，敬称略）

東江康治　沖縄。秋月辰一郎博士　長崎。少尉（陸）青木保憲　神風飛行士。荒川大太郎　ＮＨＫ。大佐（陸）荒尾興功　宮城事件。安宅義則　広島。クレメント・アトリー　イギリス首相。米中佐（海）ホレス・Ｖ・バード〈ミズーリ号〉。ポール・Ｃ・ブラム　スウェーデンにおける和平工作。チャールズ・ボーレン　ポツダム会談。台寿治　広島。大道博昭　広島。Ｅ・Ｈ・ドゥーマン　グルー大使補佐官。アレン・ダレス。中佐（海）藤村義朗　スイスにおける和平工作。深堀妙子　長崎。ゲーロ・フォン・Ｓ・ゲベルニッツ　スウェーデンにおける和平工作。スチュアート・グリフィン　硫黄島。浜井隆治　広島。浜井信三　広島市長。長谷川才二　同盟通信。葉山利行　長崎。林松代　広島。大佐（陸）林三郎　宮城事件。比嘉仁才　牛島将軍の理髪師。平泉澄教授　皇道に関する教師。一等兵（陸）外間守善　沖縄。本間次郎　スウェーデンにおける和平工作。中佐（陸）井田正孝　宮城事件。伊集艶子　沖縄。今堀誠二教授　広島。准尉（陸）今井要　沖縄。中佐（陸）稲葉正夫　宮城事件。軍医（海）稲岡勝　硫黄島。陸一佐伊藤常男　戦史室。井浦富貴子　広島。岩永肇　長崎。伍長（陸）神子清　レイテ。木戸侯爵。木村権一　広島。金城茂　沖縄。北村孝治郎　スイスにおける和平工作。北山忠彦　広島。児玉誉士夫　辻大佐，大西中将らの友人。近衛通隆　近衛公の次男。小佐々八郎　長崎。小佐々八郎夫人　長崎。一等兵（陸）栗山登　沖縄。中将（海）草鹿龍之介。Ｈ・ラッサール神父　広島。牧港篤三　沖縄。又場常夫　海軍サルベージ専門家。松原美代子　広島。医博松坂義正　広島。ジョン・Ｊ・マックロイ　陸軍次官。三笠宮殿下。兵曹（海）宮城嗣吉　沖縄。宮平美枝子　沖縄。森本繁義　長崎。男爵陸奥（イアン）陽之助　同盟通信。少将（陸）永井八津次　松岡外相ドイツ旅行の随員。長岡省吾教授　広島と長崎。仲地朝明　沖縄。仲宗根政善　沖縄。成瀬薫　長崎。西田ミドリ　長崎。野崎真一　沖縄。温品康子　広島。小幡悦子　長崎。少尉（海）大野利彦　硫黄島。中尉（海）大曲覚　硫黄島。大野邦男　広島。小野武　満州。少将（陸）小野寺信　スウェーデンにおける和平工作。大東和徳雄　広島。大里朝成　沖縄。大田昌秀　沖縄。少尉（陸）大竹（Roy）貞雄　マニラへの降伏任務。笠信太郎　スイスにおける和平工作。嵯峨根遼吉博士　長崎。一等兵（陸）西条幸一　沖縄。迫水久常　鈴木内閣書記官長。

佐藤京子　広島。佐藤尚武　駐ソ大使。大尉（陸）狭戸尾秀夫　広島。一等兵（陸）志田十司夫　沖縄。医博重藤文夫　広島。一等兵（陸）下山茂　広島。大尉（陸）志村常雄　沖縄。大佐（陸）杉田一次　ミズーリ号。鈴木一　鈴木首相の令息。少将（海）高木惣吉　海軍省。高森チヨ　広島。少将（陸）高嶋辰彦　田中静壱将軍の参謀長。中佐（陸）竹下正彦　宮城事件。竹内春海　マニラへの降伏任務。田辺至六　広島。舘野守男　ＮＨＫ放送員。戸田康英　侍従。東郷文彦　東郷茂徳の養子。東海敬　長崎。東海（田中）和子　長崎。徳川義寛　侍従。大佐（海）富岡定俊　軍令部。海将富田朝敏彦　江田島。富田好子　広島。ハリー・Ｓ・トルーマン　大統領。ロバート・トランブル〈ミズーリ〉号。堤町貞子　広島。上間正諭　沖縄。山口仙二　長崎。山岡ミチコ　広島。山城信子　沖縄。吉田茂　元首相。行宗一　広島。

## ２．文書，記録，報告

外務省文書課『終戦状況と関係資料』（未公開の原稿と資料）。
月刊新聞『降伏に関する史的資料』2 巻，1952。

## ３．公刊戦史

〈イギリス〉

*History of the Second World War* (United Kingdom Military Series). London, Her Majesty's Stationary Office:

Ehrman, John. *Grand Strategy*, Vol. VI. 1956.

Kirby, Moodburn S. *The War against Japan*, Vol. V. 1969.

〈アメリカ〉

Department of the Air Force. *The Army Air Forces in World War II*:

Craven, W.F., and J.L. Cate, eds. Vol. V. *The Pacific-Matterhorn to Nagasaki*. University of Chicago Press, 1953.

Department of the Army. Publicatons of the Office of the Chief of Military History. Washington, U.S. Government Printing Office:

Appleman, Roy E., James M. Burns, Russell A. Gugeler and John Stevens. *Okinawa: The Last Battle*. 1948.

Department of the Navy.

*Marine Corps*. Washington, U.S. Government Printing Office for Historical Branch, Marine Corps:

Nichols, Major Charles S., Jr. and Henry I. Shaw, Jr. *Okinawa: Victory in the Pacific*. 1955.

*Pacific*. 1955.

Morison, Samuel Eliot. *History of the United States Naval Operations in World War II*. (『アメリカ海軍太平洋作戦史』改造社) Vol. XVI, *Victory in the Pacific*, 1960.

## 4．伝記，日記，回顧録，戦史研究など

Alperovitz, Gar. *Atomic Diplomacy: Hiroshima and Potsdam*. New York: Simon & Schusster, 1965.

Feis, Herbert. *The China Tangle*. Princeton University Press, 1953.

——. *Contest over Japan*. New York: Norton, 1968. (『ニッポン占領秘史』読売新聞社)

——. *Japan Subdued*. Princeton University Press, 1961.

Forrestal, James. *The Forrestal Diaries*. Walter Millis, ed. New York: Viking, 1951.

Grew. Joseph C. *The Diary of Joseph C. Grew and The Papers of Joseph C. Grew*. Cambridge: Houghton Library, Harvard University.

原為一, Fred Saito and Roger Pineau. *Japanese Destroyer Captain*. (『日本の駆逐艦艦長』) New York: Ballantine, 1961.

Heinrichs, Waldo H., Jr. *American Ambassador: Joseph C. Grew and the Development of the U.S. Diplomatic Tradition*. Boston: Little, Brown, 1966.

Hersey, John. *Hiroshima*. New York: Knopf, 1946. (『ヒロシマ』法政大学出版局)

Hewlett, Richard G., and Oscar E. Anderson, Jr. *The New World*. University Park, Pa.: The Pennsylvania State University Press, 1962.

東久邇稔彦『一皇族の戦争日記』 日本週報社, 1957。

細川護貞『情報天皇に達せず』2巻 同光社磯部書房, 1953。

Huie, William Bradford. *The Hiroshima Pilot*. New York: Putnam, 1964.

猪口力平，中島正 and Roger Oineau. *The Divine Wind*. Annapolis, Md,: U.S. Naval Institute, 1958. (『神風特別攻撃隊』日本出版協同)

Ito, Masashi. *The Emperor's Last Soldiers*. New York: Coward-McCann, 1967.

Jucker-Fleetwood, Erin E., ed. *The Per Jacobsson Mediations*. Basle: Basle Centre for Economic and Financial Research.

Kahn, E. J., Jr. *The Stragglers*. New York: Random House, 1962.

神子清『われレイテに死せず』出版協同社, 1965.

加瀬俊一『ミズーリ号への道程』文藝春秋新社, 1951。

加藤万寿男 *The Lost War*. New York: Knopf, 1946.
Kennan, George F. *Memoirs, 1925-1950*. Boston: Little, Brown, 1967.（『ジョージ・ケナン回顧録』読売新聞社）
King, Ernest J., and Walter Muir Whitehill. *Fleet Admiral King*. London: Eyre & Sottiswoode, 1953.
清沢洌『暗黒日記』集英社，1965。
Kolko, Gabriel. *The Politics of War*. New York: Random House, 1968.
Lamont, Lansing. *Day of Trinity*. New York: Atheneum, 1965.
Laurence. William L. *Dawn over Zero*. New York: Knopf, 1946.
Leahy, William D. *I was There*. New York: Whittlesey, 1950.
LeMay, Curtis E., with Mackinlay Kantor. *Mission with LeMay: My Story*. Garden City. N.Y.: Doubleday, 1965.
Lifton. Robert Jay. *Death in Life: Survivors of Hiroshima*. New York: Random House, 1968.（『ヒロシマを生き抜く』岩波書店）
MacArthur, Douglas. *Reminiscences*. New York: McGraw-Hill, 1964.（『マッカーサー大戦回顧録』中央公論社）
Mashbir, Sidney Forrester. *I Was an American Spy*. New York: Vantage, 1953.
Mishima, Sumie. *The Broader Way*. New York: John Day, 1953.
Moran, Lord（Sir Charles Wilson）. *Churchill: Taken from the Diaries of Lord Moran*. Boston: Houghton Mifflin, 1966.
Naeve, Virginia, ed. *Friends of the Hibakusha*.（被爆者）Denver, Colo.: Swallow, 1964.
仲宗根政善『沖縄の悲劇』華頂書房, 1951。
Newcomb, Richard F. *Iwo Jima*. New York: Holt.1965.（『硫黄島』弘文堂）
佐藤尚武『回顧八十年』時事通信社, 1964。
Seward, Jack. *Hara-kiri*. Rutland. Vt., and Tokyo: Tuttle, 1968.
下村海南『終戦記』鎌倉文庫, 1948。
Smith, S.E., compiler & ed. *The United States Navy in World War II*. New York: Morrow, 1966.
Stimson, Henry L. *The Diary of Henry L. Stimson and The Papers of Henry L. Stimson*. New Haven: Yale University Library.
鈴木貫太郎伝記編纂委員会編『鈴木貫太郎伝』非売品, 1960。
鈴木武『怒濤の中の太陽』鈴木貫太郎首相秘録編纂委員会編　非売品, 1960。
竹下正彦『竹下正彦中佐の日記』未公開。
Toland, John. *The Last 100 Days*. New York: Random House. 1966.（『最後の

100 日——ヨーロッパ戦線の終幕』早川書房）
Truman. Harry S. *Memoirs*. Garden City, N.Y.: Doubleday, 1955.（『トルーマン回顧録』恒文社）
上田敏雄，他『太平洋戦争の終結に関する論文』日本外交協会編　東京大学新聞，1958。
Van Slyke, Lyman P., ed. *The Chinese Communist Movement: A Report of the United States War Department, July 1945*. Stanford University Press, 1968.
Werth, Alexander. *Russia at War, 1941-1945*. New York: Dutton, 1964.（『戦うソヴェト・ロシア』みすず書房）
White. Theodore H., and Annalee Jacoby. *Thunder out of China*. New York: Sloane. 1946.
山本友巳『地獄の四年間』アジア出版社, 1952。
吉田茂 *The Yoshida Memoirs*. Boston: Houghton Mifflin, 1962.
Young. Arthur N. *China and the Helping Hand 1937-1945*, Cambridge: Harvard University Press, 1963.

# 原　註

## 二十九部　沖縄の惨劇

志村常雄，伊藤常男両陸一佐，伊東孝一陸軍大尉，今井要准尉，山城信子さん，志田十司夫氏，比嘉仁才氏，山里永吉氏，川崎正剛氏，大田昌秀氏，宮平美枝子さん，宮城嗣吉氏，久田祥子さん，吉村秀子さん，大里朝成氏，上間正諭氏，牧港篤三氏，仲地朝明氏，伊集艶子さん，野崎真一氏，外間守善氏，渡具知美代子さん，北城よし子さん，栗山登氏，東江康治氏，金城茂氏，仲宗根政善氏，賀陽安雄氏，西条幸一氏，青木保憲氏へのインタビュー，それに次の文献によった。

*The Operations of the 7th Infantry Division in Okinawa*, a unit history prepared by Historical Division, U.S. War Department Special Staff; Department of the Navy: Marine Corps; Nichols, Major Charles S., Jr., and Henry L. Shaw, Jr. *Okinawa*; Department of the Army; Appleman, Roy E., James M. Burns, Russell A. Gugeler and John Stevens. *Okinawa: The Last Battle*: 猪口力平，中島忠 and Roger Pineau. *The Divine Wind* (神風): 仲宗根政善『沖縄の悲劇』

牛島，長両将軍の死亡の時期については一つの問題がある。沖縄の戦闘について最も権威のある本 *Okinawa: The Last Battle* の中のこの問題に関する説明は，他の何人かの捕虜から話を聞いたという一人の捕虜から得た情報に基づいている。それによると，両将軍の自決は6月22日午前4時に行なわれたという。現在なお沖縄に生存している比嘉氏は，その4時間後に牛島の散髪をしたと証言している。比嘉は両将軍の自決を目撃したという久薗《クゾノ》の当番兵木村上等兵から自決の実情を聞いたという。比嘉が軍司令部の洞穴にもどると，まるでマグロが横たわっているような遺体を見た。牛島と長は洞穴の外の崖の上で自決をしたという別の説もある。しかし両将軍の遺体はアメリカ軍が洞穴の中で見つけた。

## 三十部　さまよえる日本兵

神子清氏，稲岡勝海軍医少佐，大野利彦海軍少尉，大曲覚海軍中尉とスチュアート・グリフィン氏へのインタビュー，それに次の文献を参考にした。

神子清『われレイテに死せず』。伊藤正『天皇の最後の兵士』。*The Straggler*, by E. J. Kahn, Jr.

西竹一中佐の遺体は見つかっていない。一部の生還者は，西が第2飛行場

への突撃のとき負傷し，副官に命じて宮城の方に向けさせ，自ら頭を拳銃で撃ったものと考えている。しかし別の何人かは、西は北海岸で死んだという。西男爵夫人は後者の話を信じたいという。西の遺体が無数のアメリカ軍の爆撃機に「踏みつぶされること」を想像することは耐えられないことであろう。

## 三十一部　一億玉砕の覚悟

富岡定俊，高木惣吉両提督，佐藤尚武大使，G・フォン・S・ゲベルニッツ，アレン・ダレス氏，ポール・ブラム氏，藤村義朗海軍中佐，笠信太郎氏，小野寺信将軍，北村孝治郎氏，本間次郎氏，鈴木一氏，迫水久常氏，木戸侯爵と吉田茂元首相へのインタビュー，それに次の文献を基礎にした。
小野寺信陸軍少将『実らなかった，しかし今誠に残念に思われるスウェーデンにおける和平運動』（未公開）。小野寺信陸軍少将『スウェーデンにおける日本の平和への努力』（未公開記事）。“The Mysterious Dr. Hack,” by Gero von S. Gaevernitz, in *Frankfurter Allegemine Zeitung*; (August 31, 1965); International Military Tribunal for the Far East（＝以下 IMTFE）documents #61477（岡本季正），#64118（藤村義朗），#54483（東郷茂徳），#61978（保科善四郎海軍中将），and #61338（吉積正雄陸軍中将），*The Per Jacobsson Mediation*, edited by Erin E. Jucker-Fleetwood; 外務省調査部『日ソ外交交渉』，加瀬俊一『ミズーリ号への道程』。吉田茂『吉田茂の回想』。Morison, *Victory*; LeMay (with Kantor)；*Russia at War*, by Alexander Werth. 三十一部から三十六部まで次の本を参考とした。*Japan's Decision to Surrender*, by Robert J.C. Butow; *Behind Japan's Surrender*, by Lester Brooks; *The Fall of Japan*, by William Craig; 細川護貞『情報天皇に達せず』，Craven & Cate, *Matterhorn to Nagasaki*; 迫水久常『機関銃下の首相官邸』。外務省『降伏に関する記録』2 巻。下村海南『終戦記』。

ソ連の大祖国戦争史によると，広田がマリク駐日大使に接近する以前に，和平工作者が日本政府のために接近したとある。――ハルビン総領事の宮川氏と漁業王の田中村氏であるという。

「1945 年 3 月 4 日，田中村氏は東京でマリク大使を訪問し，日本とアメリカはいずれも和平問題を切り出すことができない立場にある。和平の決着をもたらすためには，『別な神の力』が必要である。そしてソ連こそその役割を担うことができると思う、と語った」

「鈴木内閣が成立したあと，これらの和平工作者たちは，もっと表立った態度を取るようになった。東郷外相は，4 月 20 日マリク氏にモロトフ氏に会見できるよう手配を頼むと申し込んだ」

1953年，アレン・ダレスは藤村に，もし日本政府が藤村―ダレス提案を受入れていたならば，「今日の朝鮮の悲劇」は避けられたであろうといい，「世界の歴史は異なったものになっていたのでないか」と語った。

## 三十二部　追いつめられた日本

ハリー・S・トルーマン元大統領，チャールズ・ボーレン大使，ユージン・ドウマン氏，ジョン・J・マックロイ氏，クレメント・アトリー元イギリス首相，アレン・ダレス氏，ラディスラス・ファラゴ氏，佐藤尚武大使，木戸侯爵，鈴木一氏と長谷川才二氏へのインタビュー，それに次の文献を基礎にした。

"The Decision to Use the Atomic Bomb," by Henry L. Stimson, *in Harper's* (February 1947); .John J. McCloy, Major Robert Lewis and Colonel Thomas W. Ferebee との文通。*Grew, Turbulent Era*; Heinrichs, Waldo H., Jr. American Ambassador: *Joseph C. Grew and the Development of the U. S. Diplomatic Tradition*; Birse, A.H. *Memoirs of an Interpreter; The Strange Alliance*, by John R. Deane; John Toland, *Last 100 Days*; 佐藤尚武『回顧八十年』。Jucker-Fleetwood, Erin E., ed. *The Per Jacobsson Mediation; Year of Decisions*, by Harry S. Truman; *Speaking Frankly and All in One Lifetime*, by James F. Byrnes; *The* (James) *Forrestal Diaries*. edited by Walter Millis; Leahy, William D. *I Was There*; OCMH, *Command Decisions; Japan Subdued, and Between War and Peace*, by Herbert Feis; Stimson, Henry L., and McGeorge Bundy. *On Active Service in Peace and War*; The Stimson Diary; *Burn after Reading*, by Ladislas Farago; The New World, by Richard G. Hewlett and Oscar E. Anderson, Jr.; *Hiroshima and Potsdam*, by Gar Alperovitz; *Day of Trinity*, by Lansing Lamont; *Atomic Quest*, by Arthur Holly Compton; *Abandon Ship!*, by Richard F. Newcomb; *Dawn over Zero*, by William L. Laurence; Werth, Alexander. *Russia at War, 1941-1945; Experience of War*, by Kenneth S. Davis; Churchill, Vol. VI, *Triumph and Tragedy*; Moran, Lord (Sir Charles Wilson). Churchill: Taken from the Diaries of Lord Moran; *Twilight of Empire: Memoirs of Prime Minister Clement Attlee*, as set down; by Frances Williams *As It Happened*, by Clement R. Attlee; *Memoirs*, by George F. Kennan; Grand Strategy, Vol. VI, by John Ehrman; IMTFE document #503（東郷茂徳）はこれを三十二部から三十六部まで使用した。

1945年7月下旬ワシントンのザカライアス事務所は，その頃南部ドイツ

で捕らえた大島将軍を和平の秘密任務で東京に派遣しようという勇敢な計画を提案した。その一行は，——冒険映画のヒーロー、ダグラス・フェアバンクスJr.の指揮の下に——潜水艦で日本に向かうというものであった。フォレスタル海軍長官とキング提督はその任務を承認したが，トルーマン大統領の側近の他のものにより沙汰やみにされてしまった。

## 三十三部　広島

佐藤京子さん，山岡ミチコさん，大道博昭氏，井浦富貴子さん，浜井信三市長，重藤文夫医博，堤町貞子さん，田辺至六氏，藤井富恵さん，台寿治氏，浜井隆治氏，北山忠彦氏，林松代さん，福丸了氏，安宅義則氏，大東和徳雄氏，高森チヨさん，温品康子さん，松坂義正医博，長岡省吾氏，大野邦男氏，木村権一氏，狭戸尾秀夫陸軍大尉，富田好子さん，H・ラッサール神父，松原美代子さん，下山茂氏，又場常夫氏とベルナード・ワルドマン博士へのインタビュー，それに次の文献によった。

Major Robert Lewis and Colonel Thomas W, Ferebee との文通。"Dr. Teller Urges More A-Explosive Use," by Roger Birdsell, in the South Bend *Tribune* (February 7, 1967); 嵯峨根遼吉博士『原爆物語』（未公開）。

"Delayed Effects Occurring within the First Decade after Exposure of Young Indivisuals to the Hiroshima Atomic Bomb" (Atomic Bomb Casualty Commission pamphlet), by Robert W. Miller, M.D.; "Determination of the Burst Point and Hypocenter of the Atomic Bomb in Hiroshima" (ABCC), by Edward T. Arakawa と長岡省吾氏。*Hiroshima*, by John Hersey; *Hiroshima Pilot*, by William Bradford Huie; Truman, Harry S. Memoirs; Stimson Diary: 次のパンフレットと本を三十三部と三十四部のために参考にした。

"Residual Radiation in Hiroshima and Nagasaki" (ABCC), by Edward T. Arakawa; "Actual Facts of the A-Bomb Disaster" (ABCC), by Drs. Naomi Shono, Yukio Fujimoto and Fukashi Nakamura; "Human Radiation Effects" (ABCC), by Drs. Kenneth G. Johnson and Antonio Cicco "Geological Study of Damages Caused by Atomic Bombs in Hiroshima and Nagasaki" (ABCC), by T. Watanabe, S. Nagaoka, and others; *No High Ground*, by Fletcher Knebel and Charles W. Bailey II; *Hibakusha* edited by Virginia Naeve; Laurence, William L. *Dawn over Zero; Death in Life*, by Robert Jay Lifton; Feis, *Japan Subdued.*

## 三十四部　長崎

長岡省吾氏，行宗一氏，今堀誠二教授，秋月辰一郎博士，小幡悦子さん，小佐々八郎氏，嵯峨根遼吉博士，成瀬薫氏，杉本亀吉氏，東海敬氏，東海和子さん，森本繁義氏，葉山利行氏，山口仙二氏，岩永肇氏，田川務市長，深堀妙子さん，西田ミドリさん，鈴木一氏，木戸侯爵，佐藤尚武元大使，迫水久常氏，山本富雄氏，長谷川才二氏，富岡定俊提督へのインタビュー，それに次の文献によった。

荒木よし子『長崎原爆の覚書』（未公開）。加藤よし子『忘れ得ぬ引揚げ』（未公開）。"Records of operations against Soviet Russia," Japanese Monograph #155 (OCMH); Dr. Julien M. Goodman との文通。*Nagasaki, The Forgotten Bomb*, by Frank W, Chinnock, the only full-length account of the Nagasaki bombing.

長岡省吾氏は，九人の子供をかかえ，しかも貧乏しながら，原爆の研究に一生を捧げている。彼は家財の大部分（奥さんの着物まで含み）を売らなければならなかった。広島の公園に平和記念資料館を造り，初代の管理人となったのは正にこの長岡氏であった。

## 三十五部　耐え難きを耐え

平泉澄教授，三笠宮殿下，木戸侯爵，富岡定俊提督，竹下正彦陸将，林三郎陸軍大佐，荒尾興功陸軍大佐，稲葉正夫陸軍中佐，東郷文彦氏，鈴木一氏と長谷川才二氏へのインタビュー，それに次の文献を参考にした。

IMTFE documents #57670（豊田副武提督），#60745（松平康昌），#61883（永井八津次将軍），#61636（松平康昌），#62049（軍令部が保持していた終戦に関する未公開記録），#61481（松本俊一），#61475（木戸侯爵），#53437（保科善四郎提督），#59496（塚本誠陸軍大佐），#55127（平沼騏一郎）。井田正孝『事件発生の理由』（未公開）。竹下正彦『竹下正彦中佐の日記』（未公開）。

King, Ernest J., and Walter Muir Whitehill. *Fleet Admiral King*; Forrestal, James. The Forrestal Diaries; Byrnes, *One Lifetime and Speaking Frankly*; Truman, Harry S. Memoirs; The Grew Diary; The Stimson Diary; 日本外交協会編『太平洋戦争の終結に関する論文』（主筆上田敏雄）。

## 三十六部　日本敗る

木戸侯爵，平泉澄教授，高嶋辰彦将軍，林三郎，荒尾興功の両陸軍大佐，竹下正彦陸将，稲葉正夫，井田正孝両陸軍中佐，鈴木一氏，館野守男氏，荒川大太郎氏，徳川義寛，戸田康英両侍従へのインタビュー，それに次の文献

によった。

IMTFE documents #61978（保科善四郎提督）, #56367 and #50025A（竹下正彦）, #61338（吉積正雄将軍）, 高嶋辰彦陸軍少将の『記録』（未公開）。井田正孝『阿南』（未公開）。『陸軍大臣阿南惟幾』1964 年 11 月 11 日陸上自衛隊幹部学校における竹下正彦陸将の講演。*Hara-kiri*, by Jack Seward; 宮城事件に関するＮＨＫの綴りの中の文書。Kirby, *The War against Japan*, Vol. V.:

## 三十七部　平和への道

Ｂ・フェラーズ将軍, 永井八津次将軍, 竹下正彦, 杉田一次両陸将, Ｈ・Ｖ・バード, 富岡定俊, 草鹿龍之介両提督, 志村常雄陸一佐, 井田正孝陸軍中佐, 陸奥男爵, 竹内春海大使, 大竹（Roy）貞雄氏, 小野武氏, Ｒ・トランブル氏, 児玉誉士夫, 木戸侯爵へのインタビュー, それに次の文献を参考とした。

IMTFE document #50025A（竹下正彦）; 井田正孝『阿南』（未公開）。"Welcome U.S. Army Signed U.S. Navy," by Hal Drake, in *Pacific Stars and Stripes*; "The End of World War II," unpublished article by Rear Admiral Horace V. Bird An article on Tokyo Rose by Harry T. Brundige in *American Mercury* (January 1954); 大場克一『愛宕山に散った十二烈士, 烈女……尊皇攘夷のため正義軍の名誉の死』。岡崎勝男『マニラに使いして』。"The Emperor's Courier," unpublished article by Robert C. Mikesh; 山本友巳『地獄の四年間』。MacArthur, Douglas. *Reminiscences*; Eichelberger, Robert L. *Our Jungle Road to Tokyo; I Was an American Spy*, by Sidney Forrester Mashbir; White, Theodore H., and Annalee Jacoby. *Thunder out of China*; ＮＨＫの文書。東久邇稔彦『一皇族の戦争日記』。猪口力平, 中島正『神風特別攻撃隊』。Truman, Harry S. Memoirs; Feis, Herbert. *The China Tangle*; Van Slyke, Lyman P., ed. *The Chinese Communist Movement*; 加瀬俊一『ミズーリ号への道程』Morison, Samuel Eliot. History of the United States Naval Operations in World War II. Vol. XVI, *Victory in the Pacific*; 加藤万寿男 *The Lost War*。

富岡提督は, 降伏調印式におけるマッカーサーの演説から非常に強い感銘を受け, 自決しようとする決心がにぶってしまった。さらに恩師の中の一人が, 生き永らえて客観的な戦争史を書くように励ました。この恩師は富岡以外にその仕事のできるものはいないと言って激励した。米内提督の援助を得て, 富岡は, 重要書類を集めた——その中には勅語の原稿も入っており, 破

棄するように命ぜられていたが，それを隠していた。彼は天皇のために死んだ何百万人もの人々の証拠を保存したかったのである。さもないと死んだ者の霊は永遠に慰められないことになると考えた。それ以来富岡は太平洋戦史に生涯を捧げている。現に東京の史実調査部の長をしている（訳注　富岡提督は本書の日本版の出版を見ることなく，1971年春病歿）。史実調査部には今なお詔勅類その他多くの機密度の高い文書が秘蔵されている。

## エピローグ

近衛通隆氏，木戸侯爵，東条英機未亡人，B・フェラーズ将軍へのインタビュー，それに次の文献を参考にした。

Tojo story by George E. Jones, in the *New York Times* (September 12. 1945); "Tragedy in Vietnam," by Frederick L. Schuman in the *Berkshire Review* (Spring 1968); Butow, Robert J.C. *Tojo and the Coming of the War*, Eichelberger, Robert L. *Our Jungle to Tokyo*: Young, Arthur N. *China and the Helping Hand 1937-1945; The Politics of War*, by Gabriel Kolko; Feis, Herbert. *Contest over Japan*.

本書は、一九八四年九月にハヤカワ文庫NFより刊行された『大日本帝国の興亡⑤』に加筆修正のうえ、あとがき／対談／参考資料／原註（ノート）を収録した新版です。

（単行本版：一九七一年毎日新聞社刊）

HM=Hayakawa Mystery
SF=Science Fiction
JA=Japanese Author
NV=Novel
NF=Nonfiction
FT=Fantasy

大日本帝国《だいにっぽんていこく》の興亡《こうぼう》〔新版〕
〔5〕平和への道

〈NF438〉

二〇一五年八月　十　日　印刷
二〇一五年八月十五日　発行

（定価はカバーに表示してあります）

著　者　ジョン・トーランド
訳　者　毎《まい》日《にち》新《しん》聞《ぶん》社《しゃ》
発行者　早川　浩
発行所　株式会社　早川書房
郵便番号　一〇一 - 〇〇四六
東京都千代田区神田多町二ノ二
電話　〇三 - 三二五二 - 三一一一（大代表）
振替　〇〇一六〇 - 三 - 四七七九九
http://www.hayakawa-online.co.jp

乱丁・落丁本は小社制作部宛お送り下さい。
送料小社負担にてお取りかえいたします。

印刷・信毎書籍印刷株式会社　製本・株式会社明光社
Printed and bound in Japan
ISBN978-4-15-050438-0 C0121

本書のコピー、スキャン、デジタル化等の無断複製は著作権法上の例外を除き禁じられています。

本書は活字が大きく読みやすい〈トールサイズ〉です。